教育政策學

顏國樑　著

作者簡介

顏國樑

- 現職
    - 國立清華大學教育與學習科技學系教授
- 學歷
    - 國立台灣師範大學教育學博士
    - 美國加州大學（UCLA）訪問學者
- 經歷
    - 國立清華大學教育與學習科技學系教授兼主任
    - 國立新竹教育大學系主任、評鑑中心主任
    - 教育部秘書、組主任
    - 台灣省國民學校教師研習會輔導員兼秘書
    - 台北縣明志國小、莒光國小教師
    - 中華民國學校行政學會理事長
    - 國立清華大學校務、校教評會、校務監督委員
    - 香港教育學院訪問學者、國際顧問
    - 考試院命題及審題委員
    - 國家文官學院公務人員基礎與薦升簡講師
    - 教育部課程審議會高中階段委員
    - 教育部高中優質化諮詢委員
    - 教育部精進教學計畫諮詢委員
    - 教育部十二年國民基本教育課程綱要講師
    - 教育部教師專業發展評鑑諮詢委員與講師
    - 教育部原住民族實驗學校課程協作中心計畫主持人
    - 新竹縣、新竹市、苗栗縣教育審議委員會委員

大學教育系所、師資培育中心評鑑委員
高中職、國中小校長遴選、校務評鑑委員
高中職、國中小校長、主任口試與命題委員
高中職校務、優質化、卓越校長評鑑委員
教育政策論壇編輯委員

- 榮譽

    教育行政高考及格
    國科會甲種研究獎勵二次
    國科會 101 年國外研究獎助赴美國研究
    2021～2024 年國立清華大學優良研究學者獎勵
    國科會與科技部專題研究計畫共 14 件
    國科會人文社會科學研究中心審查通過推薦出版補助

- 專長

    教育政策、教育法規、教育行政、學校行政、教育評鑑、教育政治學、教師專業發展

- 主要著作

    教育政策執行理論與實務（師大書苑，1997）
    教育政策合法化理論與實務（麗文，2014）
    教育法規理論與實務（元照，2022）
    教育政策學（心理，2025）

自序

目前,台灣在教育政策上的研究尚在起步階段,仍是一門新興的跨學科領域。為何教育政策這門學科被認為相當重要?就實務上來看,教育部制定任何一項教育政策,其影響是全台灣,例如:入學方式、課綱的實施影響地方教育機關、學校、學生及家長,因此探究如何制定與實施有效的教育政策就顯得相當重要,包括:選擇正確的教育政策價值、採取科學方法確定教育的問題、瞭解教育政策運作過程的影響因素、提升教育行政人員在教育政策的專業知能、培養對教育政策的批判能力,以及建立理論與實務並重的教育政策學等。因此,對於教育政策方面的探究有其價值與必要性,值得我們加以重視與鼓勵。

本書從構思到撰寫成書歷經時間頗久,是作者從 1998 年 2 月進入大學任教至今,近三十年來,歷年來在教育政策、教育法學、教育政治學、教育與學校行政領域的研究與教學,以及實際參與教育部、教育局／處、學校的社會服務經驗之心得分享。2018 年開始撰寫這本書,但因有行政服務與教學的諸多原因,六年來撰寫過程斷斷續續,無法持之以恆,2024 年 7 月 31 日卸下系主任工作,申請休假一年,有較多時間來撰寫。本書分成三篇共十六章,是我第四本專書,延續過去出版的專書——《教育政策執行理論與應用》、《教育政策合法化理論與實務》、《教育法規理論與實務》,加上個人歷年的多件國科會計畫研究與專書寫作、研討會及期刊發表的文章,重新整理與撰寫,並參考國內外教育政策較新的相關文獻撰寫成此本專書。

本書能夠順利出版,感謝我的碩博士指導教授前教育部長吳清基老師的啟迪與勉勵,啟發我對教育政策研究的興趣與持續鑽研。感謝國內許多教育政策方面的師長與同好鼓勵與互相討論學習。感謝國科會歷年來支持十多件的專題計畫與兩次專書寫作,以及國科會專書審查制度,得以送審通過推薦出版,並獲得補助。另外,感謝三位匿名審查者,對於架構與內容提供寶貴的建議,讓本書更臻完善。感謝任教的國立清華大學提供優質的研究與教學環境,有助於完成專書。感謝心理出版社林敬堯總編輯大力協助出版。同時藉由本書拋磚引玉,期待有更

多同好在教育政策研究共襄盛舉，厚實教育政策的理論與實務，讓教育政策學領域持續充實與發展，教育行政人員能夠運用教育政策理論與實務，提升推動教育政策效能，以培育優秀的人才。教育政策內容廣泛，且是新興領域，雖然努力耕耘許久，疏漏之處，尚祈敬請指教，讓本書更臻充實，同時促使作者能繼續鑽研與成長。

顏國樑 謹識

2025 年 2 月 1 日

於國立清華大學教育與學習科技學系

目次

撰寫本書目的、架構、特色及來源……………………………………1

第一篇　教育政策基本概念　　7

第一章　教育政策導論……………………………………9
第一節　教育政策的意義……………………………………10
第二節　教育政策研究的重要性……………………………13
第三節　教育政策的特性……………………………………16
第四節　教育政策的類型……………………………………18

第二章　教育政策研究的脈絡與內容……………………23
第一節　教育政策研究興起的原因…………………………24
第二節　教育政策與公共政策、教育行政的關係…………27
第三節　教育政策學研究的內容……………………………30

第三章　教育政策研究的途徑與方法……………………41
第一節　教育政策研究的途徑………………………………42
第二節　教育政策研究的方法與應用………………………45

第四章　教育政策價值分析………………………………61
第一節　教育政策價值分析的意義與重要性………………62
第二節　教育政策價值的內涵………………………………64
第三節　教育政策價值的衝突與和諧………………………72
第四節　教育政策價值分析的展望…………………………73

第二篇　教育政策過程　79

第五章　教育政策過程系統 …………………………………………81
第一節　教育政策過程分析的途徑 ………………………………82
第二節　教育政策運作過程模式 …………………………………85

第六章　教育政策過程的影響因素 ………………………………91
第一節　影響教育政策過程的環境因素 …………………………92
第二節　影響教育政策過程的參與者因素 ……………………104

第七章　教育政策問題形成 ………………………………………113
第一節　教育政策問題的意義、特性及類型 …………………114
第二節　教育政策問題形成的意義、重要性及過程 …………121
第三節　教育政策問題認定的分析方法 ………………………124
第四節　教育政策問題形成的原則 ……………………………131

第八章　教育政策規劃 ……………………………………………137
第一節　教育政策規劃的意義、特性及分類 …………………139
第二節　教育政策規劃的原則與步驟 …………………………143
第三節　教育政策規劃的可行性分析 …………………………147
第四節　教育政策規劃的問題與展望 …………………………149

第九章　教育政策合法化 …………………………………………157
第一節　教育政策合法化的基本概念 …………………………159
第二節　教育政策合法化的重要性與原則 ……………………163
第三節　我國教育政策合法化過程 ……………………………166
第四節　教育政策合法化的問題與展望 ………………………172

第十章　教育政策執行 ···183
　　第一節　教育政策執行的意義與研究發展 ················185
　　第二節　教育政策執行的方式 ·····························190
　　第三節　教育政策執行成功的影響因素 ···················195
　　第四節　教育政策執行的展望 ·····························202

第十一章　教育政策評估 ··209
　　第一節　教育政策評估的意義與發展 ······················211
　　第二節　教育政策評估的內涵 ·····························215
　　第三節　回應性的教育政策評估 ···························221
　　第四節　教育政策評估的展望 ·····························228

第十二章　教育政策變遷 ··233
　　第一節　教育政策變遷的意義與內涵 ······················235
　　第二節　教育政策變遷理論模式 ···························241
　　第三節　教育政策終結 ·······································248
　　第四節　教育政策創新、擴散及學習 ······················253

第三篇　教育政策議題與趨勢及展望　261

第十三章　教育政策工具 ··263
　　第一節　教育政策工具的意義與特性 ······················264
　　第二節　教育政策工具的類型與關鍵要素 ················265
　　第三節　教育政策工具選擇的規準與過程 ················270
　　第四節　教育政策工具的展望 ·····························274

第十四章　教育政策網路 ··279
　　第一節　教育政策網絡的意義與特性 ······················281
　　第二節　教育政策網絡形成的原因與類型 ················284

第三節　教育政策網絡的優點與困境 ……………………287
　　　第四節　教育政策網絡的展望 ……………………………291

第十五章　教育政策行銷 …………………………………………297
　　　第一節　教育政策行銷的意義、特性及功能 ……………299
　　　第二節　教育政策行銷策略的組合 ………………………303
　　　第三節　教育政策行銷的模式 ……………………………309
　　　第四節　教育政策行銷的展望 ……………………………311

第十六章　教育政策的趨勢與展望 ………………………………317
　　　第一節　教育政策發展的趨勢 ……………………………319
　　　第二節　教育政策革新的展望 ……………………………328
　　　第三節　教育政策研究的展望 ……………………………334

參考文獻 ……………………………………………………………343
　　壹、中文部分 …………………………………………………343
　　貳、英文部分 …………………………………………………363

撰寫本書目的、架構、特色及來源

壹、撰寫本書目的

一、提供從事教育行政人員工作的參考

希望有系統論述教育政策的理論與實務，教育政策研究的途徑與方法、釐清教育政策的價值，裨益教育行政人員進行政策問題形成、規劃、合法化、執行、評估及變遷的參考，以及運用政策工具、網路、行銷，提升推動教育政策的效能。另外，提出教育政策未來發展的趨勢，以及政策革新及研究的展望，提供教育行政人員掌握教育政策發展與革新的趨勢，以利教育政策的創新與發展。

二、作為修習教育政策者研究閱讀的專書

國內教育政策專書不多，提供有系統教育政策研究或實務的專書仍有待更多人共襄盛舉。因此，建立在作者的研究與實務經驗上，努力嘗試以較淺顯文字表達，以及有系統化呈現教育政策的內容，並儘量佐以實例說明，提供修習教育政策課程或在職人員進修參考，並期望對抽象或艱深的教育政策領域容易理解並加以運用。

三、促進教育政策學研究的發展

國內的教育政策研究仍待努力，目前教育政策領域的學會與學術社群不多、投入研究的人員仍較少等，這或許是教育政策研究不僅需要理論，也需要有教育行政的實務工作經驗，以及涉及多個跨領域學科，例如：政策科學、公共行政、教育學、社會學、經濟學、心理學、法律學、行政學及政治學等，影響研

究者投入教育政策領域研究的意願。期望藉由個人拋磚引玉，引發學界與實務界更多人投入教育政策領域的研究，以促進教育政策學的發展。

貳、本書的架構與內容

本書架構與內容分成三篇共十六章：

一、第一篇為教育政策基本概念，分成四章，探討教育政策導論、教育政策研究的脈絡、內容、途徑及方法，以及教育政策的價值分析。

二、第二篇為教育政策過程篇，分成五至十二章，分別探討教育政策過程系統、影響因素、政策問題形成、政策規劃、政策合法化、政策執行、教育政策評估、教育政策變遷。

三、第三篇為教育政策議題與趨勢及展望，分成十三章至十六章，分別探討教育政策工具、網絡、行銷、教育政策發展的趨勢，以及革新與研究的展望。

四、在架構安排上，在每章之前有該章的綱要，給予讀者在閱讀之前能掌握整篇文章的要旨。在每章之末提供問題討論的題目，期望透過討論，讓讀者對議題更深入的瞭解，以提升學習效果。

本書的架構圖式如下：

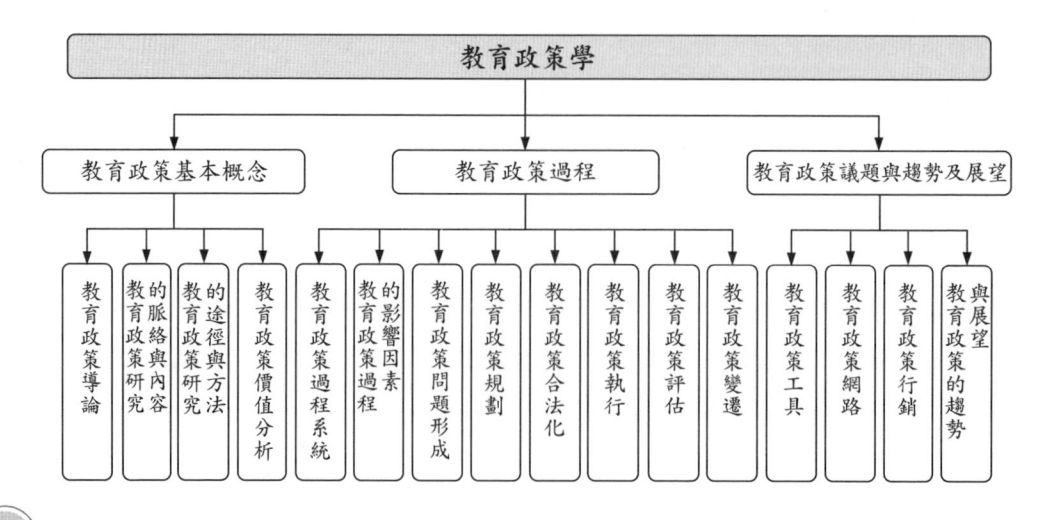

參、本書的特色

一、兼顧教育政策理論與實務

本專書的內容大部分是建立在個人國科會專案計畫、期刊及研討會發表的文章，具有研究的基礎，例如：教育政策問題形成、規劃、合法化、執行、評估、行銷、價值分析、專業發展、校務評鑑等研究。除了說明教育政策相關理論之外，並以個人參與教育實務的經驗，儘量舉出教育現場的實例配合說明，期望藉由理論與實務並重的內容，提高閱讀者瞭解教育政策。

二、提供閱讀重點與政策問題討論

專書內容豐富，份量不少，為讓研讀者容易閱讀，以及掌握每章文字內容重點，在每章前面呈現該章的綱要，以提升閱讀效果。另外，為促進學習者對每章內容深入的瞭解，在每章之末提供與文章內容相關的問題，學習者透過所列的問題，進行個人或團體的討論與省思，讓讀者對文章主題相關議題更深入的瞭解，以提升教育政策的學習效果。

三、提出周詳的教育政策運作過程分析架構

雖然教育政策制定、執行及評估在實務上因政策環境與參與者影響，常常不會按照政策運作過程的步驟順序，但鑑於提供讀者方便瞭解與學習，在書中第五章教育政策過程系統，仍提供政策運作過程的架構。此架構與過去公共政策與教育政策研究比較不同與創新之處，在於提出的政策過程分析架構政策變遷為最後的階段，以及每一個政策運作階段都會受到環境與參與者的影響，這些政策運作過程均能夠產生反饋循環的作用，分析架構比相關教育政策專書較為詳細與完整。

四、強調政策研究階段途徑與非階段途徑並重

公共政策的研究通常包括階段途徑與非階段途徑,兩種途徑各有優缺點,與運用上的限制。本書教育政策運作過程採取階段途徑與非階段途徑,並嘗試提出整合途徑。在非階段途徑提出政策工具、政策網路、政策行銷重要議題。教育政策研究整合的途徑有:(一)依據不同情境而採取不同的途徑;(二)以合理程序為基本立場的教育政策形成觀點。

五、提出完整教育政策學研究的內容架構

本書從公共政策、教育學的角度,以及目前國內外教育政策專書內容三個方向進行分析,綜合這三方面的內涵提出教育政策學研究的內容範圍。教育政策學內容有七個篇章方向:教育政策的學科分析、教育政策理論基礎與價值分析、教育政策過程、教育政策制定與決策、教育政策分析、教育政策議題、教育政策發展的趨勢與展望。這些七個篇章方向在國內外教育政策專書內容較為完整。

六、強調教育政策價值分析

過去教育政策較忽略背後的價值分析,導致產生教育政策目的與手段的錯置。教育政策價值的內涵有:人本、公平、效益、品質、自由及永續六個面向。重視教育政策價值的分析與共識,有助於政策制定、執行、評估及變遷有方向的指引,較不易迷思方向,對教育政策實務與研究具有重要性地位。

七、提出教育政策的趨勢與展望

教育政策發展的趨勢有教育政策科學化、民主化、專業化、智慧化、全球化、市場化、均權化及公開化,這些發展的趨勢可讓我們掌握未來教育政策重要發展的方向。另外,建議未來教育政策革新與研究的前瞻性作法,可提供改

進教育政策制定、執行、評估及變遷的參考,並豐富教育政策學的內容與發展,以及期盼更多人投入教育政策學的研究。

肆、撰寫本書的來源

本書從構思到撰寫完成,是作者近三十年來教育政策相關領域的研究與實務經驗成果。茲將國科會與科技部歷年與本書相關的計畫與專書寫作臚列如下:

一、地方教育行政機關推動精進教學與課程計畫之研究:政策工具觀點(113-2410-H-007-089)。

二、十二年國民基本教育政策:理論與實務(107-2410-H-007-074-MY2)。

三、十二年國民基本教育政策評估之研究(104-2410-H-134-007-SSS)。

四、十二年國民基本教育政策執行之研究(103-2410-H-134-014)。

五、十二年國民基本教育政策規劃之研究(102-2410-H-134-015)。

六、美國《不讓一位孩子落後法》政策發展與執行研究(101-2918-I-134-001)。

七、教育政策合法化理論與實務(98-2410-H-134-011-MY2)。

八、台灣教師專業發展評鑑政策執行現況及其影響因素之研究(97-2413-H-134-002)。

九、國民小學校務自我評鑑意見調查與評鑑手冊建構之研究(95-2413-H-134-002)。

十、國民小學學校行政規則法制化及其相關因素之研究:以桃竹苗四縣市為例(91-2413-H-134-020)。

十一、地方教育政策立法過程及其相關因素之研究(90-2413-H-134-011)。

十二、教育政策合法化過程及其影響因素之研究(88-2411-H-134-002)。

除了上述國科會與科技部計畫之外,也參考學術研討會、期刊、專書論文,撰寫完成本書。本書大部分尚未發表過。以下說明作者本人曾發表過,再增加

新的文獻，撰寫而成的章節：一、第六章教育政策過程的影響因素與第九章教育政策合法化，係改寫自《教育政策合法化理論與實務》（2014，麗文）；二、第十章教育政策執行，係改寫自《教育政策執行理論與應用》（1997，師大書苑）。

第一篇
教育政策基本概念

第一章　教育政策導論

第二章　教育政策研究的脈絡與內容

第三章　教育政策研究的途徑與方法

第四章　教育政策價值分析

第一章
教育政策導論

本章摘要

　　公共政策的定義係指政府為解決公共問題，或滿足公眾需求，經過公共政策運作過程，決定作為或不作為的相關活動，採取法令、規章、方案、計畫等方式推動政策，以改善公共問題，促進社會福祉。

　　教育政策的定義是指主管教育行政機關，為配合國家與社會發展的需要，解決或滿足社會大眾教育的需求，所決定的作為或不作為，培養所需的優秀人才。教育政策的制定係根據國內外環境情勢，以及相關團體與利害關係人的意見，經過資源分配與教育價值選擇的政策決策過程，提出的法令、計畫、方案等，以作為推動政策的準則或依據。

　　教育政策的重要性有：1.選擇正確的教育政策價值；2.解決教育的問題；3.瞭解教育政策運作過程的影響因素；4.提升教育行政人員的教育政策專業知能；5.增強社會大眾參與和支持教育政策；6.建立理論與實務並重的教育政策學。

　　教育政策的特性有：人本性、服務性、公益性、導向性、複雜性、歷史性、政治性。

　　教育政策的類型分為：1.分配性政策；2.保護性管制政策；3.自我管制性政策；4.重分配性政策。

第一節　教育政策的意義

教育政策、經濟政策、文化政策、科技政策、環境政策等皆是公共政策的一環，因此要瞭解教育政策，宜先認識「公共政策」的意義。

壹、公共政策的意義

政策（policy）的定義通常係指行動者將某項政府機關、私人企業機構及社會組織的目標，擬訂政策、計畫、方案或實施策略，做為行動的指引或引導（朱志宏，2019；吳定，2013a；Anderson, 2003）。而有關公共政策（public policy）的定義，專家學者有不同的見解。有的認為公共政策是對社會的價值作權威性的分配，有人認為是有目標解決政策的動態過程，經過決定作為或不作為的所有相關活動。以下列舉幾位國內外學者的看法，加以說明並歸納之。

Easton（1965）認為，公共政策是政府對整個社會的價值作權威性的分配。價值是指社會大多數人普遍認為有價值與想獲得之有形或無形的東西，如權力、財富、技能、知識、安全及聲望等。權威性分配係指政治系統經由決策過程，將價值分配於體系內的成員。

Dye（2007）認為，公共政策係指政府選擇作為或不作為的行動。

Fowler（2013）認為，公共政策指特定的政治制度處理公共問題的動態與價值涉入的過程。包括政府公開聲明的意圖和措施，以及政府外在行為和內在行為。

吳定（2013a）認為，公共政策係指政府機關為解決某項公共問題或滿足公共需求，決定作為或不作為，以及如何作為的相關活動。它包括數項要點：一、公共政策主要是由政府機關所制定的；二、公共政策包括政府機關對某項問題或需求，決定作為或不作為的所有相關活動；三、制定公共政策的主要目的在解決公共問題或滿足公眾需求；四、政府機關如決定作為，即以各種活動表示公共政策的內涵，諸如法律、行政命令、規章、方案、計畫、細則、服務、產

品等。

羅清俊（2020）認為，公共政策具有一些共識：一、公共政策是政府針對解決問題所做的回應；二、公共政策是政府決策的過程、行動及結果；三、公共政策具有強制力。

丘昌泰（2022）認為，公共政策係指公權威當局為解決社會關切的關聯性問題，所進行一系列行動或不行動的選擇活動，以改善公共問題，促進社會福祉。

綜合上述國內外專家學者的看法，公共政策的定義係指政府為解決公共問題，或滿足公眾需求，經過公共政策運作過程，決定作為或不作為的相關活動，採取法令、規章、方案、計畫等方式推動政策，以改善公共問題，促進社會福祉。

貳、教育政策的意義

有關教育政策的定義，因為教育政策也是公共政策探討的範圍，在概念上也受到公共政策的影響，但教育政策有其獨特的特性，探討定義時需要融入教育政策的情境。以下列舉幾位國內外學者的看法，並加以歸納並分析。

教育部（1994）認為，教育政策係指政黨或政府在一定歷史時期，根據國家的性質和國情，參考國際發展的趨勢，適應社會、政治、經濟和科技發展的需要所提出的教育工作發展的總方向，是國家教育的基本政策的總括。包括的內容主要是教育的性質、教育的目標和實踐、教育目的之基本途徑等。

Haddad 與 Demsky（1994）認為，教育政策分析包含與教育有關的決策活動，決策過程本身及決策後的活動。

張芳全（1999）認為，教育政策是在教育情境中，受教育主體或社會大眾對教育體制運作不滿或教育體制無法提供各項教育服務，因而讓受教育者主體或社會大眾感到困擾、不安，或者教育運作與教育目標和價值有相對性差距時，政府及其他社會團體所必須進行作為或不作為的活動，以解決問題，並達到教

育目標的歷程。

Delaney（2002）指出，教育政策有四項要素：一、政策是正式的決議；二、政策有預先一致的目標；三、政策是由機構或執政當局所核准或認可；四、政策為評估成效提供某種標準。

Trowler（2003）認為，教育政策是一種與教育議題有關一些原則和行動的特定陳述，這些原則和行動被設計用以規範人們來遵循，目的在於達成某些冀求的教育目標。

劉復興（2006）認為，教育政策是公共政策的一部分，它是一種權力分配、價值判準及選擇、與資源分配的歷程及結果，是由政府及其機構和官員制定的，調整教育領域社會問題和社會關係的公共政策。

范國睿與杜成憲（主編）（2011）認為，教育政策係指負有教育的法律或行政責任的組織和團體為實現特定時期的教育目的，在管理教育事業過程中制定和執行，用以確定和調整教育利益關係的行為準則。

蔡進雄（2021）指出，所謂教育政策係指為了解決教育問題或滿足民眾對教育的期待，政府的作為或不作為。

綜合以上專家學者的看法，教育政策（educational policy）是指主管教育行政機關，為配合國家與社會發展的需要，解決或滿足社會大眾教育的需求，所決定的作為或不作為，培養所需的優秀人才。教育政策的制定係根據國內外環境情勢，以及相關團體與利害關係人的意見，經過資源分配與教育價值選擇的政策決策過程，提出的法令、計畫、方案等，以作為推動政策的準則或依據。以下再分析教育政策意義的內涵：

一、教育政策制定者：教育政策是由政府機關所提出，大部分是主管教育行政機關，包括教育部、直轄市及縣市政府教育局／處所提出的各項教育政策。

二、教育政策目的：教育政策主要目的在配合國家與社會發展的需要，解決或滿足社會大眾教育的需求，培養所需的優秀人才，例如：「十二年國民基本教育」政策的實施，主要目的在陶冶青年身心，發展學生潛能，奠定學術研

究或專業技術知能的基礎，培養五育均衡發展之優質公民。

　　三、教育政策行動的類型：教育政策包括政府作為或不作為的決定，例如：政府因應少子女化制定《私立高級中等以上學校退場條例》，這是政府決定的作為；對中小學的教師評鑑，在尚未取得《教師法》法律授權，不強迫教師參與教師評鑑，而採取教師自願參加性質的教師專業發展實踐方案，這是政府決定的不作為，也是一種教育政策。

　　四、教育政策制定過程的影響因素：教育政策制定過程除受到政治、經濟、社會、文化、科技等環境因素影響之外，也受到相關團體與利害關係人意見的影響，例如：「師資培育政策」的制定，不僅受到政治、經濟、社會、文化、國際、科技等環境因素影響，也受到教育部、師資培育之大學、校長協會、教師會、教師工會等意見的影響。

　　五、教育政策的形成：某項教育政策的形成，通常要經過適當的政策決策過程，由權責者權衡教育價值選擇（如人本、公平、效益、品質、自由、永續等）與資源分配（如經費、人力等），從幾個方案中選擇決定，例如：「學生課後扶助方案」即是挹注較多資源於學習不佳的學生，以實現教育機會均等的理念。

　　六、教育政策的型式：教育政策依其需要或重要性程度，其政策內涵以各種不同型式呈現，包括法律、命令、方案、計畫等，例如：《教師法》以法律型式來規範教師的權利與義務；《教師輔導與管教學生辦法》以法規命令型式授權學校訂定，以作為教師對學生管教與輔導的依據。

第二節　教育政策研究的重要性

　　教育政策在國內仍是一門新興的學科，隨著台灣社會開放與經濟發展，逐漸受到國內學術與實務工作者的重視，我們為何要研究教育政策，教育政策這門學科有何重要性？值得受到重視，以下幾項說明教育政策研究的重要性。

壹、選擇正確的教育政策價值

教育政策的制定不是單純客觀的價值中立，而是需要進行政策價值的分析。教育政策制定要有邏輯的一致性與中心思想，而教育政策的價值分析規準，例如：人本、公平、品質、自由、效益、永續等，可以作為教育政策制定的規範指引。如果教育政策在制定之前能對政策作價值分析，則政策制定和執行較不易迷思方向，在政治角力下失去原本善的教育價值或教育理想，導致家長、學生、社會大眾的擔憂與誤解。在政策執行與政策評估面臨困境或障礙時才不會迷失方向，偏離教育本質。

貳、解決教育的問題

基於社會發展或教育問題，政府會提出各項教育政策來符合社會大眾的需求，但是教育政策的問題錯綜複雜，需要對問題本質有正確的認識與掌握，才能提出良好的教育政策。因此需要學習教育政策解決問題的科學方法與策略，以有效解決教育問題，例如：針對「不放棄每位學生，提升學生學習效果」，這是社會大眾的需求，但要提出政策之前，不能僅憑經驗或開會便提出某項教育政策，而是需要以科學方法對此項問題進行分析，掌握問題核心所在，以制定有效的教育政策。

參、瞭解教育政策運作過程的影響因素

提出一項教育政策是否能有效與順利推動，會受到政治、經濟、社會、文化、科技、國際趨勢等環境的影響，也會受到行政機關、立法機關、政黨、利益團體、學術團體、大眾傳播媒體等參與者的影響。透過教育政策的學習，有助於瞭解教育政策運作過程會受到這些因素影響，教育政策制定與執行者能夠事先妥慎規劃，防患未然，並提具體有效的教育政策。

肆、提升教育行政人員的教育政策專業知能

在當前的教育環境中，提升教育行政人員在教育政策的專業知能至關重要。教育部常提出各種教育政策，對於地方行政機關與學校的教育發展有相當大的影響。如果中央與地方教育行政人員能夠具備教育政策相關知能，實際應用到教育政策制定、執行及評估，找出教育政策問題核心所在、規劃合理有效的政策方案，減少資源浪費，提升決策品質，並加以執行與檢討，將有助教育的發展。

伍、增強社會大眾參與和支持教育政策

教育政策研究是對教育政策的制定、執行、評估及變遷等進行研究，旨在引導教育發展、合理分配資源、提高教育品質、解決教育問題、促進教育公平、提升教育效果。教育政策研究過程中，邀請相關利害關係人參與，能夠提高社會大眾對教育政策的瞭解和參與度，透過公開的研究過程和結果，社會大眾能夠更理解政策的背景和目的，提出建議供教育行政機關參考，進而增強對教育政策的支持和認同。

陸、建立理論與實務並重的教育政策學

一種學門的建立，需要有明確的研究對象、獨特的研究範圍與研究方法、建立專業組織、較多學術社群人員等。教育政策也是公共政策的範圍，也具有公共政策的特性，因此會運用公共政策研究方法進行探究。而教育政策研究在國內外尚屬於新興研究的新領域，除了運用公共政策的理論與方法進行研究之外，對於教育政策理論、研究方法仍有待更多人進行研究，並探討實際應用在教育上的情形，以建立教育政策學獨特的學術造型。

第三節　教育政策的特性

教育政策同屬於公共政策的範疇，具有一般公共政策的特性；而教育政策主要對象是人，主要目的在透過政策來培養社會國家所用的人才之公共事業，教育政策具有別於一般公共政策的特性。

范國睿與杜成憲（主編）（2011）認為，教育政策的特性包括教育性、公益性、政治性、目的性、結構性、歷史性。張芳全（1999）以及翁福元（2007）認為，教育政策的特性有服務性、人為性、公共性、複雜性、導向性、時間性、成本效益性。張建成（2006）認為，教育政策的性質有歷史性、變遷性、結構性、正當性、目的性。袁振國（2010）認為，教育政策學的特性包括綜合性、價值性、層次性、比較性。綜合上述學者的看法，提出教育政策的特性，並加以說明。

壹、人本性

教育政策是以人為中心的公共政策，是有別於公共政策最重要的特徵。對於教育政策問題形成、規劃、執行、合法化、評估、變遷等，皆是以學生、教師或學校行政人員為對象，任何教育政策之最終目的在於讓每位學生有公平受教育的機會，提升學生的學習成效；讓教師能夠不斷專業發展，提高其專業能力。如果脫離以學生與教師為中心的政策，則偏離教育的本質，達到的是形式的績效目標，無法解決教育真正的教育問題。

貳、服務性

教育事業是以服務人群為導向，不是以營利為目的，教育政策的推動不宜僅從經濟的觀點來考慮。在義務教育方面，各國政府都儘量提供全面地與免費的教育。在其他各階段教育方面，各國政府也都盡其所能提供其國人就學的機會，滿足其教育需求，以服務最大多數人國民。雖然服務的對象不如公共政策廣泛，但是就其性質而言，教育政策已明顯具有服務的性質。

參、公益性

教育政策基於法規授權，政府對教育政策有指揮、監督及協調的權責。教育政策過程需要有公民的民主參與，並且站在維護公共教育利益的立場來分配與協調相關團體之間的教育利益。公共利益是教育政策的基本性質，公共價值是教育政策的應然追求，例如：《私立高級中等以上學校退場條例》因應少子女化衝擊，強調維護學生受教及教職員工權益、合理處理學校財產、促進教育公平等方面。此條例回應私立學校經營的困難，也對教育資源合理配置和適當的運用，彰顯教育的公益性。

肆、導向性

教育政策是以教育目標為導向，每項教育政策都有政策目標的結果。教育政策目標是對教育發展導向及前瞻性的說明，一項教育政策的規劃、執行及評估，皆需要依據教育政策目標作為具體執行的導向。教育政策除了作為解決教育問題的指導方針之外，教育政策也具有其理想性，在教育政策中提出教育發展的理想境界，以及所欲帶領社會發展的方向，這也是顯現教育政策導向性的特性，例如：108課綱的導向性體現在強調學生素養導向的學習模式、自主學習、跨域學習、社會參與，以及教學方法和評量方式的多樣化與個別化，最終目的在培養能夠適應未來社會挑戰的終身學習者。

伍、複雜性

一項教育政策要達成政策目標，需要經過政策制定與執行及評估等過程，而在這過程中會受到環境因素與參與者因素的影響，顯現教育政策運作過程的影響因素具有複雜性，例如：十二年國民基本教育政策具有複雜性，其政策類型屬於資源重分配政策，僅從改變入學方式，而要達成舒緩升學壓力的政策目標是難以一蹴可成。因為升學主義，不僅牽涉入學方式，也涉及社會價值觀。

在教育階段上，不僅是國中升高中職與五專學校的問題，也牽涉到未來大學階段升學的制度問題。而升學方式的改變，也影響課程內容的學習與教師教學方法的改變等。

陸、歷史性

教育政策的歷史性顯現教育政策具有動態變遷特性的活動，教育目標或教育問題常隨著社會變遷、經濟發展及政治變革等而改變。換言之，教育目標或教育問題會隨者時間而改變，但是教育政策是延續性與連貫性的活動，雖然教育政策的制定與執行是解決當前的教育問題，但常以過去教育政策實踐為基礎，從中汲取經驗，具有獨特的歷史淵源。同時，教育政策還需要有面向未來的視野，考量政策未來的影響，具有引領教育變革乃至社會發展的責任意識。

柒、政治性

教育政策具有政治性在於教育政策主要是由政府主導制定與執行，如果是教育法律要通過立法院的審議，並以國家公權力依法發揮教育調節的作用。政府公權力除了服務教育發展之外，還能夠在一定程度上作為政治活動的工具，例如：傳遞某種價值觀，從而維護統治，實現政治目的。又如：教育政策如成為法律，則是政府治理行為之一，同時對社會大眾影響頗大，因此經常反映社會團體與選民的利益與價值，故在決策時比較考慮政治因素。總之，教育政策的政治性特性體現在其受到政治制度、權力、意識型態及社會需求的影響。

第四節　教育政策的類型

教育政策類型的不同會影響教育政策的制定、執行及評估。所謂政策類型是指政策在特定的界限中所表現的特質，而這些特質對於決策過程所引起之政治活動有相當大的影響。公共政策的類型分為以下四種（丘昌泰，2022；吳定，

2005；柯三吉，1990；羅清俊，2020）。

壹、分配性政策

分配性政策（distributive policy）是指，以整體方式提供服務來滿足個別的需求，不會有利益排他性。這種服務的前提是假設其所創造的服務將有益於整體社會，政府機關在制定此類政策，主要考量如何滿足各方的需求，使利益或成本的分配較為適當，是一種「有福大家享」的政策型態。如義務教育提供所有兒童都得以接受教育。

貳、管制性政策

管制性政策（regulatory policy）是指，政府制定一致性的管制規則，政府根據所定管制標準，來選擇競爭優勢的政策對象所採取政策手段。或者禁止私人對某些活動的作為，及要求私人某些活動的應該作為。管制性政策具有中央集權的性質，大多數是以教育法律或行政命令，其主要內容在鼓勵或禁止某些行為，例如：課程綱要、教師資格檢定、《私立學校法》、《各級各類私立學校設立標準》、《短期補習班設立及管理規則》，都屬於管制性政策。

參、重分配性政策

重分配性政策（redistributive policy）之目的，在於針對某些社會階層或種族團體重新調整或分配財產、幸福、權力或某種價值。重分配性政策的產生，是為了避免先天的不公平，或不公平性社會競爭而使成員有優劣的差別，因而試圖透過政策或計畫轉移優勢團體的價值給予劣勢團體，以求社會的公平性，例如：美國之補償教育（compensatory education）、特殊教育。我國自願就學方案、課程綱要對領域節數的改變、升學制度的改革都是屬於這類的政策類型。

肆、自我管制性政策

自我管制性政策（self-regulatory policy）是指，政府並未設定嚴格的、一致性的管制規則，僅設定原則性的遊戲規則，委由各機關或標的團體自行決定採取何種行動的裁決權力，只要符合政府所訂的原則，則政府不會加以干涉，例如：大學校院教授治校政策是由教育部訂定大原則，大學校院只要符合規定，便能實行校園自治；或者大學校院校務、系所自我評鑑與升等自審，也是教育部自我管制的政策。

透過上述四種不同的公共政策類型性質的分析，能瞭解在不同的政策類型，一旦政策付諸執行，則各類型的政策之間會產生系統性的差異，此種不同類型的政策執行過程本質、關係與衝突，如表1-1所示。由表中可知，從整體的觀點而言，將分配性政策之執行，描述為穩定性高、衝突性低的政策。管制政策的執行，其特性是穩定性由中到低的程度，衝突性由中到高的層次。自我管制性政策的穩定性高與衝突性低。重分配政策之執行，其穩定低、而且衝突性高。

由以上對政策類型的分析，得知不同的教育政策類型，由於政策性質的不同，對教育政策制定、執行及評估的過程會產生影響。據此，在制定與執行教育政策時，如能瞭解不同的政策類型，則可預知將來政策制定與執行時可能的爭論程度，以便及早規劃因應之道。

管制性的教育政策具有中央集權的性質，管制性的教育政策愈多，必然增加人力與經費，也會造成無法適應地方縣市與各教育階段的需求。目前教育部所制定的教育政策許多是屬於管制性政策，常造成無法滿足學校與地方教育局／處的需求，因此如何因應不同需求而採取自我管理的教育政策，是需要加以探討的課題。

表 1-1
不同類型的政策執行過程、關係與衝突

政策類型\執行型態	執行機關建立穩定的執行例行程序的可能性	政策執行主要人員及其相互關係的穩定程度	執行過程的衝突和爭論的程度	標的團體反對執行人員決策的程度	在執行過程中的意識型態爭論程度	標的團體要求政府縮小活動範圍的壓力
分配性政策	高	高	低	低	低	低
管制性政策	低	低	高	高	高	高
自我管制性政策	中	高	低	低	低	低
重分配性政策	低	低	高	高	很高	高

註：修改自政策執行：理論與台灣經驗（頁200），柯三吉，1990，時英。

問題討論

一、請說明教育政策的意義與內涵,並舉例加以分析?

二、教育政策在國內仍是一門新興的學科,逐漸受到國內學術與實務工作者的重視。請敘述研究教育政策的重要性?

三、教育政策同屬於公共政策的範疇,具有一般公共政策的特性。請說明教育政策的特性?與一般公共政策的特性有何不同?

四、請說明管制性政策的內涵?舉出某項教育政策的實例加以說明?

五、請說明重分配性政策的內涵?舉出某項教育政策的實例加以說明?

六、請說明自我管制性政策的內涵?舉出某項教育政策的實例加以說明?

第二章
教育政策研究的脈絡與內容

本章摘要

　　教育政策研究興起的原因有：1.國家職權與角色的擴大；2.教育改革的需求；3.環境改變的影響；4.政策相關學科領域的發展；5.教育政策相關系所的設立；6.國際機構與組織的影響。

　　教育政策是公共政策的範疇，教育政策研究受到公共政策研究發展的影響，因此與公共政策有密切的關係，但兩者也自有不同的研究重點與特點。教育政策與公共政策的關係可從四方面進行分析：1.研究範圍；2.研究對象與目標；3.政策制定過程；4.相互影響。

　　教育政策與教育行政的內涵有相同之處包括：1.在目的方面；2.治理機關職權方面；3.治理的機關與對象方面；4.運作方法方面。

　　教育政策和教育行政是相互依存且支持的關係，兩者持續的互動和調整，共同促進教育系統的發展和進步。綜括言之，教育政策提供目標與指導方向，確立教育體系發展的制度框架；而教育行政則負責實施這些政策目標，確保其在實際運作中達到預期效果。

　　教育政策與教育行政的區別：1.理論基礎：教育政策的理論基礎主要來自政治學、社會學、行政學、公共政策學、經濟學、法律學、利益團體理論等。教育行政的理論基礎主要來自於組織管理理論，包括：組織行為理論、組織文化理論、公共管理理論、行政學等；2.探究焦點：教育政策探究重點主要集中在政策制定和評估影響機制上。教育行政則強調組織管理和運作效能，和對教育事務作有效處理方法。

　　教育政策學研究的內容有七個篇章方向：1.教育政策的學科分析；2.教育政策理論基礎與價值分析；3.教育政策過程；4.教育政策制定與決策；5.教育政策分析；6.教育政策議題；7.教育政策發展的趨勢與展望。

第一節　教育政策研究興起的原因

教育政策是一門新興的研究領域，其研究發展受到諸多因素的影響。教育政策研究興起的原因歸納下面幾項（祁占勇，2019；翁福元，2008；Fowler, 2013）。

壹、國家職權與角色的擴大

西方國家在二十世紀對教育採取自由、市場的政策措施，但隨著社會與政策發展，國家需要推動各項政策加以因應，因此需要增加國家職權，國家地位提升，影響各項公共政策的制定與決策，需要進行政策研究，因此教育政策自然受到重視。國家職權擴大，扮演影響教育政策制定的角色，希望制定良好的教育政策，促進社會進步發展，例如：羊憶蓉（1994）提到國家在1900年代教育中扮演重要的角色，台灣的教育是政府中央規劃和管制之下的產物，教育政策制定和執行都是配合國家發展目標。

貳、教育改革的需求

面對社會進步發展，世界許多先進國家都不遺餘力的推動各項教育政策，進行教育改革。教育改革是國家整體社會改革的一環，是促進教育發展與進步的動力，教育改革固然目的在直接改進教育現狀，提升個人潛能充分發展之機會，間接的目的也促進社會的進步（顏國樑，2014a）。進行重大的教育改革因牽涉影響因素繁多，往往難以獲得滿意的成效，需要對教育政策進行反思論述，以獲得寶貴經驗。因此，在提出資源重分配政策類型的教育改革，需要在政策制定之前，進行教育政策研究，提供政策問題認定、政策規劃與政策合法化，並且在政策執行之後，進行政策評估，以作為政策改進的參考。教育改革的成功奠基於教育政策研究的科學性、民主性、專業性、有效性等，因此，教育改革促進教育政策研究的快速發展。

參、環境改變的影響

環境的改變會影響教育發展，面對環境的改變，教育政策需要進行研究加以因應。Fowler（2013）認為，環境產生變化的原因有經濟發展、人口趨勢與結構、意識型態的轉換。經濟如果不能持續發展，則會壓縮公共教育的支出；人口的少子女化、老年化及移民增加，導致教育經費支出對象與學校教育方式的改變，例如：台灣面臨少子女化、老年化及新住民的問題，則在教育政策注重多元化教育、多語言學習、終身學習。意識型態轉變對教育發展方向不同的理念與價值，影響教育政策的方向，例如：美國 1983 年提出《國家在危機中》（A Nation at Risk）教育改革的報告，報告書指出美國中小學教育的素質並不理想，國際評比之學科成就表現落後，需要即刻改善。此報告將美國過去強調教育公平轉向為卓越、績效、選擇（顏國樑，2013）。由以上分析，環境的改變促使政府和社會對教育系統的需求增加，需要制定相應的政策來應對這些新的挑戰，因此促進教育政策研究的發展。

肆、政策相關學科領域的發展

學科領域的發展對教育政策研究發展的影響，主要是政治學、政策科學、社會學、行政學、公共政策、教育學、教育行政學、教育政策社會學、教育政治學，其研究取向的轉變影響教育政策研究的發展。學科領域研究的發展大致依循實證、詮釋、批判的三種途徑（丘昌泰，1998；吳瓊恩，1995；翁福元，2008；陳振明，2003；楊深坑，1988；謝文全，2022）。此三種研究取向影響各學科領域研究發展，教育政策研究自然同樣也受到此種研究途徑發展的影響。除了研究取向影響之外，各學科領域研究內容的理論與實務也可作為教育政策研究內容的應用，例如：教育政策社會學分析社會結構對教育政策發展的影響，內容包括（翁福元，2008）：政策文本的建構歷程歷史、政治控制與利益衝突、國家發展與市場導向的主流經濟結構、文化霸權的宰制、階級不平的關係等，這些內容都有助於促進教育政策研究內容的充實與發展。

伍、教育政策相關系所的設立

先進國家因應社會快速發展，如何制定理想的教育政策以培育適合社會發展的人才，是國家重要的課題。因此許多國家紛紛設立教育政策相關系所，期望透過學術與實務的研究，建立教育政策理論，以掌握教育問題的核心，進行周詳妥善的規劃，訂定明確合理的法規，並加以有效的執行，以達成教育政策目標。以美國為例，許多綜合性大學設立教育政策相關系所，開設教育政策相關課程，培育教育政策專業人才（袁振國，2010；黃忠敬、王湖濱，2012）。在國內方面，教育政策相關系所設立較晚，在1997年國立暨南國際大學成立第一所教育政策與行政研究所，之後陸續在國立嘉義大學、國立台灣師範大學、台北市立師範學院、國立台北師範學院、國立政治大學等成立教育政策與行政研究所。上述國內外教育政策相關系所的成立，促進教育政策研究的蓬勃發展。

陸、國際機構與組織的影響

國際機構與組織、基金會對於教育政策研究的影響，主要包括聯合國教育、科學及文化組織、經濟合作暨發展組織、歐盟、世界銀行、國際教育局，這些組織與機構出版許多和教育政策有關的報告與出版品，例如：聯合國教育、科學及文化組織成立七個教育研究及教育政策相關的國際性教育機構與兩個教育研究中心，從事有關教育與教育政策相關研究。另外，經濟合作暨發展組織（Organisation for Economic Cooperation and Development [OECD]）主辦的全球性學生評量（Program for International Student Assessment [PISA]）。再者，世界銀行也常資助教育政策相關的研究（翁福元，2008；Fowler, 2013）。上述這些機構與組織對教育政策的關心和出版教育政策相關報告，不僅對全世界教育發展有影響，也促進教育研究的發展。

第二節　教育政策與公共政策、教育行政的關係

壹、教育政策與公共政策的關係

教育政策是公共政策的範疇，教育政策研究受到公共政策研究發展的影響，因此與公共政策有密切的關係，但兩者也自有不同的研究重點與特點。以下分析教育政策與公共政策之間的關係。

一、研究範圍

教育政策研究重點在教育政策的制定、執行及評估，這些教育政策主要涵蓋教育行政機關、各階段學校及社會教育等。公共政策研究則更廣泛，不僅包括教育，還涉及到政府在各個領域，政治、經濟、社會、文化、國防、交通、健康福利、環境、衛生等政策，例如：Dye（2007）在其《公共政策書》一書中，共有十五章探討各領域的公共政策，教育政策是書中的其中一章。

二、研究對象與目標

教育政策研究對象主要是教師、學生、教育行政人員、家長。教育政策目標在提升學生學習效果、增進教師專業發展、提高教育質量、促進教育公平，除了重視效率目標，更重視效能的目標。公共政策研究的對象更廣，社會大眾都是其探究的對象。公共政策的目標則涵蓋更廣泛的政治、社會和經濟目標，例如：建立民主參與制度、促進經濟發展、減少貧困、提高健康水平、保護環境等。

三、政策制定過程

教育政策的制定過程通常涉及教育專家、教育行政機關與學校治理者、家長、學生、非營利組織等利益相關者的參與。這些政策通常是針對教育系統中的特定問題或需求而制定的。公共政策的制定過程則更複雜，通常涉及多個利

益相關者和決策者的衝突與協商,並且需要考慮到各種政策選項的成本效益、社會影響,以及法律和道德考量。

四、相互影響

教育政策在公共政策中占有重要位置,因為優質的教育政策能夠對社會、政治、經濟、文化產生積極的影響,例如:促進社會流動、提高公民素質、促進經濟發展、減少社會不平等、協助文化傳承與創新等。同時,公共政策的制定也會影響到教育政策的發展方向和實踐策略,例如:偏遠地區學校教育要獲得改善,不能僅從制定教育政策,需要經濟、衛生、農業、醫療等公共政策的支持,才較能解決偏遠地區學校教育問題(顏國樑,2022)。

貳、教育政策與教育行政的相同、關係及區別

過去在國內教育政策與教育行政的運用,並未加以區別。教育行政的研究與專書較多,反之教育政策較少。但教育政策與教育行政的內涵有相同、密切關係及區別,有必要加以說明。

一、教育政策與教育行政相同之處

教育政策和教育行政雖然是不同的名詞,各有其理論與實務探究的重點,但仍有其相同之處,包括以下幾個方面。

(一)目的方面

教育政策是指主管教育行政機關,為配合國家與社會發展的需要,解決或滿足社會大眾教育的需求,培養所需的優秀人才(顏國樑,2014a)。教育行政目的則在改變受教者的行為,使受教者成為健全的公民(謝文全,2022),兩者都是培育五育均衡發展的優質公民。

(二)治理機關職權方面

政府專責教育行政工作的機關稱為教育行政機關,我國教育行政機關包括教育部、直轄市政府教育局及縣市政府教育處,教育政策主要由教育部與地方

教育行政機關負責政策制定與督導。

（三）治理的機關與對象方面

教育政策與教育行政的治理機關包括教育行政機關、學校及社教，治理對象皆是以教育人員與學生為主。

（四）運作方法方面

教育政策與教育行政皆講求運用科學原理進行研究與治理，強調目標與運作兼顧效率與效能。

二、教育政策與教育行政的關係

教育政策和教育行政是相互依存且支持的關係，兩者持續的互動和調整，共同促進教育系統的發展和進步。綜括言之，教育政策提供目標與指導方向，確立教育體系發展的制度框架；而教育行政則負責實施這些政策目標，確保其在實際運作中達到預期效果（吳遵民，2010）。教育政策和教育行政之間有密切的關係，包括以下兩項。

（一）互相影響的關係

教育政策的制定應該考慮到實施的可行性，進行可行性評估，以確保教育政策能夠在各級教育行政機關與學校有效實施。而教育行政的有效性取決於其是否能夠適當的執行教育政策，因此教育行政者需要清楚理解政策的目標和策略，並將其轉化為具體的行動計畫。

（二）互為改進發展的關係

教育行政在實施教育政策的過程中，會遇到各種挑戰和問題，教育行政負責蒐集和分析教育實施的問題、數據、實施效果與影響等資料。教育政策制定者則根據教育行政實施中的反饋和評估結果，進行政策的修訂和更新，以適應教育體系的變化和社會需求。這些評估結果可以向政策制定者提供反饋，幫助調整和優化教育政策。教育行政者需要根據具體情況進行政策的具體化、調整或改進，以確保政策能夠達到預期的效果。

三、教育政策與教育行政的區別

雖然教育政策和教育行政有相同與相互依存的密切關聯，共同促進教育體系的改進和發展。但兩者仍有一些區別，以下舉出數項加以說明。

（一）理論基礎

教育政策的理論基礎主要來自政治學、社會學、行政學、公共政策學、經濟學、法律學、利益團體理論等相關學科的理論，這些理論解釋教育政策制定、執行及評估的過程，以及教育政策的政治、經濟、社會、文化的影響因素。教育行政的理論基礎主要來自於組織與管理理論，包括：組織行為理論、組織文化理論、公共管理理論、行政學等。

（二）探究焦點

教育政策探究重點主要集中在政策制定和評估影響機制上，例如：教育政策問題形成、政策規劃、政策合法化、政策執行、政策評估、教育決策等。教育行政則強調組織管理和運作效能，和對教育事務作有效處理方法，即是計畫、組織、溝通、協調、評鑑的行政運作歷程，以及探討學校和教育機構的治理、組織效能、領導效能、如何改進學校運作的方法。換言之，教育行政是以合理的方式領導教育人員，將教育事務加以處理與管制的一種歷程（謝文全，2022）。

第三節　教育政策學研究的內容

教育政策研究的內容從公共政策、教育學的角度，以及目前國內外教育政策專書三個方向進行探討，再綜合這三方面的內涵提出教育政策學研究的內容範圍。

壹、公共政策研究內容

教育政策屬於政策科學、公共政策的範疇，教育政策在理論建構與研究內容常借用它們相關理論與內容，所以教育政策研究受到政策科學與公共政策研究的影響甚大。因此，要建構教育政策研究的內容，首先要從政策科學與公共政策的研究內容加以說明。以下說明政策科學、公共政策研究的內涵與關係。然後借用二者概念成為教育政策學研究的範圍。

一、政策科學

政策科學（policy sciences）係指研究公共政策所涉及的各種理論性、學術性、實務性的相關議題，而形成一種系統知識性，其研究範圍包括公共政策與政策分析，其目的在累積與建構政策相關知識（吳定，2013b）。

二、公共政策

公共政策探究的範圍包括四個方面（丘昌泰，2022；吳定，2013b）：（一）政策內容：描述某項政策內涵的發生背景與發展，通常採取個案研究法，瞭解政策如何出現、如何執行及結果如何；（二）政策過程：探討政策過程，如政策問題形成、合法化、執行等的過程，著重探討政策形成受到政治、經濟、社會及文化的環境因素影響情形等；（三）政策產出：探討不同地區或國家公共經費或公共服務水準等政策產出，究竟受到那些因素的影響；（四）政策分析：所謂政策分析（policy analysis）係指決策者或政策分析人員為解決某項公共問題，應用科學知識與推理方法，採取分析的理論架構與技術，系統性設計並評估比較各項替選方案，以提供決策者判斷及作決定之參考的相關活動。政策分析的範圍包括政策倡導、過程倡導及政策制定諮詢。

由上面的分析，政策科學研究與公共政策範圍包括公共政策與政策分析兩大方面的內容，因此教育政策學研究內容可將政策運作過程，包括：政策問題形成、規劃、合法化、執行、評估等，以及對政策過程與政策本身進行政策分

析，以提供政策制定與執行的參考。

貳、教育學研究的內容

　　教育政策屬於教育學研究的範疇，所以需要從教育學的觀點分析，以作為建構教育政策學的參考。教育學與公共政策的主要區別在研究對象是人不是物品，服務對象是學生及教師、教育行政機關人員等。要成為一門獨立學科應具備的基本條件包括（郭為藩、高強華，1988）：一、確切的研究對象；二、健全有效的研究方法；三、系統化的內容；四、自身的造型。以下從教育學的性質、教育學的體系、教育學研究的範圍加以分析。

一、教育學的性質

　　教育學是一門本諸原有的特性，研討教育理論或學說，發現教育的原理原則，以普遍為主，兼及特殊，採取科學方法處理，並對主觀的部分，加以可能的客觀驗證的學問。教育學的特徵有（田培林主編，1985）：（一）研究對象以人為出發點：因為研究對象是活生生的人，每個人都有其獨特發展過程，而且牽涉和人的關係極為複雜，這些關係是抽象的，不易統計評量，因此難以獲得普遍性的因果關係原則；（二）進步的特性：教育學是教育實際的指引，不但要反觀過去，檢討省思的經驗，也要把握現在，避免出現錯誤，更重要的是瞻望未來，以求較高理想的實現。

二、教育學的體系

　　建立教育學的獨立體系至少必須具備兩個條件（田培林主編，1985；郭為藩、高強華，1988）：（一）以教育學本身的原理原則為經，以教育對象人為基點，探討有關教育的理論與知識，以作為指引教育實施的法則；（二）以有關人的學科為緯，包括論及人類行為的科目，例如：哲學、心理學、社會學、經濟學、倫理學、歷史學、人類學、行政學、政治學等。

三、教育學研究的範圍

教育學研究的範圍可從下面幾方面探討（田培林主編，1985；吳清基，1990；楊深坑，1988）：（一）教育的本質：教育即是生長的學習過程，教育是傳遞並發揚社會文化的歷程，以及教育是成人之美，實現自我的成己到服務社會的成人之過程；（二）教育的功能：教育與政治、經濟、社會、文化關係密切，互為影響；（三）教育的內容：從人性的維持到人性的發展，是教育的最高目的，凡是能促進每一個人五育均衡發展的都是教育學研究的內容；（四）教育研究方法：因為研究對象是人，人隨時在變化，難以控制變因，研究方法適當與否，不在方法本身，而是適合研究目的為主。所以可以獲得客觀與普遍性原則的量化研究，也可以是質性研究，以深入瞭解教育現象背後的意義。

由上面的分析，教育學強調研究對象是人，讓人能夠成己成人是最高的教育目的。其體系必須具有教育本身的特性，應用相關學科的理論，也運用多元研究方法進行探究等，這些都可提供建構教育政策學研究內容的參考。

參、國內外教育政策專書分析

教育政策的研究在國內外尚屬於新興研究的領域，需要更多人投入研究，並應用在教育政策實務上。以下舉出國內外部分專書，以瞭解教育政策研究的內容。

張鈿富（1995）的《教育政策分析：理論與實務》主要在探討政策分析中的理論與方法，並就台灣近年來教育發展的政策進行主題式的實務探討。共分成十四章，分為四個部分，分別是政策分析的基礎、教育政策分析方法論、教育政策分析實例、未來的教育政策分析。

張芳全（2001）的《教育政策導論》共分成十章：第一章，說明為何研究教育政策、教育政策的內容、構成要素、意義。第二章為教育政策問題與研究。第三章至第八章，除了第五章探討教育政策分析，第六章探討教育政策指標之

外,其餘各章主要探討政策的過程,包括教育政策規劃、政策合法化、政策執行、政策評估。第九章探討教育改革行動方案,第十章為我國的教育政策。

Bell與Stevenson（2006）在其《教育政策：過程、議題及影響》（*Education Policy: Process, Themes and Impact*）書中,分成三部分九章：一、政策與教育：聚焦在國家與個別機構的政策發展；二、政策議題：探討人力資本理論、公民和社會正義及績效對政策形成的力量；三、教育政策影響：透過三個個案研究,分析政策如何在實踐中發展的情形。

翁福元（2008）的《教育政策社會學》是從社會學的角度探討教育政策,全書共分成四篇十四章。第一概念篇,主要探討教育政策社會學的背景學科、發展歷史、探討主題與學科架構。第二方法篇,從政治社會學觀點分析教育研究與教育政策的關係。第三對話篇,主要討論教育政策與當代教育社會學思潮的關係。第四結論篇,探討教育政策社會學的未來展望。

吳政達（2002）的《教育政策分析：概念、方法與應用》是以政策分析的角度撰寫,全書共分成三篇九章。第一、二章闡述教育政策分析的基本概念。第三至五章介紹教育政策分析的方法,包括政策問題建構與決策、政策監控、政策評估等方法。第六至九章針對降低班級規模政策與國中小師資供需分析、國民中小學教師評鑑可行性、高級中等學校實用技能班教育政策執行成效分析,以及教育績效責任的追求與指標系統的建構。

孫綿濤（2010）的《教育政策學》共分成七章,分別探討教育政策學概述、教育政策概述、中外教育政策簡論、教育政策制定、教育政策執行、教育政策評價、教育政策分析。

袁振國（2010）的《教育政策學》共分成十二章,主要分析包括：一、闡述教育政策學的內容與特徵；二、以政策過程觀點探討教育政策問題認定、合法化、政策執行、政策評價；三、分析教育政策制定的模式、程序、主要影響因素；四、探討教育政策分析、教育政策與教育研究、人種學方法與教育政策研究、決策過程個案分析等。

范國睿與杜成憲（主編）（2011）的《教育政策的理論與實踐》共分成七章，內容主要分析教育政策導論、教育政策系統、教育政策制定、教育政策執行、教育政策監測與評估、教育政策的穩定與變遷、教育政策分析。

Fowler（2013）在其《提供教育領導者的政策研究導論》（*Policy Studies for Educational Leaders: An Introduction*）書中，該書共十二章分成四個部分：一、導論：說明教育政策的定義、為何要研究教育政策及政策過程的一般知識，另外分析權力與教育政策之間的關係與影響；二、政策環境：分析教育政策受到經濟、人口、政策制度、政治文化、價值及意識型態的影響；三、政策過程：從政策階段模式探討教育政策過程中，政府、利益團體及大眾傳播媒體，如何在政策問題界定、政策議程確立、政策形成、政策採納、政策執行及政策評估過程中的行動；四、反思與展望：分析美國教育政策發展歷史的回顧，並提出教育政策的未來展望，以提供教育領導者參考。

Ball（2017）主編四本以《教育政策》為主題共蒐集87篇文章。第一本為理論與方法；第二本為全球化／新自由主義（globalization/neoliberalism）；第三本為政策過程；第四本為政策與實踐（policy and practices），這些文章皆是有關探討教育政策制定、政策執行和政策影響的優良和有影響力的學術研究。該系列的編輯蒐集教育政策有關理論和方法的主要著作，以及重要的歷史和比較研究。將分散發表在各種專業期刊和書籍中的教育政策研究集結成冊出版，方便研究者查閱與應用，堪稱是教育政策相關議題研究的「迷你圖書館」。

祁占勇（2019）的《教育政策學》共分十章，內容主要分析教育政策學的學科分析、本質特性、構成系統、價值基礎、制定過程、政策執行、政策評估、監控分析、週期變化與終結、政策分析的方法。

蔡進雄（2021）的《教育政策研究》共分成四大篇十二章。第一基礎篇，介紹教育政策的基本理念、政策研究與研究方法、政策過程等。第二理論篇，分別探討政策論述、證據為基礎的教育政策、教育政策釋義、教育政策變遷對教育政策制定的啟示、教育政策分析家角色與專業素養、風險社會下的教育政

策制定特色、從民粹主義探析教育決策的發展趨勢。第三研究篇，分別探究我國教育智庫與教育政策的關係、政策學習、教育學術研究者與教育政策制定者的關注差異。第四展望篇，剖析新世紀教育政策研究重要發展面向。

吳清山（2024）的《教育政策學》共分為十五章，內容包括：一、教育政策的基本概念；二、教育政策過程：教育政策的問題形成、政策規劃、合法化、政策執行、政策評估；三、政策議題與趨勢：教育政策行銷、政策學習、教育智庫、教育治理、研究展望；四、台灣重要教育政策：十二年國民基本教育、高等、技職、師資培育教育政策。

另外，部分以教育政策相關主題撰寫專書，也可作為教育政策學探討內容的參考，例如：顏國樑（1997）《教育政策執行理論與應用》、劉復興（2006）《教育政策的價值分析》、張芳全（2006a）《教育政策規劃》、王曉輝主編（2009）《比較教育政策》、顏國樑（2014a）《教育政策合法化理論與實務》、顏國樑（2022）《教育法規理論與實務》、張慶勳主編（2022）《教育決策機制檢討與改進》等。

綜合上述國內外教育政策的專書內容探討，主要研究內容有：一、教育政策基本概念，包括教育政策的意義、特徵、研究方法等；二、以階段論分析政策運作過程，包括教育政策問題、規劃、合法化、執行、評估、變遷，以及教育政策制定的模式、影響因素等；三、以非階段論探討政策議題，包括利益團體、政策工具、政策網路、政策學習、教育政策與教育研究關係；四、以政策分析角度，包括探討政策分析家的角色、分析各項教育政策；五、教育政策制定與影響因素，包括教育決策模式與影響因素、教育行政機關教育決策過程與影響因素；六、探討教育政策的趨勢、革新及未來研究展望。由上述分析，可提供教育政策學的研究內容之參考。

肆、教育政策學研究的內容

透過上述公共政策研究、教育學研究、教育政策專書內容分析，以及作者

近三十幾年的研究發現與實務經驗,以下提出教育政策學研究的內容架構。

第一篇:教育政策的學科分析

教育政策學的學科分析:一、教育政策學的起源與發展;二、學科本質、目的、重要性與功能;三、研究對象、學科內容、學科特徵;四、研究取向、研究方法與應用。

第二篇:教育政策理論基礎與價值分析

一、教育政策學理論基礎:與其他學科的關係分析,例如:政策科學、公共行政、哲學、心理學、經濟學、行政學、社會學、文化學、法學、教育行政學等。

二、教育政策的價值分析:從人本、公平、效益、品質、自由及永續等面向,建構與分析教育政策的價值。

第三篇:教育政策過程

教育政策過程的內容包括:一、教育政策過程模式;二、教育政策過程的影響因素;三、教育政策問題形成;四、教育政策規劃;五、教育政策合法化;六、教育政策執行;七、教育政策評估;八、教育政策變遷。

第四篇:教育政策制定與決策

教育政策制定與決策的內容包括:一、教育政策制定過程與影響因素;二、教育決策的模式、原則及影響因素;三、中央與地方教育行政機關決策網絡治理。

第五篇:教育政策分析

教育政策分析的內容包括:一、教育政策分析的內涵與特徵;二、教育政策分析的要素與步驟;三、教育政策分析的方法。

第六篇：教育政策議題

　　教育政策議題的內容包括：一、教育利益團體；二、教育政策網路；三、教育政策工具；四、教育政策行銷；五、教育政策溝通；六、教育政策學習；七、教育政策治理；八、教育政策智庫；九、比較教育政策。

第七篇：教育政策的趨勢與展望

　　教育政策的趨勢與展望之內容包括：一、教育政策發展的趨勢；二、教育政策革新的展望；三、教育政策研究的展望。

問題討論

一、教育政策是一門新興的研究領域,其研究發展受到諸多因素的影響。請分析教育政策研究興起的原因?

二、請分析教育政策與公共政策、教育行政之間有何關係?

三、請從不同角度分析好的教育政策研究應具備那些條件?

四、教育政策學在國內外尚屬於新興研究的領域,如果以建立一種學門所需要的條件觀點,教育政策學研究的範圍為何?

五、教育政策學尚屬於新興研究的領域,需要更多人投入與參與研究。請您提出如何激勵更多人投入教育政策學的研究?

六、台灣在教育政策研究是新興領域,請分析目前台灣教育政策研究的現況與問題?有何改進的建議?

第三章
教育政策研究的途徑與方法

本章摘要

　　教育政策研究的途徑有：1.實證途徑：實證途徑之研究目的在尋找現象的客觀通則，強調因果關係，以利預測、控制與解釋；2.詮釋途徑：詮釋途徑之研究目的在瞭解現象主體的意義，強調個別性的深入瞭解；3.批判途徑：批判途徑之研究目的：在揭露教育現象背後的權力關係價值觀與意識型態，透過批判以求改進；4.整合途徑：教育政策研究宜依據研究環境與研究目的需要採取一種或多種研究方法，強調整體綜觀來瞭解教育政策事實的真相。

　　教育政策研究的方法有：問卷調查法、訪談法、比較研究法、歷史研究法、個案研究法、行動研究法、實驗研究法、觀察法、人種誌研究法、德懷術、政策文本分析、內容分析、論述分析、政策論證。

　　教育政策研究方法的應用：1.依據教育政策研究目的與性質；2.質性研究同時採取多種方法；3.質量並重的混合研究方式。

第一節　教育政策研究的途徑

教育政策研究是一門新興的領域，受到政治學、經濟學、社會學、心理學、法律學、行為科學、政策科學等的影響。縱合專家學者的看法，教育政策研究分成實證、詮釋、批判、整合四種研究途徑（秦夢群、黃貞裕，2001；楊深坑，1988；甄曉蘭，2011；謝文全，2022；Peters & Zittoun, 2016）。以下說明這四種研究途徑的內涵，並以研究目的、研究特徵、研究方法、價值中立、研究限制進行比較分析，如表 3-1 所示。

表 3-1
教育政策研究途徑之比較分析

項目＼途徑	實證途徑	詮釋途徑	批判途徑	整合途徑
研究目的	獲得客觀性的因果關係通則，以預測、控制與解釋	理解主體的意義，以獲得個別性的深入瞭解	揭露教育現象背後的價值觀與意識型態，以求改進	從多元觀點瞭解真相，以提高研究結果的真實性與可行性
研究特徵	尋找因果關係	理解現象的意義與動態過程	解放批判並改進	多元兼顧
研究方法	量化實證分析	質性理解與詮釋	權力、價值與意識型態批判	多元整合
價值中立	認同	順其自然	批判與改進	兼容並包
研究限制	過分化約教育現象的複雜性、忽略主體性、研究容易走向工具性	研究方法較容易傾向獨斷色彩、忽略社會與文化背後的意識型態	研究傾向於思辨性，以及方法上過於簡化不嚴謹	如何建立兼容並包、多元整合的研究方法，尚未有較普遍與共識的方法。

註：作者自行整理。

第三章　教育政策研究的途徑與方法

壹、實證途徑

實證途徑（empirical orientation）的特徵是基於量化的研究方法，強調「價值與事實」的二分方式，以及尋找方法的普遍性。實證途徑之研究目的在尋找現象的客觀通則，強調因果關係，以利預測、控制與解釋，其研究最主要的優點在提供可驗證客觀的數據作為教育政策制定、決策、執行、評估及變遷的依據。其研究限制，是將教育政策現象的複雜性過分化約，忽略認知主體性的主動性問題，以及難以瞭解教育現象背後的意義和價值。同時研究容易走向「工具性」，久而久之形成「理論的窄化」，並失去對教育政策實踐指引的功能（林純雯，2003；陳伯璋，1987；楊深坑，1988；謝文全，2022），例如：傳統偏向實證方式的教育政策研究，無法看出政策在國家機器與市場之間的巧妙作為，以及權力運作的影響，若沒有合適的理論作為基礎，則在教育政策的研究上無法以反省的立場來檢視政策應用的優點與缺失。

基於實證途徑所發展出來的研究方法為各種量化研究法，例如：調查研究法、實驗研究法、德懷術等，這些研究方法都重視統計分析在教育政策研究的應用。

貳、詮釋途徑

詮釋途徑（interpretive orientation）的特徵是基於質性的典範，其研究重點在深入解析教育政策現象背後的意義，重視教育政策在中央與地方教育行政機關、學校之間的過程及其對師生相關利害關係人的影響，以及尊重政策相關利害關係人的自主性。詮釋途徑之研究目的在瞭解現象主體的意義，強調個別性的深入瞭解。其研究限制在於過度強調「主體意識」，在研究方法較容易傾向獨斷色彩的「相對主義」，同時忽略社會、文化背後的意識型態，對教育政策的衝突、矛盾和對立的現象或價值，有忽略的傾向（黃乃熒，1999；賈馥茗、楊深坑，1988；蘇永明，2015）。因此，詮釋途徑的「理解」必須加入主體性

的自省與意識型態的批判，才能無宰制的溝通與論辯中，達成真理的共識（楊深坑，1988；甄曉蘭，2011）。

基於詮釋途徑所發展出來的研究方法為各種質性研究法，例如：訪談法、觀察法、人種誌研究法、歷史研究法等，這些研究方法都重視教育政策現象的情境與歷史脈絡，以及教育現象背後的意義詮釋。

參、批判途徑

批判途徑（critical orientation）的特徵是基於「歷史―社會」整體性的觀點，認為教育研究的對象，不是教育政策表面事實的描述，而是其背後意義的理解及意識型態的批判。

批判途徑研究之目的在揭露教育現象背後的權力關係、價值觀及意識型態，透過批判以求改進（王慧蘭，1999；張建成，2002；劉國兆，2013；蘇永明，2015；Adams, 2014），例如：教育政策多半是政治、經濟、社會、文化等結構力量的化身，長期代表優勢群體的意義與論述，壓迫或宰制處於弱勢地位群體，以保障或再製其利益與權力，透過批判分析對教育政策能夠彰顯教育政策的正面意義。其理由包括（黃乃熒，2006）：一、能夠激起教育政策的實踐；二、提升教育決策的品質；三、促進教育政策建立合理規範。在研究限制方面：在於研究傾向於思辨性，以及方法上過於簡化不嚴謹，仍未建立獲得共識的研究方法，影響研究的品質。

過去近 20 年來有愈來愈多的學者不採取實證途徑的研究途徑，改以批判的教育政策分析模式（Critical Policy Analysis [CPA]）探討教育政策（張建成，2002；謝卓君，2021a；Adams, 2014; Diem et al., 2014; Stacey & Mockler, 2024; Xu, 2024; Young et al., 2024）。教育政策批判分析，並不是要顛覆教育政策的合理性與正當性，否定教育政策的正面價值。基於批判途徑所發展出來的研究方法，例如：論述分析法或後結構分析法，不僅在瞭解教育政策的現象，更強調揭露教育政策的現象背後隱藏的價值體系、權力結構、文化霸權、歷史脈絡、

政策文本、意識型態的疆界壁壘之蒙蔽與障礙等進行批判分析。教育政策制定者、執行者、相關政策利害關係人與團體、研究者，應透過不斷的質疑、反省、解構、重建的循環，重現教育政策的真相，重視主體的地位，更關注弱勢主體的聲音，以制定包容、多元、公平的優質教育政策。

肆、整合途徑

教育政策整合研究途徑（integration orientation）的特徵是基於權變理論（Contingency Theory）與系統理論（System Theory）的理念，是採取多元兼顧的觀點，可以採取多元的研究方法、多元利害關係的分析、多元研究發現的分析、多元學科整合等。權變理論強調沒有哪一種研究途徑是最好的，只有比較適合的，因此教育政策研究宜依據研究環境與研究目的需要採取一種或多種研究方法。系統理論強調整體綜觀來瞭解教育政策事實的真相。教育政策系統中的任何子系統無法單獨存在，都需要相輔相成，教育政策系統才能永續發展。教育政策研究整合途徑目的，在從多元觀點瞭解真相，以提高研究結果的真實性與可行性。

所以教育政策研究實證途徑、詮釋途徑、批判途徑都有其優點，也有不足之處，每種研究途徑有其價值與適用之處。因此，依據研究目的與研究問題，採取兩種或三種研究途徑進行教育政策研究，都是可行的整合途徑。在研究限制方面：雖然重視多元的研究途徑或研究方法，但要如何建立兼容並包、多元整合的研究方法尚未有較普遍與共識的方法。

第二節　教育政策研究的方法與應用

教育政策需要採取多元的研究方法進行探討，每種研究方法都有其優點與限制，因此進行教育政策研究時，如何適當應用一種或多種的研究方法進行探討，以獲得有用的研究發現，是重要的課題。以下分別說明教育政策較常用的

研究方法的意義、優點、限制及應用的方式,並舉出相關研究作為參考。

壹、教育政策研究的方法

教育政策研究的方法與其他學科一樣,常採用多種不同的研究方法進行探討,以下舉出較常用的研究方法加以說明。

一、問卷調查法

問卷調查法(questionnaire survey method)係指將所要研究教育政策的問題,設計成問卷或調查表,採取郵寄,或親自或派員發放問卷給被調查者填答,問卷回收後,進行分析與解釋,以獲得研究結論,例如:謝傳崇與李孟雪(2017)採用問卷調查法,探討國民小學校長翻轉、教師專業學習社群與教師教學創新關係之關係。李垣武(2020)採用問卷調查法,探究我國高級中等學校教育利害關係人對十二年國民基本教育政策實施滿意度之現況。賴協志(2022)採用問卷調查法,探討國民中學卓越校長教學領導、教師專業素養與適性教育成效關係之研究。

問卷調查法是研究教育政策最常用的方法之一,通常會對調查對象進行抽樣,抽樣必須要有代表性,用以推論母群體的特性。問卷調查法的優點為經濟方便,可獲大量資料;受試者較不受限制且具保密性、呈現標準化問題,可避免因訪問者不同而造成偏差等。但限制是回收率可能較低、較適合研究事實面而不利做深入探究、無法控制填答者的情境等。

二、訪談法

訪談法(interview method)是研究者將所欲研究的問題,透過面對面或電話訪問方式,蒐集受訪者對教育政策問題的看法,然後整理訪談資料進行分析,以獲得研究結論,例如:陳寶山(2001)探討國民中小學校長遴聘政策執行議題,對標的團體參與校長遴選的感受和經驗進行訪談。陳英俊(2017)以訪談法探討全民國防教育政策執行影響因素、執行方式、執行的問題與改善意見之

相關問題。

訪談法的優點為具有彈性，可獲得第一手資料；可訪問較為複雜的問題；加深研究資料的深度；可觀察到受訪者非語言的行為，有助於資料的研判。但限制是費時又花錢，樣本代表性受影響；訪問者的偏差，可能造成研究缺乏標準化；缺少保密性，受訪者可能不願據實回答。

三、比較研究法

比較研究法（comparative method）是用比較的方法研究教育，從事兩個國家或兩個地區以上的教育現象或教育政策的比較活動，例如：沈姍姍（2002）《國際比較教育學》、江芳盛、鍾宜興（2006）《各國教育行政制度比較》、王如哲（2009）《比較教育》、王曉輝主編（2009）《比較教育政策》等，皆是運用比較研究法方式進行研究的專書。林孟君（2011）從 PISA 2009 年的閱讀素養研究成果，比較台灣、香港與新加坡三地近十年來的閱讀教育政策。朱麗文（2021）以比較研究法比較美國、英國、日本、中國大陸、台灣的高等教育發展在政策脈絡、國際化、經費撥款之比較。

在進行比較教育時，通常會經過描述、解釋、併排、比照研判等四個步驟。比較教育研究者必須建立一些重要的觀念，例如：探討教育政策的比較要瞭解各國的文化歷史背景、避免我族中心的偏見，以及錯誤的比較等（林清江，1983）。比較研究法的優點是透過比較，可歸納各國教育政策的趨勢與原則，以作為教育政策的借鏡。但限制是比較教育的研究結果無普遍適用的性質，對未來教育政策進行預測。

四、歷史研究法

歷史研究法（historical research method）係指探討過去歷史事件的過程與真相，從中尋求歷史發展的規律和意義，其目的在以古鑑今，鑑往知來，作為現在與未來行事的參考，例如：吳家瑩（1990）《中華民國教育政策發展史：國

民政府時期（1925-1940）》、彭煥勝（2024）《客雅溪畔話竹師：台灣小學師資培育的蛻變史（1940-2020）》。武佳瀅（2019）採用歷史研究法及文件分析法，探究我國大學評鑑制度的歷史發展脈絡，以梳理新自由主義對我國大學評鑑制度之影響，進行大學評鑑制度發展歷程中的治理性分析。張德銳與丁一顧（2020）以歷史取向論教學輔導教師制度的時代背景與發展趨勢。上述專書或論文皆是透過史料的資料蒐集與分析，採取歷史研究法進行研究。

　　史料是歷史研究詮釋的根據，強調直接史料或稱第一手史料，以及史料真偽的考證。史料鑑定有外部考證與外部考證兩種方法，外部考證係從外表衡量史料，以決定其真偽及產生時間、空間的問題，如從史料產生的時代、作者等來判斷史料的真實性。就內部考證而言，係指考證史料的內容，從內容衡量其是否與客觀的事實相符合，其方式可從記載人的信用、能力及真實性的確定來進行。歷史研究法的優點為可瞭解一項教育政策的來龍去脈，但其限制是研究時間較長、史料蒐集不易、研究結果僅能借鏡無法預測未來等（周愚文，1997）。

五、個案研究法

　　個案研究法（case study method）是對一個場域、單一個體、文件資料儲存庫、或某一特定事件做鉅細靡遺的檢視（黃光雄等人譯，2001）。個案研究法的目標，乃在於瞭解接受研究的對象，重複發生的生活現象（life cycle），或該現象的重要部分，進行深入探究與分析，以解釋現狀，或描述探索足以影響變遷及成長諸因素的互動情形。因此，個案研究屬於縱貫式的研究途徑，揭示某期間的發展現象（王文科編譯，2000）。林佩璇（2000）亦認為，個案的獨特性與複雜性，是在特定情境脈絡下所發生，透過豐富的敘述，關注於研究過程，並非結果。周海濤等人譯（2023）提出具示範性個案研究的特徵必須要符合：有價值、完整考慮不同的觀點、具有充分的依據，以及能夠吸引讀者的方式編寫個案研究報告，例如：蔡沛蓉（2019）採取個案研究方法，探討我國高中課

綱制度變遷過程中,執政者如何運用權力的三個面向影響課綱的內容,並強調意識型態的權力運作對制度變遷的影響。李協信(2021)採取個案研究法,藉由一所全新籌建公立自主實驗學校的創校歷程,理解公立實驗學校前期的學校整體圖像、學校社會系統發展歷程,並以學校社會系統模式闡釋學校整體圖像發展歷程。

個案研究法的優點在於能夠運用各種量與質的研究方法,蒐集較齊全的資料,深入探討研究問題。但限制在於研究需要花較漫長的時間,以及研究結果具有個殊性較難做廣泛的類推。

六、行動研究法

行動研究(action research)的概念出自 1948 年美國社會心理學家 Kurt Lewin 主張以「研究引導行動」,其步驟為計畫、行動、觀察、反思等循環過程,緣於傳統研究與教育實務缺乏連結的狀況,故鼓勵教師投入研究,作為改進教學實務的方法(引自王文科、王智弘,2019)。行動研究的特徵有(蔡清田,2000):(一)研究目的強調真實性與可說明性;(二)研究對象常是實務工作者自己本身;(三)過程結果是實務工作者親自參與行動所獲得,可以建立縮短理論與實務之間的溝通橋梁。

行動研究可針對教育政策或教學實務上的問題,採取科學方法進行研究,以修正某些行動與所下的決定。目的在於發現實務上的問題、縮小理論與實務的差距、促進實踐者的專業發展,期以產生「能夠反省的實踐者」(張德銳主編,2014;Schön, 1983),例如:以教學個案,設計教與學的活動計畫、行動及反思的研究(Young et al., 2010)。又如:周麗華(2012)以協同行動研究方法發展教師評鑑的策略。田孟儒(2022)以行動研究為主,佐以單因子準實驗研究法,探討文化回應教學提升國小學童「族群認同」及「對科學的態度」的歷程、成效與教師專業成長。

行動研究法的優點在於能夠針對實際的教育問題,立即著手應用與解決問

題,並可促成實踐者的專業成長。但是,其限制則為侷限小型問題的應用,資料的處理亦較為簡易,研究效度不高;同時,又因研究者兼具實務工作者的身分。所以在解決實際問題時,易陷入自行應驗的缺憾。

七、實驗研究法

實驗研究法是研究者控制一個或多個自變項(因),以分析其與一個或多個依變項(果)之間,有無因果關係的研究方法。任何一種實驗設計須具有內在效度(internal validity)、外在效度(external validity),上述效度成為影響一個實驗研究成敗的關鍵(王文科、王智弘,2019)。

以分組實驗控制進行政策研究的方法,在於將分組成果加以兩相比較之後,作為日後教育政策修正或變革的依據。實驗研究的目標在於預測實驗環境中的事件,探索變項之間的關係,將變項之間的關係加以概括化,並希望能將其因果關係推論到實驗環境之外的母群體,例如:張瓊文(2022)採取準實驗研究法,建構正向思考教學模式與內涵並應用於國小高年級,探討正向思考教學對高年級學生正向心理資本、幸福感及情緒管理之影響。

由於實驗研究的特質是「控制」(王文科、王智弘,2019)。故其優點是若執行得當,可對所假設的因果關係,提供最佳證據,並可依據結果預測政策實施的效果。而其限制是:屬於人為的操控,真實的社會中,存有諸多不可控制因素,實驗結果較無法一般化;且實驗情境過度單純、樣本少,外部效度降低。因此,通常針對社會現象或目前問題,較難以處理過去政策的情境的變數。

八、觀察法

觀察法是指研究者依據一定的研究目的、擬訂研究提綱或觀察表,透過感官和輔助工具,對現場的被研究對象直接進行實地觀察,蒐集有關資料的方法。可分為參與觀察與非參與觀察(梁坤明等人譯,2011;楊孟麗、謝水南譯,2013)。

觀察法可作為因應問卷或訪談所產生偏誤資訊的補救方法（王文科、王智弘，2019）。關於校園中特定的問題，雖可抽測或訪談教師，以瞭解課堂的情況。但研究者若欲求更精確瞭解學生的行為狀態，則可實際觀察教室中教學與討論的進行過程，例如：陳穎琦（2010）以觀察法蒐集某市性別平等教育政策的相關資訊，以瞭解該市性別平等教育政策推動的情形。另外，觀察法往往與其他研究法一併運用，較少單獨使用，例如：黃冠達（2017）透過觀察、訪談和文件分析等方法，探究由三位種子教師籌組的兩個社群，並援引活動理論解析社群知識共享之背景系統、運作脈絡與知識內涵。

由於觀察法是通過直接觀察，所以具有能夠及時掌握、捕捉的優勢，且獲得的資料有真實、生動等優點。至於其限制則為受到生理感官的影響，無法對大面積的場所進行觀察，超出感官限制的事物，亦無法觀察，觀察結果也受到主觀意識的影響；況且某些事件有其發生時間的因素限制，時間稍縱，現象即不再發生，故對觀察產生限制。

九、人種誌研究法

人種誌研究法（ethnography research），又稱民族誌或俗民誌研究法，多數為發現或探索性的研究途徑。是針對所選定的團體或場域，在田野間對發生的自然現象進行時間密集式的觀察、訪問及記錄的程序，用以蒐集資料，並儘可能的描述出完整（holistic）的觀點與圖像（王文科、王智弘，2019；楊孟麗、謝水南譯，2013）。人種誌研究的基本特徵有（程介明，2010）：（一）綜合的、整體的，不是分離變數分析；（二）從本地人的觀點解釋現實；（三）資料的蒐集方法是自然的，不是按照研究者規定的框架；（四）折衷的和多方式的研究策略；（五）蒐集資料著眼於過程，力圖瞭解事情的過去、現在情形。

人種誌研究有三個步驟（Wolcott, 1997）：（一）根據研究主題，詳盡描述所研究的團體；（二）從一般人在社會生活意義的角度，解釋團體的行為；（三）對團體各個層面的瞭解，並總結出團體的全面文化圖像，例如：陳俞余

（2013）運用訪談、參與觀察等方法探討學年主任在行政工作經驗上的權力關係。范揚焄（2017）運用自傳俗民誌為研究方法，以研究者在校長任內，發揮校長領導的角色功能，經由校本課程的建構，以改變校園新局發展的一段生命經驗為探究內容，對自我校長領導實踐行動的反思研究。

人種誌的研究過程多變，研究者必須接受完整的社會學或社會人類學的訓練。其限制為若只僅止於速記式的描述，似有缺漏；並且觀察記錄冗長繁複，解釋有其難度；研究者的主觀或偏見可能影響研究發現；對教室中無法停止教學活動或行政會議，則有何者應記錄、何者應省略的決定困難。而其優點為，可以獲得新的見解、深入瞭解問題，以及適合縱貫性的長期研究（王文科、王智弘，2019）。

十、德懷術

德懷術（Delphi Technique Method）係指一種允許成員不必面對面互動，透過一連串（通常三次或四次）問卷調查方式，以達成共識來解決問題的研究方法。它是一種集體決策技術（group decision making technique），主要是針對未來可能發生的事件或問題，集合專家學者的知識和看法，經由特定的問卷調查，達成共識。因此，德懷術常用於預測未來、目標評量、課程規劃、建立優先預算、生活品質評估、政策形成、問題確認或是解決方案等（Uhl, 1990），例如：蔣偉民（2011）採取德懷術研究方法，獲得我國地方政府國民績效評鑑指標。張明敏（2020）以德懷術問卷與層級分析問卷調查，建構普通型高級中等學校生涯發展教育評估指標與其權重體系。

德懷術在研究上的優點，有採取匿名方式具隱密性，以及透過專家學者判斷達成共識較易獲得認可。但研究限制為費時費力、樣本流失、參與者因填答次數較多容易產生厭煩、不同專家小組意見整合較困難，以及僅能看到所有專家的評估結果，無法深入討論原因等。

十一、政策文本分析

文本泛指社會中人為的製成物（social artifacts），例如：文學作品、書刊、新聞報導、海報、圖片、電影、法律條文、政策、符號象徵等。文本可以是字面上的，包含書面及口頭語言的文字；也可以是比喻的，指向社會行為被視為是有意義的象徵符號時，行為模型即是文本（游美惠，2000；Ricoeur, 1981），例如：某教育政策說明會中所發生的抗議案件，可視為是一個文本。文本分析法（text analysis）是一種借助符號媒介，系統分析、比較和歸納文字、錄音或錄影等文本所蘊含的語言表達，以實現文本闡釋和評論的研究方法。

政策文本作為文本的特殊形式，是能夠傳遞政策意圖、呈現政策制定過程、反映政策執行結果的文本話語表達，其中既有字詞句、文本結構脈絡及標點符號，也蘊含著抽象的語言邏輯。政策文本研究強調要發掘文本的深層結構及其演變的內在邏輯，透過文本和話語深入探索政策過程。另外，政策文本量化研究透過電腦科學綜合政策分析科學、統計學等學科方法，把政策文本進行量化的政策文本內容分析、政策文本計量分析和政策文本內容挖掘分析（楊慧，2023）。

政策文本分析，是以國家所頒布的法律、政策、規章等為對象之分析，亦即是對政策文本暨其所處之歷史背景、制度及政策實踐等有關範疇所進行的分析（涂端午，2009），例如：連文烽（2012）探討九年一貫課程改革政策文本，分析其過程及對英語教育之影響。鄭彩鳳（2016）蒐集高中評鑑相關的法規、專案研究及評鑑報告等進行政策文本分析，探究我國近期高級中等學校評鑑之規劃、實施與發展。MacKinnon（2024）以《安大略領導力框架》政策文本進行話語分析，探討加拿大安大略校長公平領導的複雜性，並且透過語言分析彰顯語言如何成為公平實踐行動和變革的驅動力。

政策文本分析的優點在於教育政策研究必須依賴各式各樣的文本，研究者可以使政策研究的範圍突破時間與空間的限制，透過政策文本探討過去的教育

政策活動、思想及價值；瞭解教育政策的變遷與發展，比較不同地區或國家的教育政策，分析教育政策的目標，以及教育結構與行動之間的關係。其次，政策文本也是研究證據的重要來源之一，可作為檢驗和增強其他資料來源的證據。再者，不用訪談研究對象可以節省研究經費等。但是政策文本分析的限制則為若僅著眼於分析政策文本的結構，易流於形式化，並且僅僅分析文本結構，則可能無法看出政策文本在社會真實情境中如何被使用。其次，在應用上也有一些限制，如政策文本記載偏差或不實、保存不全、缺乏代表性、內容不完整、取得不易及整理困難等（游美惠，2000；黃瑞琴，2021；楊慧，2023）。

十二、內容分析法

內容分析法（content analysis method）是對人們的各種傳達或溝通形式進行分析，包括教科書、論文、法規、計畫、政策白皮書、新聞報導等，以間接瞭解人類的行為（楊孟麗、謝水南譯，2013）。研究者必須蒐集並組織大量的溝通工具、資料或文本，將描述性資料轉化成類別，依據研究目的發展出適當的類別、評比方式，以發掘研究對象的態度與信念與內涵。Fraenkel et al.（2012）指出，分析的步驟為：決定研究目標、定義名詞、確定分析的單位、尋得相關文本資料、發展合乎邏輯的論述、擬訂抽樣計畫、制定編碼類別、檢查信度與效度、進行資料分析，例如：吳佳欣（2018）以量化內容分析法及質性內容分析法，從新聞議題報導的角度切入，瞭解媒體筆下所描述的偏鄉教育，並關注相關教育政策發展。梁信筌（2022）以內容分析作為研究方法，針對二十所國立大學的自主學習計畫進行研究，分析各校自主學習方案的推動理念與策略、方案措施及方案預期成效的互動關係。

內容分析法較適用於長期性的縱貫研究，其優點是文件等文獻資料大都儲存於圖書館、資料庫，因此其蒐集的成本較低，可提供系統化的資料作為討論基礎，再行設計問卷或訪談大綱。而其限制為個人文本若非基於研究目的而撰寫，則缺乏標準格式，在含有隱私部分則有揭露不完全之處，並有編碼上的困

難；若研究者著重在文本圖文的靜態面向，而缺乏回到資料本身的現象脈絡去關照，容易忽略文本要素之間的結構關聯性與互動意涵（王文科、王智弘，2019；游美惠，2000）。

十三、批判論述分析

依據 Potter 與 Wetherell（1987）的見解：「論述」（discourse）涵蓋在社會情境中使用的各種口頭與書面語言，亦即言說行動（speech act）。論述就是一種社會文本。所謂的「論述」指的是一種信念（belief）、實踐（practice）或知識（knowledge），人們用來建構真實和理解世界的一種方式（Fairclough, 2003; Mills, 1997）。批判論述分析（critical discourse analysis）的研究途徑是針對社會文本進行探究分析。論述分析採取類似於後結構主義的見解，假定人是反覆無常的，且也不認為語言可以反映出內在心理或外在情境（施盈廷、劉忠博、張時健，2011）。研究者若欲超脫文本之外，謀求掌握文本作者所未陳述於書面上的資料或資訊部分，則可採用批判論述分析方法，作為詮釋與解析意義的工具。批判論述分析與內容分析、文本分析相較，其探究範圍更為廣闊，除文本本身之外，尚包括於建構文本所運用的論述、與文本有關的社會地點或場址（institutional sites）及社會歷史文化等。

有關教育政策批判論述分析的研究，例如：趙素貞（2011）以 Fairclough 的批判論述分析模式為架構，並以半結構方式進行訪談，運用文本分析、過程分析、社會分析，探討台灣原住民族語教育政策。黃家凱（2019）分析我國高等教育人才培育相關議題，並以半結構方式訪談政策關鍵人，挖掘其隱含的意識型態如何影響政策制定與實踐，探究其中的權力／知識的競逐模式，及其對高等教育人才培育政策發展的影響。Young et al.（2024）運用批判性政策分析的方法，探討大學招生的種族不平等、數位平台技術對政策的影響，以及體罰政策中的種族化話語。透過批判性理論和方法，揭露語言、階層和特權如何建構現實、延續不平等並強化權力結構，以及倡導公平的政策解決方案。

批判論述分析的範圍並非只限於「文本」本身，以多元角度深入政策問題的現象，因而有更多發揮空間的優點。但其限制則如 Burr（1995）所指出的，研究若缺乏方法論的說明，僅憑主觀的、直覺的詮釋分析，常易引起攻訐與責難。張煌焜（2014）也指出，因為較難充分掌握論述分析對象的背景，可能做過度的推論；再者，在方法上可能有較多難以控制的變項而更複雜，因而增加研究的難度。

十四、政策論證

政策論證（policy argument）指在政策運作過程中，政策參與者尋找並提出有利資訊，用以強化本身的政策之主張，並提出反證，對其他反對意見提出辯論的作法。政策論證分析包括六項要素（吳定，2005；Dunn, 2018）：（一）政策分析所須的相關資訊；（二）本身的政策主張；（三）主張的立論理由；（四）立論依據或支持；（五）駁斥或反證理由；（六）政策主張可信度的數據。

為何需要論證？Dunn（2018）認為，政策方案應進行推理辯論和反駁辯證，經由交叉辯論的結果，希望能產生更務實的政策策略，例如：何俊毅（2010）運用政策論證模式分析南投縣實施的小型學校整併政策。蘇黃亮（2011）對開放陸生來台就學政策進行論證分析。

對單一政策方案進行論證，其優點在於可將政策分析的重點放在「問題認定與建構」的階段，不僅質疑政策主張的內涵、政策訴求，亦說明所涉危險、威脅及忠誠等範圍。其次可以讓我們瞭解議程設定的權力結構的複雜情形，例如：誰掌握議程、誰被排除在議程之外、誰是意識型態控制者與其動機。其限制為對於「複雜論證」的情形，就無法運用此種論證模式，且無明確的辯論規則能加以採用（丘昌泰，2022）。

第三章　教育政策研究的途徑與方法

貳、教育政策研究方法的應用

以上分別說明教育政策常用的研究方法，這是提供讀者便於瞭解。有些研究方法，偏向量的研究方法，有的較偏向質性的研究。實際上進行研究時，常常是多種研究法進行研究。至於要依據何種原則來選擇適當的研究方法進行教育政策研究，以下分析較常採取應用的原則。

一、依據教育政策研究目的與性質

每種教育政策研究的方法各有其優點與限制，沒有哪一種是最好，而是應依據教育政策研究目的與性質選擇適當的研究方法。如果要作為客觀的評斷標準，則採取量化的問卷調查法、德懷術較好，例如：許筱君（2021）以模糊德懷術小組分析評鑑指標合適性程度、指標重要性評估及指標權重排序，建構我國學校型態原住民族實驗教育評鑑指標。如果要深入瞭解當地或事件的脈絡與原因，採取人種誌、訪談、觀察法或個案研究，是一種較佳的研究方法。

二、質性研究同時採取多種方法

進行教育政策質性的研究時，為了深入瞭解政策的本質或現象，常常不會僅採取一種質性研究方式，常往同時採取訪談法、文件分析、觀察法等（高淑清，2008；黃政傑，1998；潘淑滿，2003），例如：楊慧琪（2019）採取文件分析法、訪談法及省思札記進行資料蒐集，針對國立清華大學與新竹教育大學合併的過程、推動策略、遭遇的困境、完成合併的關鍵因素、對學校產生的影響、仍待解決的問題與改進建議，以及目標的達成程度進行個案研究。

三、質量並重的混合研究方式

由於質與量的研究各有其其優點與限制，單一研究方式無法詮釋教育現象的全貌，因此近年來質量並重的混合研究方式（mixed methods）受到重視，這是鑒於混合研究方式可以對教育政策研究提供更多的互補性、多元性、完整性的結果，有助於對教育政策問題的瞭解，提供教育政策制定及執行的參考。但

此種混合研究方式費時費力、研究者需要同時具備兩種研究能力、報告的分析撰寫與結論形成不易等（王文科、王智弘，2019；林逢祺、洪仁進主編，2014），都需要研究者加以克服。

至於質與量的混合方式何者先進行，可以依據研究問題需求而定，例如：先採取問卷調查法獲得某項教育政策量化分析的結果，再依據量化結果選擇想深入瞭解的問題設計訪談大綱進行訪談，較有助於對政策問題的瞭解與掌握。又如：要制定解決原住民族教育教師流動過高問題的策略，採取訪談法或觀察法或人種誌法到原住民族地區深入瞭解教師在學校的生活、教學及需求，以獲得教師流動的核心問題及解決策略，然後再設計問卷調查進行調查，以掌握最重要的核心問題與解決策略，獲得貼近教育現場更客觀完整的資訊，提供教育政策制定與執行的參考。

第三章　教育政策研究的途徑與方法

問題討論

一、請說明教育政策研究的途徑？有何優點與限制之處？如何應用？

二、每種教育政策研究的方法各有其優點與限制，沒有哪一種是最好。請問要依據何種原則來選擇適合的研究方法？

三、如果要進行原住民族地區教師流動問題進行研究，如果採取人種誌方法，請您說明如何進行研究的過程？

四、如果要對某一所國民小學的校訂課程的發展歷程進行研究，如果採取個案研究法，請您說明如何進行研究的過程？

五、如果要對雙語教育執行問題與解決策略進行研究，如果採取訪談法，請您說明如何進行研究的過程？

六、由於質與量的研究各有其優點與限制，單一研究方式無法詮釋教育現象的全貌。如果採取質量並重的混合研究方式，探討影響推動中小學數位學習精進方案執行的因素，請您說明如何進行研究的過程？

七、請運用批判性政策論述的方法，探討偏遠地區學校數位平台技術政策的問題？並提出公平的的政策解決方案。

第四章
教育政策價值分析

本章摘要

　　所謂教育政策價值分析係指運用科學研究的方法，對教育政策活動的價值系統與價值問題進行分析，以作為教育政策制定、執行及評估的依據。

　　教育政策價值的共識應先於教育政策制定，如果各項教育政策在制定之前均能夠對政策作價值分析，則政策規劃和執行較不易迷思方向，以作為教育政策制定、執行及評估的指引，對教育政策實務與研究具有重要性地位。

　　教育政策制定是一種價值觀點的互動歷程，對教育政策的公共價值追求。教育政策價值的內涵有：人本、公平、效益、品質、自由及永續六個面向。

　　教育公平與教育效率之間並不衝突，其理由在於教育公平可以改變個體人生的際遇，促進社會階層流動，帶動國家正向發展，進而相對的減少支出，創造出效率。換言之，處於知識經濟時代，教育公平有利於解決失業問題，促進經濟發展，有利於提高教育的效率性。

　　效能的價值主張應建構出符合教育本質的績效責任指標，而且指標內涵又能關注到不同人群中的弱者，並真正體現公平和包容性理念。效能價值具有在教育政策制定時，酌量如何與教育市場化共存，堅持原有的教育理想的價值。

　　教育政策價值分析的展望有：1.教育政策應依據多元的價值規準分析；2.教育政策的制定宜建立對話機制，釐清核心價值與建立共識；3.教育政策價值內涵要能提出令人信服的研究證據；4.教育政策應兼顧公平與品質，並強化對弱勢族群的照顧與扶助；5.教育政策應以人本價值優先考量，提升學生學習效果。

第一節　教育政策價值分析的意義與重要性

壹、教育政策價值分析的意義

一、教育政策價值的意義

價值（或價值觀）（values）是一個人行事的準則，對個體的行為具有規範性。人做出每個決定、每項政策都是以某種價值或價值觀為基礎而做出的決策。Hodgkinson（1978）指出，「價值是一種隱含或明確的概念，是個體或團體的特徵，影響個體或團體行事的模式、方法及行動的選擇」。價值廣義來說，指一個人對於某一種事實、現象、物品、或人物，表現出個人喜愛偏好的程度。就公共政策而言，價值觀指在政策運作過程中所涉及的決策者與其他相關者，個人偏好、組織目的、政治承諾及政治取向。大致來說，價值觀決定政治行為、或政策制定行為的主觀概念，因此價值觀深深影響政策制定過程與政策內容（吳定，2013b）。

所謂教育政策價值係指教育政策活動的屬性（要素、結構、內部機制與功能等）能滿足教育政策（價值）主體需要的一種關係。教育政策價值表現有幾方面：包括行使教育權力分配和賦予權力關係之政治價值；有效利用資源的經濟價值；教育活動有意義、合理、有序的教育價值；個人潛能發展、自我實現為人本的發展價值；促進社會穩定、實現社會正義和公共利益的社會價值（劉復興，2006）。

二、教育政策價值分析的意義

公共政策價值分析在於確定某種政策目的是否值得為之爭取，採取的手段以及改進系統的結果是否「良好」？為誰？許諾什麼？多大風險？應優先考慮什麼（陳振明，2003）？而教育政策價值分析是對教育政策活動的價值系統和價值問題進行確認與分析的一種教育政策研究方法和方法論，其研究中心內容

是教育政策活動中的「價值選擇」、「合法性」及「有效性」問題。價值分析在教育政策研究具有核心地位（劉復興，2006）。教育共通性的價值主要內涵有三項（楊國賜等人，2011）：第一，必須符合價值的主體與客體（此指價值的擁有者與其服務或涉及的對象）之關係，即符應相互性，如相互尊重、信賴等；第二，必須考量目的和手段之關係，即講求績效性，如最大的利益、最低的傷害等；第三，更需要顧及人文性和倫理性，如正義、公平、開放、責任等，這些乃教育價值中不可或缺者。因此，無論教育決策為何？教育價值之間是否有衝突？教育政策與活動均不宜悖離價值的共通性內涵，當然若能在人文性與倫理性之外，能兼顧審美性，那教育的理想價值將更臻圓滿。

綜合上述專家學者觀點，所謂教育政策價值分析係指運用科學研究的方法，對教育政策活動的價值系統與價值問題進行分析，以作為教育政策制定、執行及評估的依據。

貳、教育政策價值分析的重要性

過去傳統公共政策分析的發展，重視價值中立的邏輯實證，強調科學的解釋與預測，較忽視政策價值的分析。但純粹的客觀之事實分析有其侷限性，仍需要政策價值的分析。張鈿富（1995）認為，政策制定面對變動的教育問題，目標複雜與隱晦、黨派對立、利益衝突，需要價值的分析。教育政策隱含的價值可能是全民教育、追求卓越、機會均等或是社會正義，這種價值的問題應先釐清，價值的共識應先於教育政策制定。

劉怡華（2023）指出，我們在制定教育政策、追求教育進步或轉型的同時，往往聚焦在假定為最佳的實踐或理當的趨勢，卻似乎較少同時思考或詰問（interrogate）政策制定與教育變革背後的根本依據、假設或價值，以及各校各地各區在地脈絡、實際情況及變革需求，更少從批判角度檢視變革歷程中各利害關係人、合作夥伴的聲音與貢獻。教育政策制定要有邏輯的一致性以及中心思想，而教育政策的價值分析可以作為教育政策制定的指引，如果各項教育政策在制

定之前均能夠對政策作價值分析，則政策規劃和執行較不易迷思方向，或在政治角力下失去了原本善的教育價值或教育理想；或導致家長、學生、社會民眾的擔憂與誤解。在政策執行與政策評估在面臨困境或障礙時才不會迷失方向，偏離教育本質。因此，對教育政策進行價值分析，可以作為教育政策制定、執行及評估的指引，對教育政策實務與研究具有重要性地位。

第二節　教育政策價值的內涵

　　Wirt 與 Kirst（2001）認為，教育政策的價值包括：一、品質：此項價值是工具的，是達成其他價值目標的手段；二、效率：以最少的成本獲致最大的收益的經濟性與地方的權力運用必須被監督和控制的兩層意義；三、公平：必須先對人們的需求和可用資源有所認知，再據以配置資源以彌補差距；四、選擇：包括法律規定必須要作的選擇事項和法律未規定禁止事項或留有空間事項的自由決定。

　　劉復興（2006）認為，現代教育政策選擇應追求的基本價值目標是：一、以人為本：定位於受教育者個人的和諧、完善的發展為根本；二、分權：是國家的教育責任和教育的政治功能的集中體現；是如何把教育權利的分散、分享和制衡作更合理的分配；三、教育平等：其完整意義為建立在人格平等和政治權利平等基礎上的受教育權利平等和教育機會平等的實踐狀態；四、效益優化：活動的結果能夠符合和滿足社會和個人的需要，活動的結果具有正價值；五、可選擇性：要求教育重視個人差異和個人選擇的權利，體現了面向全體學生，面向每一個學生的教育發展趨勢；六、多樣性：所謂多樣性與劃一性、統一性、單一性相對立的，其前提為差異性，多樣性是可選擇性的必然要求。

　　劉世閔（2005）指出，教育政策制定常見的價值取向有：正義、自由、公平、品質、效能、權力等。

　　European Union（2009）提出《教育和培訓 2020 計畫》，其教育目標是三

級目標體系,包含宏觀目標、戰略目標和具體目標。其中四大戰略目標為:一、促使終身學習和流動成為現實;二、改進教育和培訓的質量和效率;三、促進公平和社會凝聚力,培養積極的公民意識;四、提升創造力和創新能力,培養創業精神。

楊國賜等人(2011)分析與詮釋我國近一、二十年來主要教育政策,進而歸納出卓越、身心健康、現代化、國際化、自我實現、公義、主體性、人權、民主、和平、人文性、審美性等價值內涵,可統整在卓越、公義與和平三個主要價值內涵。

教育部(2011)在《中華民國報告書》指出,我國教育發展的核心價值為:一、精緻的教育:展現卓越的教育作為,提供優質學生學習環境;二、創新的教育:推進活力的教育能量,開創多采多姿教育成果;三、公義的教育:彰顯均等的教育行動,拉拔弱勢學生學習成就;四、永續的教育:推動生態和環保教育,促進環境發展生生不息。

范國睿與杜成憲(主編)(2011)提出教育政策的價值基礎有:一、以人為本;二、教育公平;三、教育民主;四、兼顧效率;五、可持續發展。

Fowler(2013)提出美國在教育政策基本價值包括:一、一般社會價值包含秩序與個人主義;二、民主的價值包含自由、公平、博愛;三、經濟的價值觀則包含效率、經濟成長、品質等。

教育政策制定是一種價值觀點的互動歷程,對教育政策的公共價值追求。綜合上述國內外專家學者對教育政策價值的看法,衡酌較常見、重要性,以及我國環境脈絡,從人本、公平、效益、品質、自由及永續六個面向,嘗試建構與分析我國教育政策價值分析指標的內涵(宋美瑤,2015;顏國樑、宋美瑤,2013)。

壹、人本(humanity)

教育是一種以人的發展為核心的教育政策,把人的生存與發展作為最高的

價值目標。人本價值是建立在人本主義哲學和心理學的基礎上，定位於以人的發展為主，亦即，指受教育者個人的內在價值可以透過良好的教育實現。因此，學習過程中一個美好的經驗，能讓學生在往後的生命裡創造更多成功、創意的東西。「人本」強調以人為本、以學生為中心，一切教育活動均以符合學生背景、性向、興趣與需求為考量。

人本價值係指教育政策要為每位學習者提供適切的受教育機會，滿足每位學習者的學習需要為出發點，以學習者為教育主體，充分挖掘和發揮每位學習者的學習潛能，為每位學習者乃至一切人的自由發展提供條件，在教育發展中以滿足人的需要，擴大人的能力，提升人的自由個性發展，實現人的全面發展為教育的終極目標。具體言之，教育政策的人本價值要透過以下方向來落實：

一、尊重個別差異：學生在心理上或生理上都存在著差別的現象，教育必須尊重與保護人的獨立的、個性化的存在與差異。可從重視個別階段、多元的評量表現；學校設施符合適性化、個別化、無障礙與融合精神；相關課程及教材採取多元文化觀點設計，促進族群間的瞭解與尊重，以及協助學生自我實現等方面判斷。

二、實施全人教育：關切每個人智能、情緒、社會性、生理、藝術、創造力和靈性、潛力的成長；全人教育的目標在培育健康、整全、好奇心的個性，五育均衡教育，多元適性發展，能夠激發學生創造性和自主學習的教育；關注個體自發性、學習環境中的互動溝通倫理、人與地球其他生命的複雜共生。

三、重視學生學習權：教育的內容及方法都必須以學習者為出發點；應關注學生的學習興趣和經驗，透過學習權的保障與落實，並以培養德、智、體、群、美五育均衡發展之健全國民為目的。教師要為幫助學生學習而努力，讓學生的潛能得以發展，讓每位學生都能成功，以及學生透過學習能學得一定的社會經驗和文化知識。

貳、公平（equity）

「公平價值」是從 Rawls 正義理論中引申出來關於正義的兩個原則中之平等和不平等的補償原則。Rawls認為「正義即公平」，正義有兩個原則：處理次序上第一原則優先於第二原則（安曉敏，2012；林火旺，1998；劉世閔，2005；薛仁勇，2015；Rawls, 1980）。

一、基本自由權的保障：不分性別、種族、地域、黨派、宗教、智力、地位、財富等，每一個人都有平等的權利，如言論集會自由、思想、財產、人身、學習權等，簡稱平等自由權原則。

二、處理社會及經濟不平等的問題：又分成二個原則，在處理次序上，第一項原則優先於第二項原則：（一）公正的機會平等原則：社會基本的制度應該提供社會每位成員同等機會，來實現自我的能力，這些機會包括教育機會、獲得文化知識及技能的機會等。希望透過公正的機會平等的條件下，只要透過自身努力與能力皆可獲得同等職位報酬，減少社會及經濟不平等的問題事實；（二）差異原則：應建立制度，使社經地位不利的弱勢群體，得到最大的利益。Rawls 在教育機會均等方面，提出針對一些文化不利的地區進行積極性差別待遇。

公平價值係指教育政策要重視教育起點、過程及結果三方面的公平；換言之，教育公平是學生享有公平的入學機會，教育過程受到學習公平的待遇，教育結果每位學生獲得全面、充分的發展。公平是指所有人有相同的價值，並且應以尊重、平等、相互理解，相對待。給相同能力者以相同待遇，給不同能力者以不同待遇，強化拔尖扶弱。

所謂教育公平，在理念上係指對於教育過程中分配給不同個體的教育資源（包含權利、機會與經費）是否公平，強調分配性公平，著重學生能在受教過程中獲得其潛能相對應的教育資源。在實質層面上，透過對教育現實環境中入學、學習過程、學習結果不公平現象之檢視，逐步消除對不同種族、性別、年

齡、能力、居住區域或社經地位的個體不公平之對待（陳伯璋等人，2014；華樺，2010）。具體言之，教育政策的公平價值可透過以下方面來落實：

　　一、教育機會均等：學生在受教育的起點、過程，以及受教育結果的機會平等；整個過程中所被分配到的教育資源，能因其背景差異與需求獲得相對應的對待，並得以透過教育開發潛能及適性發展。

　　二、合理資源分配：各級政府應寬列教育經費，保障專款專用，基於公平原則，教育預算和政策，強調分配機制要公平、透明化，並且配合地方、學校的需求來執行，必須儘可能地發揮最大有限資源的效用。

　　三、扶助弱勢：為弱勢學生設計多樣的學習活動，給予充分的練習機會，增加學生補救教學時間；教師運用科技化評量檢測學生能立即瞭解學習進展狀況與成效，採取多元評量建立學習檔案；政府應該透過結合學校和社會福利工作人員，極力給予足夠的行政、財政與專業資源的支持，全面支持早期識別閱讀、學習困難，早期介入輔導，以促進學生學習成功。

參、效益（benefit）

　　效益兼具效率（efficiency）與效能（effectiveness）。效率旨在衡量一項教育政策，其所投入的工作量與產出之間的關係。基於教育資源的有限性，衡量一項教育政策必須考量如何以最少的工作量或成本，獲致最大的利益。而效能著重目標的達成，不強調以最少資源達成組織的目標，教育效能是教育目標和教育實際成效相符的程度。這些目標包括學生學業成就、行政運作與領導、課程研究與發展、學校氣氛與文化、學習技巧與策略、家長參與及教職員發展等（劉世閔，2005）。質言之，效能主要指決策的正確性和適切性；效率則偏重執行者採用適當的手段有效地達成目標。析言之，效能指決策層面的正確方向（do right thing）；效率指執行者的正確方法（do thing right），總之，效率和效能涵蓋了決策的具競爭性與合理性；而效率則偏重執行的卓越性、競爭性與績效（楊國賜等人，2011）。

第四章　教育政策價值分析

　　教育政策活動要有最佳投入－產出比例，即以最少的投入獲得最大收益；政策制定者要關心教育的成本及眾多的政策是否值得花費投資，落實績效責任。教育政策應能培育學生學習知識，具備基礎能力、學習做事，有創意與問題解決能力、學習與人相處和擁有品格與公民素養。具體言之，教育政策的效益價值可透過以下方面來落實：

　　一、提升基本能力：學生應該具備重要知識、技能和素養，俾以適應社會的生活。基本能力應強調教育系統應設法增長學生的內在實力，要培育公民關鍵能力，在進入社會之後，能履行現代公民生活之基本能力，能使個人自我實現與發展、主動積極的公民參與、社會融入與就業。

　　二、強調績效責任：教育應注重以較小的投資，產出最大的教育效果。績效責任包括成本效益、效率原則、權責相符、結果本位、績效本位。

　　三、評量學生學習成效：教育政策要評量學生在接受教育後所獲得的知識、技能、態度與品格之增長與變化。

肆、品質（quality）

　　「品質文化」強調競爭力的改進及績效責任的重視。在教育場域，品質的意涵是有好的教育環境、校園氣氛、有效的學習成果、全面的行政服務等。

　　教育政策品質價值係指教師以學生為學習主體，培養與激發學生主動學習的態度；家長以教育合夥人的具體需求角度去思考教育品質的內涵；學校應思考如何讓教育保持高品質；而政府應採取合理、適當、可行的機制，展現卓越實力，強化競爭優勢，做好教育的全面品質管理，激勵創新進步。品質價值是工具性的，是達成其他價值目標的手段。教育品質應包括：學習者特質、教育資源設備、學生學習成果等。具體言之，教育政策的品質價值可透過以下方面來努力落實：

　　一、提升教師素質：教育政策應增能教師專業能力以提升學生學習表現；藉由訂定明確的、嚴格的教育標準的教育系統，以及改進教師持續專業發展的

品質與數量，從多元機構、途徑模式，以及多元管理機制，培育高品質教師。

二、注重課程與教學：教育政策要以學習為首要目的，以創新、深入、有系統的課程與教學設計，克服學校環境、地域的限制等問題；課程要以學習者中心作為課程概念架構；教學應善用創造力思考，培植創作能力；評量則採取多元質性學習評量來瞭解學生學習成效；透過品質審核來瞭解學校及其社區，確保所有學生都能有良好的學習成果；而政府提供必要的學術資源與支持來幫助教師提升課程與教學的實施成效，以達到品質卓越。

三、政策創新：為適應教育政策環境的變化，需要創新教育政策，以有效解決教育問題；政策創新是事實判斷，也是價值判斷；並要能培養學習者具備創意思考、解決問題、批判反省，以及運用科技且融合美學的知能；以追求多元適性、實踐創新社會與創造教育的新時代為目標。

伍、自由（liberty）

教育政策的自由價值係指家長能夠為其子女透過教師素質高低、師生比例、教育費用高低，以及課程內容的深度、廣度等條件選擇學校；找到滿足自己孩子個性需要的學校，以提升學生的學習成就。在參與權部分，教育民主的決策要讓公民、專家學者、教師、家長、校長、社區等教育政策的利害關係人的參與，以促進其廣泛參與和深度合作。此外，自由價值亦應包含學校自主管理和教育國際化。具體言之，教育政策的自由價值可透過以下方面來努力落實：

一、重視教育選擇權：教育選擇權係指一項複雜的學生分派計畫；是每位家長和學生都有選擇學校的自由和權利。教育選擇權是為提升學校間的良性競爭，家長和學生應瞭解自己的興趣、性向與能力後，再自由選擇教育品質優良的學校就讀。而且家長具有的學校選擇權應在理性選擇的範疇內，避免弱勢族群無足夠的能力進行理性選擇。

二、重視利害關係人參與權：參與權係指教育民主決策過程讓政策利害關係人參與，亦即，教育民主的實現需要擴大教師、家長、校長、社區等教育政

策的利害關係人的參與。家長有參與校務的權利，表達家長對於校務發展的意見。

陸、永續（sustainability）

永續發展的核心是尊重他人、當代人和後代人；永續價值要建立在體現永續性的理想和原則基礎之上：如代際公平、性別平等、社會寬容、消除貧困、環境保護和重建、自然資源保護、公正與和平的社會。永續發展的概念包含社會、環境和經濟三個領域的平衡發展，而永續教育是「關注未來及創造在永續未來的能力」，其目標是培養具有永續素養的世界公民（張子超，2012；教育部，2020b）。

教育政策永續價值係指永續的過程將是讓優質的教育政策、教學和學習，可以持續發展傳承；支持和維護教學和學習的各個層面，使人才培育深入而持久，達到全民終身學習，讓教育永續發展。具體言之，教育政策的永續價值可透過以下方面來努力落實：

一、學習的永續：教育發展有很多面向，橫跨許多部門與學科，教育政策應重視新的學習形式與思考方法，需以在地文化脈絡為基礎，同時尊重包容世界各地發出的不同聲音；要從學習的角度出發，無論正式教育、非正式教育、民間團體均應重視永續性。作法為學校的課程要納入永續發展的概念，將學校整體課程與學校管理的整合；教學方法應與永續發展尊重人類差異、平等及正義的價值相呼應，而未來應著重於永續的學習課程、教學及學習上的改革，重視終身教育、主動學習及培養高層次思考能力。推動永續發展教育的內涵宜包括永續社會、永續環境和永續經濟，有效地掌握永續發展的未來。

二、人才培育的永續：人才培育的永續係指以長期性、持續性的培育人才為目標；永續的人才必須具備足夠的知識和技能來決定並採取永續發展的行動，以及能夠分辨或支持他人利於永續發展的決策及行動。行動策略為：法規應明訂培育機構、政府應責成國家級跨部會協商機制、培養學生的移動力與就業能

力、瞭解產業界需要的核心能力，政府應給予學校與企業更大的彈性空間，以健全產學合作機制，建立終身學習的習慣等。

　　三、政策的永續：教育政策的永續是指在決策上採取包容開放的態度，引進社會公民的參與；在決策或行動中，除了長久性、共通性、合理性、時效性外，亦需涵蓋未來性、全球性及延續發展性，讓政策決定有更長遠的跨世代思考。

第三節　教育政策價值的衝突與和諧

　　推動一項教育政策需要先釐清政策背後的價值，以作為教育政策制定、執行、評估及變遷的方向指引。但某項教育政策價值同時具有多元價值，在這多元價值並存之下，可能會產生衝突與和諧的關係。以下就教育公平與教育效率、教育效能與教育效率兩項加以說明。

壹、教育公平與教育效率

　　教育政策運作過程中，「教育公平」與「教育效率」兩者之間是否能夠並重或衝突，一直都是大家所關心與爭論的議題。持反面意見者認為，教育公平優先會降低教育效率，而教育效率優先則阻礙教育公平。

　　「效率」是經濟學的概念，是市場化的觀點，關注投資成本的回報；而「公平」是社會學的概念，是社會正義的觀點，重視的是資源合理分配與教育機會均等。Simon et al.（2007）認為：「教育公平與教育效率之間並不衝突，其理由在於教育公平可以改變個體人生的際遇，促進社會階層流動，帶動國家正向發展，進而相對的減少支出，創造出效率。換言之，處於知識經濟時代，教育公平有利於解決失業問題，促進經濟發展，有利於提高教育的效率性」。

　　沒有以效率為基礎的教育政策，是無法達成教育公平。在教育資源有限性之下，如果不重視經費運用的效率，則容易產生資源的浪費，在經費不足之下，連立足點的平等都無法達成，遑論是要達成積極性的差異平等。

在二十一世紀，英國與美國的基礎教育都強調每一位學生都成功，展現教育公平與教育效率融合的趨向，主要採取的策略有（倪小敏、單中惠、勾月，2015）：一、改善學校制度，讓每一所學校都成為優秀學校；二、提高學業成績，使每一位學生都能夠學習成功；三、應用教育科技，使所有教師與學生都會使用新的科技；四、提升教師素質，使每一間教室都有優秀教師；五、幫助家長選擇，擴大家長對子女教育的選擇權；六、關注少數學生，使弱勢群體學生有機會接受高質量教育的公平機會；七、加強教育資助，確保政府對高質量教育的公平機會的支持；八、建立課責機制，明確各級教育行政與學校的基礎教育責任。

貳、教育效能與教育效率

教育政策的效能價值規準，能做為檢視教育政策的有效性、政策的適切性及合理性。值得省思的是，效率並不能反映人的行為目的和手段是否正確，所以並不是效率越高就越好，還須調整其與公平、品質等價值衝突。因此，在追求效率與卓越的同時，應運用教育財政學的公平原則，審慎規劃教育經費分配、運用，建構合理的教育成本及補助公式，不能僅以資源投入與結果產出做為衡量指標。

效能的價值主張應建構出符合教育本質的績效責任指標，而且指標內涵又能關注到不同人群中的弱者，並真正體現公平和包容性理念。因此，效能價值具有在教育政策制定時，酌量如何與教育市場化共存，堅持原有的教育理想的價值。

第四節　教育政策價值分析的展望

教育政策價值會隨著多元的社會氛圍和環境而變遷。教育政策制定是一種價值選擇，是在利益衝突中的政治妥協。但教育政策應充分彰顯其人文關懷，

實現公共幸福的價值取向。教育政策應促進教育更現代化、更彈性化，才能回應當今快速變遷社會的需求。所以，政府的教育政策制定考量面向要能及於全國，以建構我國教育政策的價值規準，提供政策制定與運作的參考，以下提出幾項教育政策價值分析的展望（顏國樑、宋美瑤，2013）。

壹、教育政策應依據多元的價值規準分析

教育政策應掌握教育的核心價值，方能確保教育政策的運作過程，能符合時代和人民的需求，也才能符應全球和社會的變化。決策者若不能洞識教育的核心價值，則可能導致政策朝令夕改，讓社會大眾無所適從。教育政策若能有明確的價值規準，則政策內容和規劃及不易迷思方向，或在種種政治角力下失去原本善的教育價值或教育理想，或導致家長、學生、社會大眾的誤解與擔憂。隨著社會變遷與政經改變，教育政策的價值分析無法再以傳統單一面向進行分析，應避免二元價值的對立，宜進行人本、公平、效益、品質、自由及永續等多元性價值分析。教育決策者應首先就每一個政策或事件進行個案分析，驗證其價值取向，評估其合理性。政策制定之前應透過深入分與討論，擬訂教育政策價值的規準，執行過程隨時檢視是否偏離原先設定的價值規準，以提供教育決策問責的依據與提升教育政策的效能。

貳、教育政策的制定宜建立對話機制，釐清核心價值與建立共識

教育政策制定時，最重要的是在決策過程中納入所有利害關係人的想法，建立教育政策聽證制度，設計教育政策利害關係人或團體溝通協商的具體步驟，關注利害關係人是否可以清楚看到政府要做什麼、在做什麼，公眾在參與過程中是否享有實質性的話語權，讓所有利害關係人覺得自己參與了改革，以凝聚所有教育人員的共識基礎。此外，建立一個鼓勵多元價值呈現和充足公開對話的平台，讓利害關係人參與教育政策制定，廣泛聽取各方不同的意見；同時，

政策制定與推出要依賴多元協商與互動，不應忽視基層教師的聲音，因為當教育政策不明，老師就會無所適從。若能多傾聽第一線工作者的心聲，才能制定較理想的政策，營造終身學習的好環境。

參、教育政策價值內涵要能提出令人信服的研究證據

教育政策強調權力解放與多元觀點之尊重與納入，應避免因根本錯判情勢與問題，而導致錯誤的決策，以致流於論述邏輯的推演與意識型態的抗衡。教育政策的制定者要有自省、分析、批判思考的能力；而政府以證據為本位，能夠提出證據顯示政策能幫助學生提升學習效能。政策的制定需要縝密的規劃思量，要保障教育政策品質。因此，對教育政策制定的步驟、階段等要按照一定的先後次序排列優先順序，形成規範性的循環流程，讓教育政策制定過程更具科學化、民主化，例如：教育部應給予各級學校品質保證目標，並有獨立自主的發展空間，落實學校本位管理，著重教育品質與學生學習成果。

肆、教育政策應兼顧公平與品質，並強化對弱勢族群的照顧與扶助

公平應成為政府教育政策制定的重要價值規準，例如：政府應對教育經費做出統籌的規劃，建立公平合理的教育經費預算，促進教育資源分配的合理化、適當化，執行資源成效評估。強化弱勢族群的支持扶助系統，建立有效補償機制，促進教育公平。教育政策要能提供良好的學習環境，提高弱勢學校的教師素質，以確保教育品質優良。檢視教育政策是否具有正向價值，以及學生如何享受學習、課程架構與內容、教育的品質，要如何維持以及改善教育資源分配不公平的問題，落實教育機會均等，寬列經費補助，讓學生擺脫貧困因素，專心向學。

伍、教育政策應以人本價值優先考量，提升學生學習效果

　　許多教育政策的執行與評估常透過各種執行策略，透過法令、獎勵、資訊、能力培植等方式，以瞭解推動政策的績效。雖然教育部人員工作認真，但卻變成教育部挑燈夜戰，地方教育局／處人仰馬翻，各級學校行政工作繁複忙亂，教師疲累不堪，家長卻不甚滿意的現象。之所以產生這種現象在於政策規劃與決策者，忽略教育政策最終目的在於以學生為本的價值，常產生工具性凌駕目的性，例如當一項研習要求老師要達成學校百分之百參加，而不考慮學校地區與規模，因老師參加研習而影響學生學習，則此項教育政策僅達成形式上的目的，真正提升學生學習的教育目的卻反而未達成。教育政策本身是手段而不是目的，教育政策的績效最終要顯現在學生學習效果上才有真正的意義和價值。

問題討論

一、如何訂定教育政策符合公平的價值？請說明你的看法？

二、你認為各種教育政策價值中，那兩項最重要應優先考慮，其理由為何？

三、教育政策價值之間是否會產生衝突，例如教育公平與教育品質？效能與效率？自由與品質？

四、國民中小學學習扶助方案的教育政策價值為何？請說明之？

五、十二年國民基本教育的教育政策價值為何？請說明之？

六、面對政府所推展的教育政策，教育人員應如何轉化為有利學生學習的學校經營的措施？

第二篇
教育政策過程

第五章　　教育政策過程系統

第六章　　教育政策過程的影響因素

第七章　　教育政策問題形成

第八章　　教育政策規劃

第九章　　教育政策合法化

第十章　　教育政策執行

第十一章　教育政策評估

第十二章　教育政策變遷

第五章
教育政策過程系統

本章摘要

　　所謂階段途徑係指政策研究者從政策運作的觀點，研究某項公共議題在政府機關的處理狀況。採取階段論有幾項優點：1.淺顯易懂，適合初學者瞭解公共議題的全貌；2.較能從宏觀角度瞭解參與者及各項活動的全貌。缺點：1.較難深入分析個別面向的真實面貌，不符合政策運作的實際現況；2.僅能從政策階段分析，無法提供因果關係的解釋；3.階段論反應政策制定「由上而下」的特徵，忽略由「下而上模式」的可能性。

　　非階段途徑係指政策研究者在探討某項公共議題於政府機關的處理狀況，從政治因素及政策參與者互動的角度切入，探討這些政治因素及其互動狀況對公共議題處理的影響情形。採取非階段論有幾項優點：1.可對議題處理過程中從事較周詳縝密的探討及瞭解；2.強調政策過程是一個開放的藝術活動，政策形成過程與政治因素的考量。缺點：1.對初學者較難加以理解，而且偏重於政策事實的描述性模型；2.對政策僅做局部性的觀察與論述，未能進行整體性的評析。

　　教育政策研究整合的途徑：1.依據不同情境而採取不同的途徑；2.以合理程序為基本立場的教育政策形成觀點；3.教育政策形成的法律論辯。

　　教育政策過程分析架構內涵：1.教育政策過程分成六個階段，包括政策問題形成、政策規劃、政策合法化、政策執行、政策評估、政策變遷；2.環境因素包括政治、經濟、社會、文化、國際、科技等環境因素；參與者因素包括行政機關、立法機關、司法機關、政黨、利益團體、學術團體、大眾傳播媒體等參與者因素；3.回饋作用：教育政策各階段經過分析之後，都可能回饋到前面或後面任何一個階段做必要的政策修正、調整及對應行動。

第一節　教育政策過程分析的途徑

壹、階段途徑

公共政策的研究，在 1990 年代以前，階段途徑的研究居於主流。階段途徑的政策過程主要是受到實證主義方法論（Positivism Methodology）的影響，主張公共政策過程應以科學方法，嚴謹地界定每一階段的科學活動，如此才能推論到不同政策類型，掌握其特質與內涵；其重視過程的控制性、步驟發展的必然性與各階段的次序性。簡言之，公共政策過程是理性的科學過程（丘昌泰，2022）。

所謂階段途徑係指政策研究者從政策運作的觀點，研究某項公共議題在政府機關的處理狀況；為便於研究分析，將全程處理狀況分成若干階段。政策運作過程可分成政策問題形成、政策規劃、政策合法化、政策執行、政策評估、政策變遷，就各階段所所涉及各項相關要素活動深入探討，並強調各階段的順序性及回饋性（丘昌泰，2022；吳定，2013a；Fowler, 2013; Wildavsky & Pressman, 1973）。

採取階段論有幾項優點：一、淺顯易懂，容易入門，適合初學者瞭解公共議題的全貌；二、較能從宏觀角度瞭解參與者及各項活動的全貌。但也有幾項缺點受到批評（丘昌泰，2022；吳定，2013a；Nakamura, 1987）：一、較難深入分析個別面向的真實面貌，也不符合政策運作的實際現況；二、僅能從政策階段分析，無法展現政策分析的特性，提供因果關係的解釋，無法提供決策者有價值的政策分析資訊；三、階段論反應政策制定「由上而下」的特徵，忽略「由下而上模式」的可能性。目前有關教育政策的專書大多從階段途徑角度分析，例如：張芳全（1999）、袁振國（2010）、范國睿與杜成憲（主編）（2011）等。

貳、非階段途徑

非階段途徑（亦稱反階段論）論者認為，現實世界的特徵是繁複性與模糊性。政策過程中的問題性質、政策目標、方案偏好均無法界定與排列，只能以模糊方式處理。簡言之，公共政策過程是政治過程（丘昌泰，2022）。

非階段途徑係指政策研究者在探討某項公共議題於政府機關的處理狀況，並不主張將政策運作過程分成若干階段研究各項活動，而是從政治因素及政策參與者互動的角度切入，探討這些政治因素及其互動狀況對公共議題處理的影響情形（丘昌泰，2022；吳定，2013a；Kingdon, 1995），例如：從利害關係人角度分析的「政策網路」（policy network）、「倡導聯盟」（advocacy coalition）、「政策窗」（policy window），以及政策工具（policy instrument）解釋政策運作過程。

採取非階段論有幾項優點：一、就微觀層面而言，可對議題處理過程中的特殊參與者、互動方式及影響結果，從事較周詳縝密的探討及瞭解；二、強調政策過程是一個開放的藝術活動，提醒我們注意非預期的結果與決定，必須在政策形成過程與政治因素的考量之必要性。但其缺點：一、對初學者較難加以理解，而且偏重於政策事實的描述性模型；二、對政策僅做局部性的觀察與論述，未能進行整體性的評析，恐難免除「以偏概全」、「見樹不見林」的現象（丘昌泰，2022；吳定，2013a）。

參、整合的途徑

一、依據不同情境而採取不同的途徑

政策運作過程可以採取整合的觀點，因不同情境而權變採取不同的途徑，或者兩種並用的途徑。以下說明之（吳定，2013a）：

（一）對於剛開始學習或社會大眾，宜先採取階段途徑；對於多年研究政策或學習教育政策者，可以採用非階段途徑。

（二）如欲瞭解政策議題從問題到評估及變遷整個過程，可以採取階段途徑；如果欲仔細探討處理過程中某一特殊現象或活動時，則可採取非階段途徑。

（三）如果政策議題已處理完畢，想要瞭解全貌及來龍去脈，可採取階段途徑；如果政策議題尚在處理中，想探究政策實況並做預測時，可採取非階段論。

（四）如果欲對某一政策議題的處理過程進行廣泛又深入的研究，應同時採取兩種途徑，並以階段途徑為主，非階段途徑為輔。

（五）如欲對政策相關理論、知識、議題、方法等，具有廣博性的瞭解，宜採取階段途徑；如欲探討特殊理論、模式或方法，在某項政策領域的應用狀況，則可著重反階段途徑。

二、以合理程序為基本立場的教育政策形成觀點

以合理程序為基本立場來分析教育政策形成，其內涵主要應用哈伯瑪斯論辯理論，認為教育政策形成應該起於公民自主的發現值得關懷的共同教育論題，在論辯性程序的制度化保障之下，受到實用理由、倫理理由，以及道德理由的批判檢驗，並於既有法律體系融貫一致，所達成的理性共識，俾使公民有意識的接受即將作用其身上的事務。應用哈伯瑪斯論辯理論於教育政策形成，得出教育政策形成的合理歷程如下（黎瑋，2015）：

（一）教育政策形成的實用論辯：教育政策形成的實用論辯的範圍，在於教育問題的認定以及形成可行的方案，公民在此形成並且實現某些既定目標和價值偏好的合理性方案，釐清事實層面的問題，檢驗教育問題的認定，以及解決方案的所依據的理由是否中肯，提供下一步就解決方案作價值判斷的合理基礎。

（二）教育政策形成的價值論辯：價值判斷涉及人際之間的利益衝突，由於利益衝突的根源不同，進入不同的價值論辯澄清問題，分別是：1.教育政策方案牽涉過多的利益，以至於無法明確區分利益衝突的正確根源衝突，進入教育

政策形成的公平談判；2.教育政策方案與社群價值之間產生衝突，進入教育政策形成的倫理論辯；3.教育政策方案所涉及的利益，是否能夠公正無私的調節各方共同生活的質疑，進入教育政策形成的道德論辯。

（三）教育政策形成的法律論辯：公民最後要進入教育政策形成的法律論辯，討論公民所抉擇的教育政策方案，一旦付諸實現，其與現行法律體系的關係，用以確保新舊規範之間具有融貫性，以及一致性。

第二節　教育政策運作過程模式

壹、政策運作過程模式

政策運作過程的階段，因不同的研究者而有不同的分析架構。Anderson（2003）提出政策制定過程包括五個階段，如圖 5-1 所示：一、問題確定與議程形成：政策問題為何？何種因素使其成為公共問題？透過哪些途徑成為政府的議程？為何一些問題未能成為議程狀態？二、規劃：如何處理問題的發展？誰參與政策規劃？三、採納：如何將政策選擇採納或制定為法律？有何要求必須面對？誰採納政策？經由何種過程？採納政策的內涵為何？四、執行：誰來執行？如何做才能有效執行政策？執行情形對政策內容有何影響？五、評估：政策評估結果的有效性及衝擊如何？誰負責政策評估？政策評估的結果如何？是否要求改變或廢止原政策？

Dunn（2018）將政策運作過程劃分為五個階段，包括：議程設定、政策規劃、政策採納、政策執行、政策評估，此模式與 Anderson 的分類大致相同，惟此模式強調各階段之間的循環關係，如圖 5-2 所示。

Smith（2010）則將政策運作過程劃分更多個階段，包括：問題認定、議程設定、文件彙整、政策規劃、諮詢會議、方案決定、政策執行、執行成效、實施影響、政策結果、政策評量、政策終結。此模式增加政策終結與再細分一些政策過程，是其他學者未提出的觀點，如圖 5-3 所示。

圖 5-1
政策運作過程階段

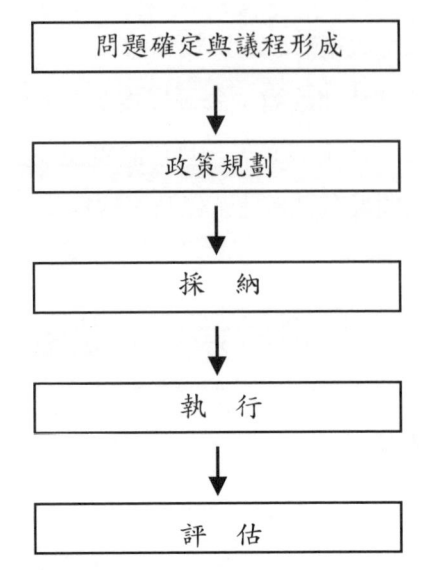

```
┌─────────────────────┐
│   問題確定與議程形成   │
└──────────┬──────────┘
           ↓
┌─────────────────────┐
│       政策規劃       │
└──────────┬──────────┘
           ↓
┌─────────────────────┐
│       採　納         │
└──────────┬──────────┘
           ↓
┌─────────────────────┐
│       執　行         │
└──────────┬──────────┘
           ↓
┌─────────────────────┐
│       評　估         │
└─────────────────────┘
```

註：引自 *Public policymaking: An introduction* (p. 37), J. E. Anderson, 2003, Houghton Mifflin。

圖 5-2
政策運作過程循環

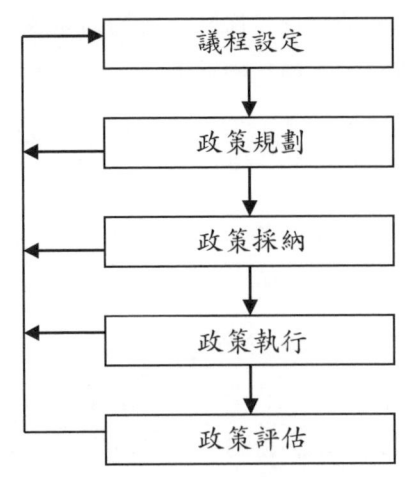

```
      ┌──────────────┐
  ┌──→│   議程設定    │
  │   └──────┬───────┘
  │          ↓
  │   ┌──────────────┐
  ←──│   政策規劃    │
  │   └──────┬───────┘
  │          ↓
  │   ┌──────────────┐
  ←──│   政策採納    │
  │   └──────┬───────┘
  │          ↓
  │   ┌──────────────┐
  ←──│   政策執行    │
  │   └──────┬───────┘
  │          ↓
  │   ┌──────────────┐
  └──│   政策評估    │
      └──────────────┘
```

註：引自 *Public policy analysis: An introduction* (6th ed.) (p. 17), W. N. Dunn, 2018, Prentice-Hall。

圖 5-3
政策循環—政策終結

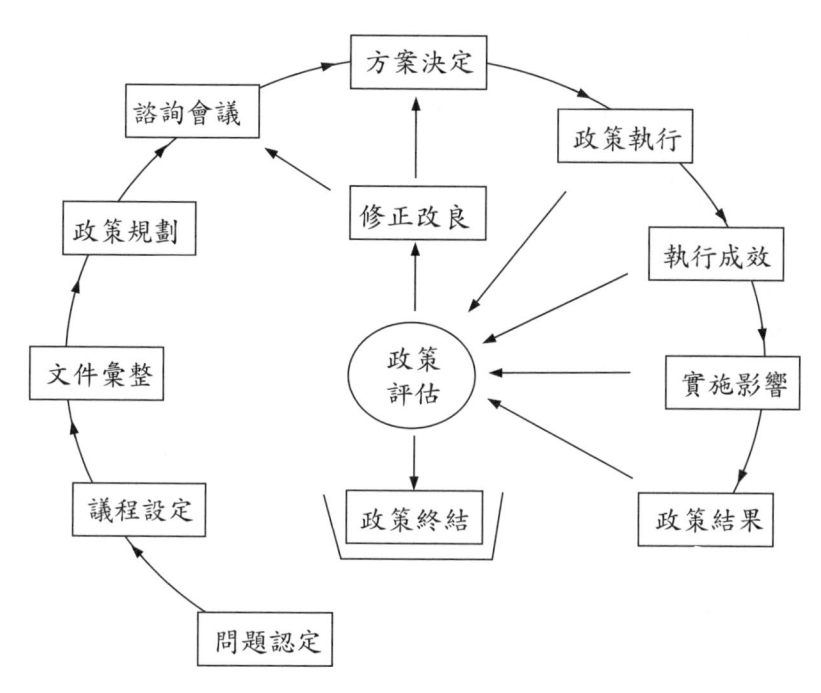

註：引自 *Writing public policy* (p. 16), C. F. Smith, 2010, Oxford University Press。

　　吳定（2013a）強調階段之間的循環關係與環境系絡的影響因素，將公共政策分析成為五個階段，如圖 5-4 所示。五個階段包括政策問題形成、政策規劃、政策合法化、政策執行、政策評估；環境系絡是指環境的各種因素，影響到各個階段的運作。回饋則是每個階段情況，皆可回饋到每個階段。

貳、教育政策運作過程分析模式

　　綜合上述專家學者對政策過程模式的看法，提出教育政策過程分析架構，作為撰寫各階段內容探討的依據，如圖 5-5 所示。以下進一步闡述的內涵。

圖 5-4
公共政策研究架構

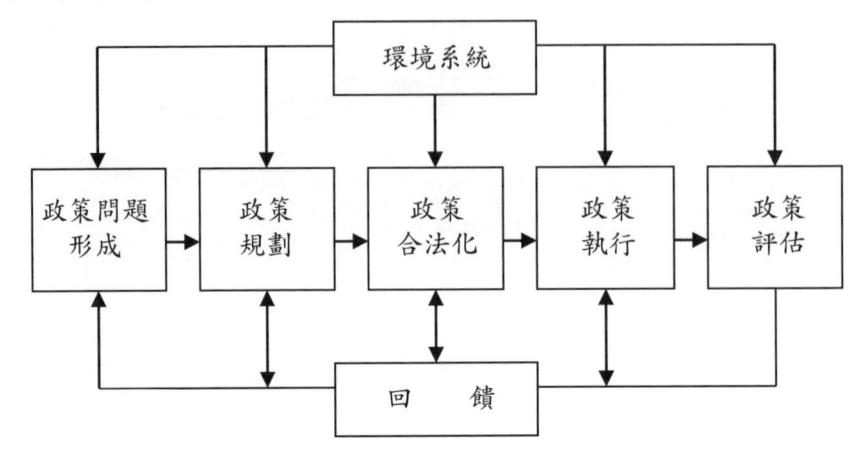

```
                        環境系統
          ┌───────┬───────┼───────┬───────┐
          ↓       ↓       ↓       ↓       ↓
        ┌────┐ ┌────┐ ┌────┐ ┌────┐ ┌────┐
        │政策│ │政策│ │政策│ │政策│ │政策│
        │問題│→│規劃│→│合法│→│執行│→│評估│
        │形成│ │    │ │化  │ │    │ │    │
        └────┘ └────┘ └────┘ └────┘ └────┘
          ↑       ↑       ↓       ↑       ↑
          └───────┴───→ 回 饋 ←───┴───────┘
```

註：引自公共政策（頁 23），吳定，2005，國立空中大學。

圖 5-5
教育政策運作過程分析模式

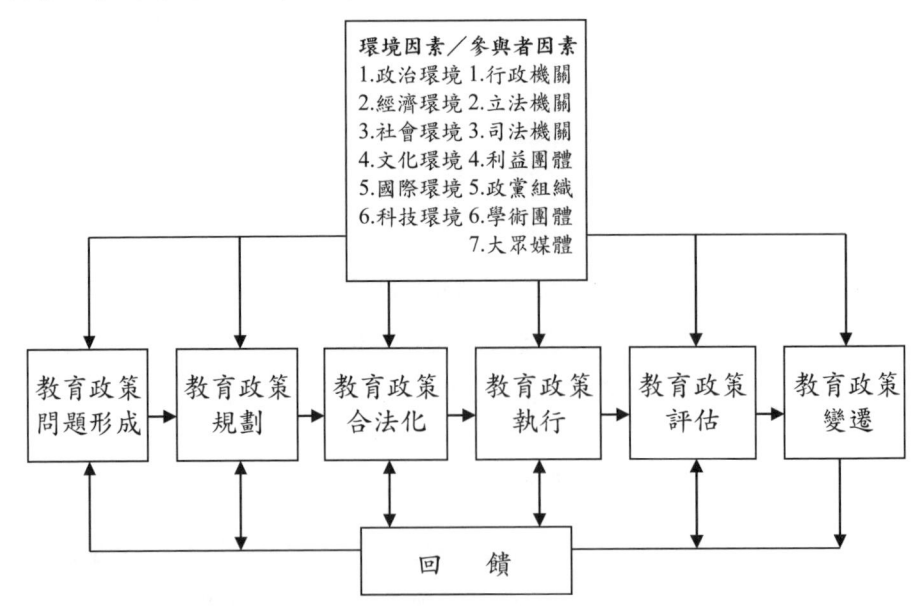

```
                環境因素／參與者因素
                1.政治環境 1.行政機關
                2.經濟環境 2.立法機關
                3.社會環境 3.司法機關
                4.文化環境 4.利益團體
                5.國際環境 5.政黨組織
                6.科技環境 6.學術團體
                          7.大眾媒體
     ┌─────┬─────┬─────┼─────┬─────┬─────┐
     ↓     ↓     ↓     ↓     ↓     ↓     ↓
  ┌────┐┌────┐┌────┐┌────┐┌────┐┌────┐
  │教育││教育││教育││教育││教育││教育│
  │政策││政策││政策││政策││政策││政策│
  │問題││規劃││合法││執行││評估││變遷│
  │形成││    ││化  ││    ││    ││    │
  └────┘└────┘└────┘└────┘└────┘└────┘
     ↑     ↑     ↓     ↑     ↑     ↑
     └─────┴───→ 回 饋 ←─┴─────┴─────┘
```

註：作者自行繪製。

第五章　教育政策過程系統

一、教育政策過程

　　教育政策過程分成六個階段，包括政策問題形成、政策規劃、政策合法化、政策執行、政策評估、政策變遷。此階段是循環關係，互相影響。政策變遷階段是本書有別於其他公共政策與教育政策專書的看法，教育政策評估之後可能產生教育政策變遷（包括維持、賡續、終結、創新四種方式）。當然教育政策實際運作過程來看，並不是每項政策都按照順序來運作，有可能是跳躍式的，但為方便探討教育政策運作過程各階段，仍可分成六個階段進行分析。

二、環境因素與參與者因素

　　架構中的環境因素與參與者因素會影響教育政策各階段運作過程，其可能產生積極正面的作用，但也可能產生消極負面的結果：（一）環境因素，包括政治、經濟、社會、文化、國際、科技等環境因素；（二）參與者因素，包括行政機關、立法機關、司法機關、政黨、利益團體、學術團體、大眾媒體等參與者因素。教育政策政府方面包括行政機關、立法機關、司法機關；非政府方面包括政黨組織、利益團體、學術團體、大眾媒體。

三、回饋作用

　　教育政策各階段經過分析之後，都可能回饋到前面或後面任何一個階段做必要的政策修正、調整及對應行動，例如：中小學教師評鑑如果取得法律授權之後，則對目前未取得法源的教師評鑑政策規劃與政策執行，勢必要重新修正與調整。

問題討論

一、教育政策過程分析的途徑可分成階段與非階段，請說明兩種途徑的優點與缺點？

二、請舉出一項我國重要教育政策，依據階段途徑觀點，說明此項教育政策運作的過程？

三、請舉出一項我國教育政策，此項教育政策運作過程是採取非階段的過程運作，並加以說明？運作過程有問題？

四、教育政策過程分析的途徑可分成階段與非階段，此兩種途徑各有其優缺點，請提出如何整合此兩種途經？

五、請以精進課程教學計畫為例，說明執行過程中會受到那些環境因素與參與者因素的影響？

第六章
教育政策過程的影響因素

本章摘要

　　影響教育政策過程的環境因素有：1.政治環境：受到政治體制、政治文化、國會生態的影響；2.經濟環境：經濟結構、經濟成長及市場化的影響；3.社會環境：受到社會結構、社會變遷、社會開放程度及人口結構四項因素的影響；4.文化環境：受到文化結構與多元文化兩方面的影響；5.國際環境：受到國際化與教育改革潮流的影響；6.科技環境：因應工業 4.0 與教育 4.0 的時代來臨，影響教育行政機關本身轉變成智慧化決策環境，引導學校變成智慧化校園。

　　影響教育政策過程的參與者因素有：1.行政機關：行政機關中有總統、行政院、教育部相關人員；2.立法機關：包括立法委員及其助理、教育委員會委員及召集人、程序委員會、立法院院會及法制局等；3.司法機關：大法官對有關教育政策的解釋，以及各級法院對教育事項的判決；4.利益團體：利益團體的類型主要有三種型態，財團法人基金會、社團、聯盟。利益團體對教育政策運作的影響途徑，通常採取直接遊說、間接遊說；5.政黨：政黨組織對教育政策的影響策略包括：政黨一方面能夠反映並匯集民意，並可主導國家教育政策的發展。通常政黨以選舉、議會運作及黨團協商等的途徑來影響教育政策的過程；6.學術團體：對教育政策運作過程的影響有接受教育行政機關委託草擬教育法案、透過大眾傳播媒體表達意見、參與公聽會或研討會、透過學術性團體舉行研討會；7.大眾媒體：透過教育法令制訂或修訂過程的報導與評論、匯集和傳遞社會大眾對教育政策的意見，以及作為行政機關及立法委員制定教育政策或法案的參考。

第一節　影響教育政策過程的環境因素

教育是有獨特的功能，這些獨特的功能不是孤立的，而是與經濟、政治、社會、文化等領域密切相關的（林清江，1989）。若以系統理論（System Theory）觀念來剖析，教育系統係屬於社會大系統的一個次級系統，教育政策運作過程，必然會受到環境因素的影響。因此，教育政策運作過程要能順利達成教育政策目標，必須顧及政策的政治、經濟、社會、文化、國際、科技等環境因素的影響（范國睿、杜成憲主編，2011；陳向明，2019；彭文賢，1992；劉世閔，2005；顏國樑，2014a；Wirt & Kirs, 1982）。這些生態環境影響因素與教育政策彼此以互動的方式，影響教育政策運作過程與結果，其互動情形如圖6-1所示。

壹、政治環境

政治因素是指一個社會內的政治架構及政治過程對政策的影響因素。政策的制定是一種政治行為，教育政策運作過程是一種動態的政治化過程，政策運作過程中，會受到各方利益團體的影響。因此，教育人員必須運用高度的政治智慧和政治技巧，來協調折衝各方的利益，尋找一種能儘量各方面都能夠滿意的教育政策方案。Wirt與Kirst（2001）曾說：「教育不能獨立於政治世界之外」。由此可知，教育政策與政治是有密切的關係。政治對教育政策運作過程的影響可由政治體制、政治文化、國會生態三個方面來說明。

圖 6-1
教育政策過程與生態環境相互影響的關係

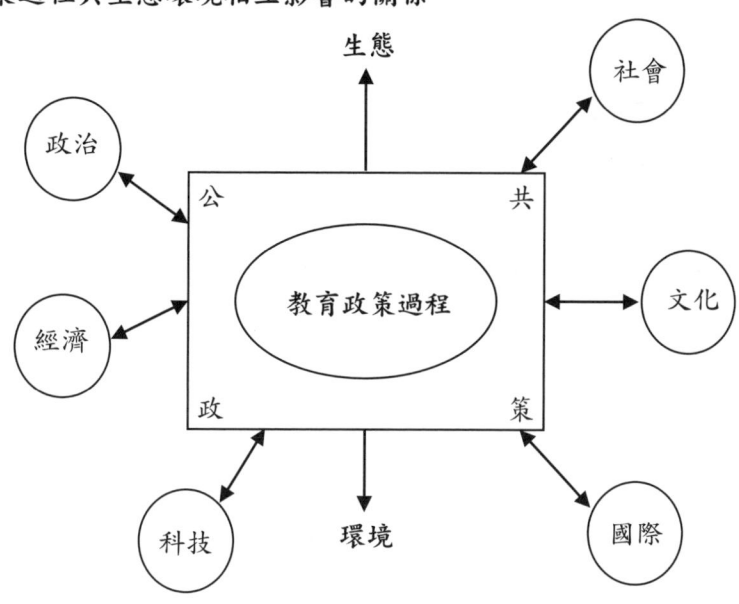

```
                    生態
        政治                    社會

              公        共
                 教育政策過程            文化
        經濟
              政        策

        科技      環境      國際
```

註：作者自行繪製。

一、政治體制

政治體制的結構是指根據《憲法》和法律規定建立的一套政權機構，政權機構是政治中最根本的系統，透過政府的權力機構體系來推展國家的政務。因此，政治體制的基本結構對於政府推展政策便有很大的影響。由於政治的基本問題是權力的分配與運作問題，因而政治體制的結構之主要作用在於形成教育控制的一定模式，政治體制的型態與教育控制有密切的關係。一般可分成中央集權、地方分權及均權三種類型（吳康寧，1998；謝文全，2022）：

（一）中央集權制是一種直線式的領導制度，在教育政策運作過程中有兩個特徵（顏國樑，2014a）：1.教育的法律與行政命令由中央制定並具有約束力；2.教育行政的權力集中於教育部，地方教育機構的權力很少。

（二）實施地方分權的政治體制的國家大多為聯邦制，在教育政策運作過

程中有兩個特徵：1.中央制定的教育法規僅是原則性的規範，或是強調經費的補助；2.教育被認為是地方的事務，地方能夠自主管理地方的教育事務，在中央只設權力有限的教育行政機關。

（三）目前世界各國教育行政體制大多朝向均權制發展，在教育政策運作過程中有兩個特徵：1.教育政策依據教育法規授權權限的劃分，屬於中央的權限由中央提出，屬於地方的權限由地方提出；2.教育政策運作過程邀請地方與相關利害關係人參與，並尊重他們所提出的意見。

二、政治文化

政治文化（political culture）是維繫政治體系，並使政治體系得以存續的一個重要條件。所謂政治文化是指政治體系中的成員對政治事務所抱持的態度、取向及行為模式。係一種主觀的概念，其內涵包括政治體系成員對國家、政府制度或政治結構、執行當局或文官體系、國家基本政策，所持有的經驗性信仰、價值的傾向及情感的反應（朱志宏，1995；彭懷恩，1996）。政治文化可區分為部落性的政治文化、臣屬性的政治文化、參與性的政治文化（Almond & Powell, 1978）。三種政治文化是重疊存在的，而且每一類的政治文化都與某一種特定政治結構有密切關聯。其中參與性的民主政治文化，與民主政治的結構相關，教育政策能考量對人民有利，並且以各種方法與管道來制定。

一個國家的政治文化並非是固定不變的，會隨著時間、社會、經濟的發展而改變。在中央集權的政府，政治權威會束縛教育的發展，教育是為政治服務。政府為了鞏固政權的政治性目的，在教育制度方面採取一條鞭方式的威權教育體制，實施一元化的師資培育，統一的教科書內容等教育政策。當社會開放後，社會價值多元化，自然促使人民對教育有不同的訴求與期望。加上實施政黨政治，更能夠帶動教育改革的需求，要求政府制定符合社會大眾的教育政策。

三、國會生態

自二十世紀以來,代議民主已蔚為世界潮流,國會是民主國家政治活動的主要舞台,也是全國民意匯集之處。國會由人民定期選出的代表組織而成,國會議員代表人民行使立法權、監督權、審議預算和議決重大政策之權。國會的功能若能夠充分發揮,則較能消弭社會衝突,促進政治整合,並能維持政治系統的穩定、持續及發展(朱志宏,1995)。

教育政策如果制定成為教育法律,則需經立法程序才能完成合法化的地位。因此,國會的生態對於教育法案的立法過程與內容具有關鍵性的影響。立法院是我國唯一的國會,在立法院中的法案表決是以人數的多寡來決定,立法院的政黨生態對於教育政策的合法化具有重要影響。目前台灣主要政黨為國民黨、民進黨、民眾黨,其政黨人數多寡與提出的意見,對教育政策制定過程與法案的內涵具有關鍵性的影響。

貳、經濟環境

經濟因素是指社會的經濟活動方式及經濟力量。經濟活動方式即是經濟制度,經濟力量則指社會整體所具備的經濟能力,例如:資源、人力及財力等,經濟力量對教育政策有相當大的影響。以下從經濟結構、經濟成長及市場化三方面加以分析。

一、經濟結構

不同的經濟結構背景,教育分別承擔著社會防範、社會調適與社會更新這三項社會職能的觀點,是以特定經濟結構的典型特徵為前提的。在農業社會邁向工業社會轉變時期,教育通常同時被賦予社會調適與社會防範的職能。而在工業社會邁向後工業社會過渡的時期,教育則一般會同時擔負著社會更新與社會調適的職能。因此,教育政策制定必須做適度的調整,以符合經濟發展的需求,進而促進經濟的發展;否則,將會阻礙經濟發展(顏國樑,2014a)。

教育之所以能發揮滿足產業結構、經濟類型、職業結構變動對人才的需求，進而促進經濟的功能，主要係透過調整教育政策內部結構來實現（呂文政，1996）。這些調整措施諸如普及教育，以普遍提高生產勞動者知識技能；在普及初等與中等教育的基礎上，擴展高等教育的比例，發展各級職業技術教育，調整專業結構，以適應經濟產業結構的變化等。

二、經濟成長

教育政策問題大部分是涉及教育財政與政府補助額的多寡情形才算適當，以及如何分配的問題（Williams, 1982）。教育政策會受到經濟因素的影響，經濟能夠成長，代表國家的經濟狀況良好，經濟成長與否決定教育政策的基本架構、規模、程度和方向，決定某種教育政策的必要性、可能性及實施效果（袁振國，2010），例如：一個國家的義務教育的年限，這涉及該國家的經濟力量。再者，對弱勢族群教育的經費增加是已開發國家的指標之一，其原因亦是經濟力量的提升，才會制定相關法規，將教育經費投入弱勢教育。

以經濟的力量來說，中央主管教育行政機關所獲得的經濟力量之大小，往往與教育行政的效能和發展具有密切的關係。吳清基（1990）指出：「教育是一種有利的投資，充裕的教育經費有助於教育發展。」教育行政機關想要從事教育改革，實施某一項新的教育政策時，皆需要經濟力量的支持，若缺乏充裕的財力，無論教育政策是如何的完善，則都是紙上談兵、無濟於事。

三、經濟體制

經濟體制強調較為具體的經濟運行規則與規範，不同經濟體制對教育政策運作的影響不盡相同（范國睿、杜成憲主編，2011）。「計畫經濟」強調政府的責任，透過計畫與行政手段調節國民經濟。而「市場經濟」係指政府對已經存在的市場管制予以解除，藉以開放更多的參與者加入，使其充分自由競爭，讓自由市場的供需法則運作，以產生效益（張世賢、陳恒鈞，1997）。如以市

場經濟導向理念的指標來看教育政策,所謂「市場經濟」導向的體制可以定義為「以競爭、選擇、多樣化、經營績效、私有化的市場機能,追求達成經濟效率與品質提升的教育改革趨勢」(李家宗,1997)。

依據「市場經濟」導向的體制,教育政策需要不斷追求績效與卓越,教育行政機關應提供令顧客(學生、家長、教師、社區)滿意的教育服務品質。雖然「教育市場化」已愈來愈受到重視,但教育政策並不能完全以市場化為導向,任由市場機制的競爭、效率及與選擇來調節,仍需維持理想的教育目的,透過教育資源的合理與公平的分配,讓每位受教者都能得到良好的發展。

參、社會環境

社會因素是指社會中的各種社會結構,諸如家庭、宗教派別,以及各種社會階級等(彭文賢,1992)。以下從社會結構、社會變遷、社會開放程度及人口結構四項因素來說明。

一、社會結構

社會結構(social structure)是指,團體或社會的基本構成部分之間相互關聯的方式(劉雲德譯,1992)。社會結構由各社會團體所組織,而團體間呈現某種秩序與互賴關係,例如:家庭組織與經濟有關,現代工商社會鼓勵核心家庭組織,而傳統農業社會則助長擴大家庭。這種社會組織之間或社會制度之間的主從或相互關係,稱為社會結構。社會結構包括社會文化價值、社會組織及人格,故廣義的社會變遷包括文化變遷、組織變遷及人格變遷,狹義的社會變遷則指組織的變遷(范珍輝,1987)。

就動態的組織環境而言,社會的影響力量,諸如人口的量與質、國民所得、國民時尚、社會風氣、文化水平、教育設施、種族狀況、就業情形、所得分配、人民生活水準,以及性別年齡的分配等,都需要給予妥善而慎密的考慮。蓋因組織行為的進行,無不密切依賴於這些社會因素,而訂定其政策和法規(彭文

賢,1992)。

社會成員常因其族群、社會階級、性別、語言等結構性的要素,而得到不同的社會化結果。這些結構性的要素也會在個人的教育過程中,發揮深遠的影響,使個人獲得不同的教育資源和成果(戴曉霞,2005)。因此,教育政策必須考慮社會結構的現況,而制定適合社會現狀的教育政策,例如:學習社會的來臨,因為人類的知識爆增與人口老化,而提出《終身教育法》,強調終身學習的重要性,正是用來因應社會結構的改變。因為少子女化現象,提出《私立高級中等以上學校退場條例》,作為大學與高中職退場與輔導的政策。

二、社會變遷

所謂社會變遷(social change)是指任何社會過程或型態的變化,它包括社會結構、制度、人群關係的變化與發展過程中所遭遇的一切情形。社會變遷不僅是社會結構的變化,也是人們態度、價值與行為的變更,而這些變更與教育關係至為密切(陳奎憙,1982)。教育制度為社會結構的一部分,為配合社會變遷的實際需要,教育制度必須作相對應的調適,例如:工業技術之改進,改變了社會的職業結構,職業技術教育之需求漸增,因而帶動學校教育內容或體制上的調適。另外,視教育為促進社會條件觀點而言,教育不僅成為導致社會變遷的動因,也是社會變遷的條件(林清江,1986)。舉例而言,重視科技的學校教育,除了為國家培育經濟發展所急需的科技人才,也同時為接受較高教育者提供了往上社會流動的機會。

教育政策的制定與內容無法脫離社會變遷的影響,而一個社會的變遷要不斷的成長求進步,亦必須依靠教育政策來達成,二者是維持著一種相互依存的關係,即社會變遷的影響造成教育政策的改變,而教育政策的變動與改革亦會影響社會的變遷(顏國樑,2014a)。

三、社會開放程度

封閉的社會通常存在於威權的政治體制,是一個一元化的社會,反對變化與改革,並且受到由上而下的意識型態所控制。相對的,開放社會是多元化的社會。社會開放的重要特徵包括(林清江,1990):(一)社會流動頻繁的功績社會;(二)意見表達公開;(三)決策型態改變,決策合理化;(四)各類社會制度隨社會需要改變迅速革新的社會;(五)社會價值多元化,社會權力平衡的社會。質言之,開放社會具有動態性的社會結構,強調多元價值體系的建立,重視社會法律規範的制約,肯定個人真才實學的功績導向,是一種民主法治進步成長的社會生活型態。

開放社會的特徵,對教育政策影響如下面說明(顏國樑,2014a):(一)教育政策制定方法科學化:教育政策制定不能僅憑主觀的直覺判斷或僅依個人的直接經驗形成決策,要經過調查或訪談、座談的歷程等,以期獲致更客觀的資料;(二)教育政策制定過程民主化:在教育政策制定過程中,必須兼顧相關團體與政策利害關係人的參與及意見,尋求較合理的共識,讓教育政策更符合政策標的團體的需求。

四、人口結構

人口結構的特徵會影響教育政策的制定與執行,近年來我國人口結構發生了「少子女化」、「異質化」和「高齡化」的變化,將衝擊國內產業、社會和教育發展(教育部,2006)。如以 2022 年學生人口結構分析:

(一)少子女化方面:根據內政部統計處(2022)統計資料顯示,台灣地區人口自然增加率已呈現持續下降的趨勢,人口出生率明顯下降,自 1981 年的 41 萬餘新生兒,到 2020 年的 16.5 萬人,而出生人口數減少即代表未來入學的學生數減少。

(二)異質化:外籍與大陸配偶所生嬰兒數於 1998 年為 1 萬 3 千人,占嬰兒出生總數的 5%,2003 年升為 13%,顯示「新台灣之子」將不再是少數。而根

據教育部統計，台閩地區大陸及外籍配偶子女 103 學年 27.3 萬，占全體學生總數之 5.8%。109 學年就讀各級學校新住民子女學生數合計 30.5 萬人，占全體學生總數之 7.3%（教育部統計處，2022）。

（三）高齡化與超高齡方面：隨著生育率的降低及人口外移，我國也快速邁入高齡化的社會。2020 年 65 歲以上老年人口占總數的 16.07%，15 歲以下幼年人占總數的 12.58%，65 歲以上老年人口拉大超過 15 歲以下幼年人口比率，我國已邁入高齡社會（內政部統計處，2022）。於 2018 年超過 14%成為高齡社會，預計將於 2025 年超過 20%邁向超高齡社會（國家發展委員會，2024）。人口結構的老化，影響社會的整體生產力，老年人口教育的需求及相關事宜，將成為我國社會面臨的最大挑戰。

面臨「少子女化」的趨勢，家長對於學前教育的需求與關注日增，因應少子女化趨勢的衝擊，政府於 2022 年制定《私立高級中等以上學校退場條例》、多餘空間的活化運用，以及超額教師的調整與安排等。面對人口「高齡化」的趨勢，強化終身學習網絡，建構完備終身學習體制；充實與整合各種學習資源，強化高齡者學習，建構樂齡學習體系；整合各種資源，精進家庭教育服務。面臨人口「異質化」的趨勢，顯示台灣已是多元族群組成的社會，在文化上，除各原住民族文化、本土文化及中華文化傳統外，也包括新移民文化；是以尊重多元族群及其文化與價值觀，亦是符應國際趨勢。未來在教育政策制定，需彰顯台灣主體意識、傳播中華文化優良精華、保存與發揚原住民族文化及尊重與融合新移民文化等。

肆、文化環境

文化因素乃指存在於社會中的各種價值觀念，形成這些觀念的歷史背景，以及此一社會的教育制度（彭文賢，1992）。以下從文化結構與多元文化兩方面來說明。

一、文化結構

文化結構（cultural structure）指的是一個文化之內或文化與文化之間的各種關係（林清江，1986）。文化的基本特點在於其整體性，具有一定的結構。因此，在文化制約形成的教育取向必然會呈現出某種總體特徵。過去中國傳統教育的取向具有「封閉性」的文化結構特徵，此特徵滲透於中國傳統教育，其最集中的表現就是形成了一套封閉式的師授學承的模式。在這一套模式中，教師與「天、地、君、親」並稱，以及「一日為師，終身為父」之訓，師生關係實際上被類同於君臣關係、親子關係。因此，教師被視為當然的知識的權威，也被視為絕對的道德權威（吳康寧，1998）。又如：我國升學主義與考試文化，與實際社會脫節，也深深反應對教育政策的影響。

由於社會的進步發展，學生可以透過多種管道獲得知識，教師不再擁有知識的權威，在師生關係上是平等的地位。此外，鼓勵創新、民主、自由、公平的文化結構特徵，顯示我國邁向「開放性」的文化結構的特徵，此種特徵影響我國各方面教育政策的制定與執行。

二、多元文化

由於文化種族主義主張每一種族或民族都有其文化，而世界上有許多種族或民族，於是形成了「多元文化」。從「文化相對主義」的觀點，強調每一個社會文化，都有它自己的特色，而人的思想、感情等，都是由它的生活方式所塑造，這種主張不同文化的共存，尊重文化的互相差異，對於文化的互相尊重，於是產生了「多元文化」（詹棟樑，1993）。

教育目的常反映當時社會的文化規範，而且教育內容實際就是文化精華的部分。現代社會由於經濟發展，政治民主、科技進步等，已邁向多元化的社會，這帶動多元教育政策的制定亦受到多元文化的影響，例如：制定《原住民族教育法》的依據係來自 1996 年《憲法》增修條文第 10 條第 9 項之規定：「國家肯定多元文化，並積極維護發展原住民族語言及文化」，並在該法第 2 條闡明

政府應本於多元、平等、自主、尊重之原則，來推展原住民族教育。

伍、國際環境

教育政策運作過程不僅會受到國內政治、經濟、社會、文化環境的影響，同時會受到國際環境的影響，以下從國際化與教育改革潮流兩方面來加以說明。

一、國際化

在現今全球變遷與資訊發達、交通便利的時刻，全球化現象日益突顯，跨國流動頻繁，國家間之相互關聯性及相互依賴性日漸增加，各國發展更加緊密且彼此影響。在全球化發展趨勢影響下，國內教育政策會受到國際教育潮流的影響。

我國不管民間的教改建議書、政府的教育報告書、行政院的教育改革委員會的諮詢報告書、九年一貫課程總綱、十二年國民教育課程總綱等，皆將「國際化」的發展趨勢列為重要的教育政策。過去教育國際化著重在高等教育的國際化，近年來也在中小學積極推展教育國際化政策，例如：教育部（2020a）發布《中小學國際教育白皮書2.0》，目標在培育全球公民、促進教育國際化、拓展全球交流，讓中小學教育獲致國際展能、跨國學習及永續發展的效益。因此，在教育政策革新上，教育的目標需協助公民去理解身處全球社會中的意義，並培養社會應變及適應能力。同時，在面對市場經濟全球化、知識經濟為發展關鍵的趨勢中，重視外語人才的有效培養及運用，以掌握世界政經脈動與趨勢；以及發展本身的在地化與華語文化優勢，透過跨領域策略甚至跨國培育人才，以因應快速變遷的全球環境（顏國樑，2014a）。

二、教育改革潮流

面對二十一世紀，世界許多先進國家都不遺餘力的推動各項教育改革，以培育學生具有適應未來社會發展的人才。先進國家教育改革方向，或者相關國際組織對教育的研究報告與建議，對於我國教育政策制定皆會產生影響。

例如：聯合國教科文組織（United Nations Education Scientific and Cultural Organization [UNESCO]）在 1996 年出版《學習：內在的服務》（Learning: The Treasure Within）指出「終身教育是人類進入二十一世紀的鑰匙，終身教育將居於未來社會的核心地位」（教育部，1998）。由於聯合國教科文組織對終身教育的倡導，影響我國推展終身教育與學習社會的教育政策，例如：教育部於1998年發布《邁向學習社會白皮書》，並將當年定為中華民國終身學習年，在 2002年公布《終身學習法》，為推動終身教育，強化社會教育，增進學習機會，提升國民素質，提供法制的依據。2019 年實施的十二年國民教育課程總綱核心素養的三大面向九大項目是以終身學習者為中心的核心理念向外擴展。教育部（2021）發布《學習社會白皮書》，其目的在打造台灣成為一個全民熱愛學習的學習型社會。綜上所述，世界先進國家及我國皆積極推動終身教育，二十一世紀在教育改革上產生重大的影響。如教育機會管道的多元化，學校教育不再是唯一學習的管道，家庭、職場及休閒場所都是學習的所在；人從出生到老年生涯發展都是學習的階段，所謂「學習社會」的理念，為教育政策革新提供持續發展的方向。

陸、科技環境

二十一世紀是一個資訊化的社會，Toffler（1981）在其《第三波》（The Third Wave）的書中指出人類將從農業社會、工業社會之後，進入到第三波的資訊社會。Naisbitt（1980）在其《大趨勢》（Megatrends）書中，亦把人類社會將從產業社會轉向資訊社會列為十大趨勢的第一個。在資訊化的社會，資訊將被看成是一種可以和自然物質、人力、資本、設備等相提並論的重要資源。資訊化的社會，類似工業 3.0，重視自動化的生產，只是單純的控制或應用，缺少人的積極性角色。而工業 4.0 強調科技環境轉化成智慧化運用網際網路、生產智能化、客製化、大數據決策（簡禎富等人，2018；Sendler, 2016）。換言之，智慧化除了需要過去資訊科技的應用，還要加上人的創造、整合、分析之後，做出

最適當的行政決策。

工業 4.0 發展影響教育 4.0 的產生，教育 4.0 的世代強調的是培育問題解決能力、批判思考、創新知識、跨領域的人才，以及強調彈性化組織、客製化課程、數位化教學、個性化學習，多樣化評量等。在教師的角色和教學方式，甚至家長的職責角色，都需要重新的詮釋和轉化（顏國樑、閔詩紜，2019）。因此，教育政策的制定與執行，都需要因應人才培育、教師教學、學生學習，主動積極改變，才能因應工業 4.0 與教育 4.0 的時代來臨。

在教育政策上可以利用網路網際平台，建立教育公共論壇的平台，引導教育人員與社會大眾透過教育公共論壇的平台，表達教育政策意見與提出建議，彌補菁英決策的不足，以作為教育政策制定、執行及評估的參考。此外，將教育政策資訊公開，可讓民眾參與和監督，發揮集思廣益的效果。至於如何教育政策智慧化，人仍是最重要的核心，需要建立以人為核心，具有整合、創造、省思的智慧，以迎接政策智慧化創新應用新紀元（顏國樑、閔詩紜，2019）。因此，因應科技的發展，教育部於 2014 年增設「資訊及科技教育司」。教育行政機關本身應轉變成智慧化決策環境，引導學校變成智慧化校園，是未來教育行政機關努力的課題（湯志民，2020；顏國樑，2023）。

第二節　影響教育政策過程的參與者因素

在一個民主社會中，由於人民普遍參與公共事務，教育政策的制定過程會受到許多參與者的影響，其影響的因素是複雜與多元。茲將影響教育政策制定過程因素分成下列七個方面加以分析（林純雯，2006；顏國樑，2002，2003b，2014a）：一、行政機關；二、立法機關；三、司法機關；四、利益團體；五、政黨；六、學術團體；七、大眾媒體。這些教育政策的參與者彼此以互動的方式，影響教育政策制定過程及其結果。其互動情形如圖 6-2 所示。

第六章　教育政策過程的影響因素

圖 6-2
影響教育政策過程主要參與者

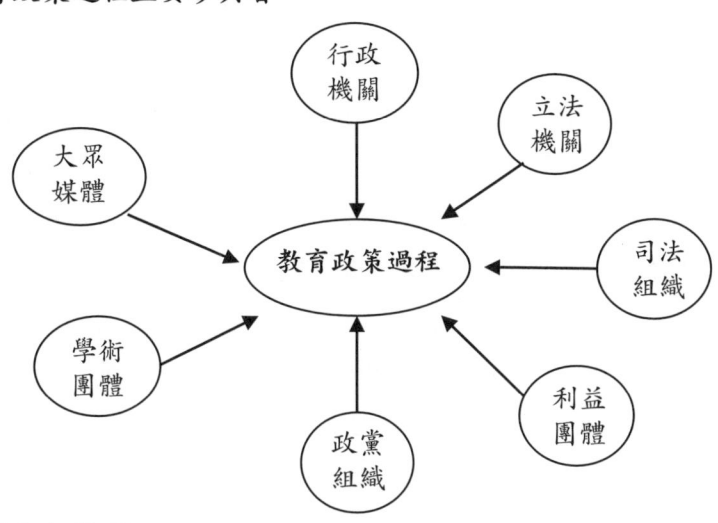

```
        行政
        機關
              立法
              機關
大眾
媒體
        教育政策過程  ←  司法
                      組織
學術
團體
              利益
              團體
        政黨
        組織
```

註：作者自行整理。

壹、行政機關

在民主化國家，行政機關與官員是政策主體重要組成部分。由於國家性質的轉變，政府干涉行動的增加。另外由於公共事務的複雜性不斷增加，以及科技的日新月異，使得許多的政策依賴專業的技術知識。因為行政體系擁有專精與豐富的資訊，因此賦予行政體系更多的權力，所以許多公共政策便由行政機關來發動與執行，因此使行政機關地位更形重要（林鍾沂編譯，1991；Etzioni-Halevy, 1985）。科層行政體系在政策過程中的角色已日漸重要，已由以往協助執行功能轉變到扮演決策舉足輕重的角色。

在我國行政機關中，總統、行政院、教育部相關人員，對於教育政策運作過程產生影響，以下分別加以說明（林純雯，2006；顏國樑，2000，2003b；Caruso, 1992）：

一、總統：依據《憲法》規定，總統為國家元首，對外代表國家。依法公布法律，發布命令。行政院院長由總統提名，經立法院同意任命之。行政院副

院長、各部會首長,以及不管部會之政務委員,由行政院院長提請總統任命。由此可見,總統競選時的教育政策政見或對教育政策的看法,可透過行政院長與教育部長,產生一定程度的影響。

　　二、行政院有關人員:行政院長、副院長、政務委員及教育科學文化處相關行政人員,對教育政策過程產生影響。依據《憲法》規定,行政院為國家最高行政機關。教育部長由行政院院長提請總統任命。依據《行政院處務規程》(2023)第14條規定,「教育科學文化處」掌理有關教育、科學、文化事項的政策研議、法案審查、計畫核議及業務督導。因此,凡是教育部所提出的法案與重要教育政策計畫,由教育科學文化處負責處理後,依例通常一位政務委員擔任召集人,邀請與教育政策相關部會及人員共同進行審議,然後提行政院院會討論。由此可見,除了行政院正副院長對教育政策有重要影響之外,政務委員召集審議與教育科學文化處間接參與,發揮協調與幕僚的功能。

　　三、教育部有關人員:教育部為中央教育行政機關,負責全國教育業務。教育部為了因應社會變遷所產生的新問題,必須符應社會需求及民眾需要,研訂妥適的教育法令或計畫。教育部提出某項教育法律或重要計畫,其過程由業務司負責,通常由專家學者草擬,然後舉行公聽會,進行意見徵詢,形成草案,送至教育部法規會審議通過後,再經教育部主管會報討論通過後再送行政院審議。其間教育部部長、政務次長、常務次長、主任秘書、業務司、法規會相關行政人員,對於某項教育政策過程與政策內容的意見,皆會直接或間接產生影響。

貳、立法機關

　　立法機關代表國會,因掌握立法與預算的權責,立法院成為社會大眾注目的政治舞台,所以對教育政策制定過程產生相當大的影響。在立法機關中,每位立法委員及其助理、教育委員會委員及召集人、程序委員會、立法院院會及法制局等,對於教育政策的合法化皆有一定程度的影響,以下分別加以說明(朱

志宏，1995；林純雯，2006；楊桂杰，1999；顏國樑，2020；Elbert, 1995; Hirshberg, 2002）。

一、立法委員影響教育政策制定過程的策略大致可分為：質詢、舉辦公聽會、影響議程設定、委員合作提案聯署、控制行政機關預算、通過或否決法案等。

二、教育委員會委員及召集人：依據《立法院組織法》（2023）第 10 條規定，立法院設有八個委員會，其中「教育與文化委員會」的委員，對於教育法案能最直接做實質性的質詢與審查。此外，教育委員會的召集人具有議程安排的權力，對於行政部門教育法案，可透過是否將法案列入議程或議事技巧，顯示出支持或反對。從法案內涵的決定來看，教育委員會對法案的審查，具有關鍵性的影響，通常法案大部分的條文及其內涵都在委員會中已決定，少部分條文留院會討論審查。

三、程序委員會：程序委員會負責排定法案審查的優先順序，不論是立法院本身或行政機關所提的法案，均經過該委員會議決後，依重要性與迫切性的高低，依序排定審查日程。程序委員會雖然不對教育法案作實質性的審查，但是法案如能排入議程，才有希望被討論或審查，否則未排入議程，則教育法案則無法順利進行三讀的程序，因此通過教育法案的時間往往被延宕。

四、立法院院會：一項法案通常要經過一讀會、二讀會及三讀會的程序，才能成為正式的法律。因此，立法院院會對於教育法案的提出、討論及議決，具有關鍵性的影響。

五、法制局：依據《立法院組織法》（2023）第 20 條規定，法制局掌理立法政策與法律案之研究分析、評估及諮詢；關於外國立法例及制度之研究編譯及整理，關於法學之研究事項；其他有關法制諮詢等。因為法制局可提供立法委員有關法案的專業諮詢，並常為立法委員所採納，因此對教育法案的內涵具有一定程度的影響。

參、司法機關

依據《憲法》第 76 條規定，司法院為國家最高司法機關，掌理民事、刑事、行政訴訟之審判及公務員之懲戒。第 77 條規定，司法院解釋《憲法》，並有統一解釋法律及命令之權。因此大法官對有關教育政策的解釋，以及各級法院對教育事項的判決，對教育政策產生一定程度的影響，例如：法院判決教師發生體罰事件的案例，常常要負有行政責任之外，亦負有民事與刑事責任。此項判例影響教師相關權益。

司法院大法官對教育法律與命令的釋憲也對教育政策產生影響，例如：關於學生之行政爭訟權利，因大法官釋憲第 382、684、784 號的解釋而賦與學生愈來愈寬廣的學生的行政爭訟權，而影響對學生輔導管教等相關權益教育政策的訂定。

釋憲第 382 號解釋重點，只有對學生所為「退學或類此的處分行為」，得依法提起訴願及行政訴訟。非學校對學生品行考核、學業評量之部分，此屬「不確定法律概念」中對教師及學校的「判斷餘地」，非有違法或顯然不當，法院於審理時不得撤銷、變更。這些行為僅能以學校內部申訴途徑救濟。釋字第 684 號解釋，在「大學」學生訴訟權的問題上，已不再以「基礎關係」與「經營關係」作區分，對學生所為行政處分或其他公權力措施，如侵害學生受教育權或其他基本權利，即使非屬退學或類此的處分，仍應許權利受侵害的學生提起行政爭訟，不論學校行為的性質是否為行政處分，均可提起行政爭訟。而釋字第 784 號解釋，不以學校行為之性質，作為學生得否提起行政爭訟的依據，而將得否提起行政爭訟回歸「權利是否受損」，而是解釋「各級學校」學生基於學生身分或憲法保障所享的權利，如因學校的教育或管理等公權力措施而受不當或違法之侵害，應允許學生提起行政爭訟，以尋求救濟，不因其學生身分而有不同。由上述司法院大法官對學生輔導管教教育的觀點朝向學生權益的保護，對輔導管教之政策，以及對教師的輔導管教權產生深遠的影響。

肆、利益團體

利益團體（interest group）係指「一群具有共同態度、信念、利益者所組成，採取各種方式，向其他人、其他團體及政府機關提出其主張或要求，以達其共同目標或目的的組合體」（吳定，2013a）。利益團體的類型主要有三種型態（傅麗英，1995）：財團法人基金會、社團、聯盟。

利益團體是社會發展多元化，政府權力擴大和社會工業化影響的結果。它是民主化的新興力量與環境促成的利益結合。利益團體的目標顯而易見的是，欲在政治範疇內促進團體的利益，而其作為主要有三種（顏國樑，2014a）：一、對可能影響到團體利益的政策，予以密切的注意；二、透過政府行動（包括：促使立法院制定新的法律，或修改現行的政策，促使更改行政機關的命令等）來促進團體利益；三、阻止對團體利益有害的政府活動或政策。

民主法治社會的國家，有各種不同組織形式的公共利益團體，這些利益團體大多會透過有組織與有計畫的發展自己的主張，實現自己的利益或目的。利益團體對教育政策運作的影響途徑，通常採取（顏國樑，2014a）：一、直接遊說，方式有陳情請願、參與公聽會、面對面的遊說；二、間接遊說，方式有透過大眾傳播媒體宣傳、召開座談會、研討會、尋求盟友（聯盟策略）。

伍、政黨組織

政黨組織係指一群因理想或利益相結合的人，以爭取民眾支持，組織政府，以實現其共同的政治主張的一種有紀律有組織的政治團體。政黨組織的定義有下列特質（廖峰香，1990）：一、政黨是一種部分國民結合的社會團體；二、政黨是一部分人，依志願或自由意志的結合；三、政黨是政治主張相同的人結合成功的團體；四、政黨是要以爭取民眾支持或組織政府的活動方式與手段，以謀求實現其共同主張的政治團體；五、政黨是一種有組織有紀律的政治團體。

政黨組織具備的功能有（周育仁，1997；Roskin, 1991）：一、作為人民與

政府之間的橋梁；二、整合社會各方利益團體的衝突與利益；三、導引政治社會化；四、主導組織政府。

政黨組織對教育政策的影響策略包括（林純雯，2006；顏國樑，2000；Hanne & Catherine, 2001）：政黨一方面能夠反映並匯集民意，並可主導國家教育政策的發展。通常政黨以選舉、議會運作及黨團協商等的途徑來影響教育政策的過程。

陸、學術團體

學術團體係指在不同專業領域中，由學者專家或公共事務深具經驗之行政人員所組成之正式或非正式學術性團體，包括大學、學術研究單位、機關或智庫等（王俊權，1989；蔡進雄，2021）。此外個別的專家學者亦可以透過各種方式影響教育政策的運作過程。

制定政策時，常需借重學術團體或專家學者的知識，對政策問題提供專業性的看法，以補足行政人員與立法人員專業知識的不足（Fagnenece, 1977; Shiroma, 2014），在不同專業領域中，由學者專家或公共事務深具經驗的行政人員所組成之正式與非正式的學術性團體，以及個別的專家學者，能夠透過各種方式影響教育法令的制定。這些學術團體或個人對教育政策運作過程的影響有（林純雯，2006；顏國樑，2014a）：接受教育行政機關委託草擬教育法案、透過大眾傳播媒體表達意見、參與公聽會或研討會、透過學術性團體舉行研討會。

柒、大眾媒體

大眾媒體係指透過傳播工具和符號的運用，包括較單向溝通的傳統媒體，如電視、報紙、雜誌、電影及廣播等，以及目前網路雙向互動的新媒體（new media），例如：臉書（Facebook）、IG（Instagram）、推特（Twitter）等社群網站、各種影音分享平台（如YouTube）、留言板、討論區等網路訊息平台表達個人意見，並運用網路人際傳播的路徑，多項傳播媒介，將社會事件傳播至社

會大眾，以達到傳遞、溝通、說服或宣傳之目的（國家文官學院，2023）。從教育的觀點來看，大眾媒體具有傳達教育民意、塑造教育民意及決定教育議題的功能（楊桂杰，1999）。

　　大眾媒體對教育政策議題的塑造，強化政策形成過程中，利害關係人的政治互動，以及對教育決策會產生影響（Livingstone, 2009; Rawolle, 2010; Shiroma, 2014）。至於大眾媒體對教育政策運作過程的影響策略包括（顏國樑，2014a）：教育法令制訂或修訂過程的報導與評論、匯集和傳遞社會大眾對教育政策的意見，以及作為行政機關及立法委員訂定教育政策或法案的參考。

註：本章改寫自顏國樑（2014a）。**教育政策合法化理論與實務**。麗文。

問題討論

一、請說明教育政策運作過程中,會受到那些政策環境因素的影響?

二、請說明教育政策運作過程中,會受到那些政策參與者因素的影響?

三、請舉出某項我國重要教育政策,說明社會、政治、經濟、文化如何影響教育政策運作的過程?

四、請舉出某項我國重要教育政策,說明國際、科技如何影響教育政策運作的過程?

五、請舉出某項我國重要教育政策,說明行政機關與立法機關如何影響教育政策運作的過程?

六、請舉出某項我國重要教育政策,說明利益團體如何影響教育政策運作的過程?

第七章
教育政策問題形成

本章摘要

　　教育政策問題的意義乃是社會大眾對教育所持有的價值、利益或規範，和其所察覺或關心的教育情境產生衝突，並因感受教育需求未能滿足或權益遭受剝奪，於是透過團體行動向政府提出訴求。而政府接納公眾所訴求的教育問題，經過政策分析人員分析之後，認定為屬於政府教育機關權限範圍內的教育事務。

　　教育政策問題具有七種特性：教育性、相依性、主觀性、動態性、衝突性、時限性、歷史性。

　　教育政策問題類型可以依據資訊情境、結構及層級三個方面：1.依據政策問題具備的資訊情境可分成確定的情境、風險的情境、不確定情境三類問題類型；2.依據政策問題的結構可區分為結構良好、結構適度、結構惡劣三種問題類型；3.依據政府處理政策問題的層級可區分為重大問題或稱主要問題、次要問題、功能問題、輕微問題四種。

　　教育政策問題形成係指政府教育部門為瞭解決教育政策問題之目的，對教育政策問題的各種形成因素，進行系統性與科學性的分析研究，採用質性與量化資料，描述與說明教育政策問題的成因與其影響層面，以確立所欲達成的目標，提出可能解決問題的方法，並進行全面與客觀的評估過程。

　　教育政策問題形成的過程包括：1.教育問題的發生；2.教育問題的提出；3.教育問題的接納；4.教育政策問題認定。

　　教育政策問題認定的分析方法有：腦力激盪、魚骨圖、檢核表、追根究底法、德懷術、政策問題再現分析法。

　　教育政策問題形成的原則：1.重視教育政策問題的認定；2.以利害關係人觀點運用適當方法進行教育政策問題認定；3.教育政策問題應進行事實與價值分析；4.倡議政策問題進入政策議程並提出政策議題報告書。

第一節　教育政策問題的意義、特性及類型

壹、教育政策問題的意義

要分析教育政策問題形成的意義之前，先透過政策問題說明教育政策問題的定義。Anderson（2003）認為，政策問題是在某種情境、狀況或條件之下，引起部分公民的需求與不滿足感，並透過團體行為以達成其訴求。林水波與張世賢（2012）提出政策問題乃是在一個社群中，大多數人察覺到或關心到一種狀況，與他們所持有的價值、利益或規範相衝突時，產生一種需要、受剝奪或不滿足的感覺，於是透過團體活動向權威當局提出，而權威當局認為所提出者屬於權限範圍內的事務，且有採取行動加以解決必要者。吳定（2005）認為，政策問題是指一項公共政策經由政策分析人員採取問題認定途徑與方法，加以分析研究後，確認必須由政府採取相關行動，制定政策或計畫，加以解決者。丘昌泰（2022）認為，政策問題本身乃是人們內心需求未能獲得滿足的表現，乃是許多人共同感覺到的具有負面或無法形容的社會狀況，如相對剝奪感、失落感等，而且是社會多數人共同認知的狀況。

綜合上述專家學者的看法，教育政策問題的意義乃是社會大眾對教育所持有的價值、利益或規範，和其所察覺或關心的教育情境產生衝突，並因感受教育需求未能滿足或權益遭受剝奪，於是透過團體行動向政府提出訴求。而政府接納公眾所訴求的教育問題，經過政策分析人員分析之後，認定為屬於政府教育機關權限範圍內的教育事務。

貳、教育政策問題的特性

一般而言，教育政策問題具有七種特性（任育騰，2015；林水波、張世賢，2012；范國睿、杜成憲主編，2011）。以下針對教育政策問題特性分別說明如下。

一、教育性

教育性（education）係指教育政策要解決的問題，其影響的對象是學生、教師、家長、教育行政人員。教育政策問題不同於其他公共政策的最主要的特徵，在於會影響受教育主體的身心發展，進而影響到社會的健康與和諧發展，例如：國民教育的目標旨在培養德、智、體、群、美五育均衡發展的健全國民。

二、相依性

相依性（interdependence）係指大多數教育政策問題皆非單獨發生，僅是問題系統整體的一部分，因而某項政策問題往往影響其他政策問題，例如：十二年國民基本教育的改革，與入學方式、課程政策、教育經費、教師培育政策之間皆有密切的關係。

三、主觀性

主觀性（subjectivity）係指，教育政策問題是因應社會結構的形成和變遷而客觀的存在或發生，但必須經由政策利害關係人加以界定、分類、解釋和評估。由於政策問題是政策利害關係人對環境條件反應的思考產物，因此教育政策分析人員、決策者或標的對象等對人性、政府作為和社會變遷都有不同假設，而對各種政策問題也就有不同的界定和解釋，例如：中小學的教師評鑑，教師會、家長會、學術團體、行政機關、民意機關對中小學實施教師評鑑，有其不同的看法。

四、動態性

動態性（dynamics）係指對於採取不同的教育政策問題界定方式，就對所界定問題有不同的解決方式。因此，教育政策問題和解決方式應是不斷地變遷，而往往隨著時間演進，例如：十二年國民基本教育之執行問題，會隨著時間的變動而產生不同執行的問題。

五、衝突性

衝突性（conflicts）相對於相依性而言，是由於各項教育政策問題所涉及的概念不同，因而某項政策問題的解決，往往導致另一項政策問題產生惡化情形，例如：十二年國民基本教育之學費補助問題（即一般所誤稱之排富問題），導致政府預算分配與財政收支不足以支應的問題。

六、時限性

時限性（time-constraints）係指在提出解決問題之前，有多少時間可以診斷或界定問題。有些重要的教育政策問題在時間上往往相當緊迫，易使分析人員對問題的認定出現差錯。尤其是對當前有明顯負面效果的政策問題，總給予優先關切，但所提出的解決方法卻是不良，例如：政府提出「2030 雙語國家」政策旨在提升國民的英語能力，以增強國際競爭力。這項政策的時限性體現在其設定的目標和時間限制上，政府需要在有限的時間內實現目標，這對教育體系的調整和資源的配置提出了挑戰。

七、歷史性

歷史性（history）係指大多教育政策問題都有其歷史脈絡（historical contexts），而過去經驗往往影響目前問題的考量，也可提供類比經驗以解決當前的問題。易言之，過去歷史事件的發展結果都可能成為現有政策問題的形成背景因素，造成連續性的因果關係，例如：九年一貫課程的改革為 108 課綱的訂定與執行奠定基礎，兩者之間在教育理念、課程領域和教學方法上有著密切的關聯。

參、教育政策問題的類型

政策科學家認為一般所謂察覺到的或經驗到的問題，其實並非實際存在的實體，而僅是一種問題情境（problem situation）。以下將教育政策問題類型分

成的資訊情境、結構及層級三個方面加以敘述。

一、依據政策問題具備的資訊情境劃分

在教育決策時，必須確知政策問題的資訊情境，依據資訊的掌握多寡情況，可分為「確定的情境」、「風險的情境」、「不確定情境」等三類政策問題（吳定，2005；林水波、張世賢，2012），如表7-1所示，說明如下：

（一）確定的情境：在確定的情境中，決策者能夠掌握環境中的所有教育資訊與相關因素，能正確估算利弊得失，瞭解各項可能行動方案與其結果，例如：當教育行政機關知道各縣市學生數量和他們的學習需求時，較能合理與公平的分配教師人力和教學資源。

（二）風險的情境：決策者在此情境中，因資訊不夠充分，只能依據機率或經驗法則作成決策，而無法預知或正確判斷決策後之結果，例如：校園安全事件，如暴力事件或自然災害，對學生和教職員的安全構成威脅。這類風險需要學校訂定有效的安全管理計畫，以防範和應對潛在的危機。

（三）不確定情境：決策者缺乏能據以判斷的資訊，問題能否解決的機率、或然率也無法估計，且每一備選方案都有許多可能的結果。因此，決策者幾乎是在盲目的情境下作成決策，例如：升學制度問題的改革，涉及多方利益相關者，包括行政機關、教師、學生、家長、立法人員、學術團體、大眾媒體。這些利益相關者的需求和期望可能存在衝突，增加政策制定的複雜性和不確定性，其結果難以預測。

從表7-1可知，依據問題的情境分類，可以清晰瞭解政策問題情境，政策方案規劃必須掌握政策問題的所有資訊情境，始能擬訂政策方案內容。而資訊越完整，則方案之可行性愈高；反之，資訊越缺乏，則教育政策方案品質恐越不佳。

表 7-1
政策問題的資訊情境

問題情境	資訊確定情境	風險情境	不確定情境
環境因素	資訊充分	資訊不充分	缺乏資訊
變數	輕易掌握	部分掌握	無法掌握
決策	明白各種可能行動方案及其利弊得失	依據機率或經驗法則作成決定	盲目作成決策
方案結果	預知實施結果	難以預知決策結果	無法得知
機率	正確估算	難以正確估算	無法估算

註：作者自行整理。

二、依據政策問題的結構區分

對於清楚且簡單的教育政策問題，容易找到解決方案；相形之下，複雜的問題則較不易找出滿意的解決策略。所以，依據政策問題之相對複雜程度，可將之區分為「結構良好」、「結構適度」、「結構惡劣」等三種問題類型（丘昌泰，2022；吳定，2005；Dunn, 2018），如表 7-2 所示，說明如下。

表 7-2
政策問題的結構類型

問題結構	結構良好的問題	結構適度的問題	結構惡劣的問題
制定者	一位或極少數	一位或極少數	許多
政策方案	少數	有限	無限
政策價值	具有共識	具有共識	認識衝突
方案結果	確定或風險性低	不確定	高度不確定
機率	可計算	不可計算	無法計算

註：引自 *Public policy analysis: An introduction* (6th ed.) (p. 79), W. N. Dunn, 2018, Prentice-Hall。

（一）結構良好的問題

結構良好的問題（well-structured）牽涉的政策方案有限，決策者極少，利害關係人對於政策目標選擇與先後次序安排，均有高度共識，並可以電腦程式或技術正確預估結果的發生機率，且預測誤差可以容受的問題，例如：推動閱讀計畫，通常訂有明確的目標、執行策略、資源分配、評估反饋等，是屬於結構良好的政策問題。

（二）結構適度的問題

結構適度的問題（moderately-structured）雖如同結構優良的問題，其決策者亦為極少，政策方案亦屬有限，且利害關係人對政策目標亦有極高共識。但無法預知政策方案的結果，亦無法估計其發生機率的高低。

（三）結構不良的問題

結構不良的問題（ill-structured）參與決策者甚多，彼此間之共識不足，問題的解決方案極多，難以作出正確抉擇。且因各政策方案的價值互相衝突的特性，因此無法預測政策方案結果的發生率，例如：大學已實施教師評鑑，但中小學因教師、家長、行政機關、民意代表之間，對教師評鑑有不同期望和需求，以及政治、社會文化環境的影響，導致未能實施，是屬於結構惡劣的問題。

三、依據政府處理政策問題的層級而區分

政策問題按照政府加以處理的層級可分為四類，重大問題或稱主要問題、次要問題、功能問題、輕微問題（丘昌泰，2022；吳定，2005；Dunn, 2018），如圖 7-1 之層級狀態示意圖。

在圖 7-1 中，層級愈高的問題，因涉及政策問題特性、風險性及不確定性等因素，愈需要策略性的決策（strategic decisions）。位於層級愈低的問題，因為較少與風險及不確定性有關，而需操作的或業務經營的決定，故僅屬於「操作的問題」（operational issues）而已。

至於圖中的虛線，表示為一種動態的樣貌。如果該虛線向上移動，則重大

圖 7-1
教育政策問題的四種層級

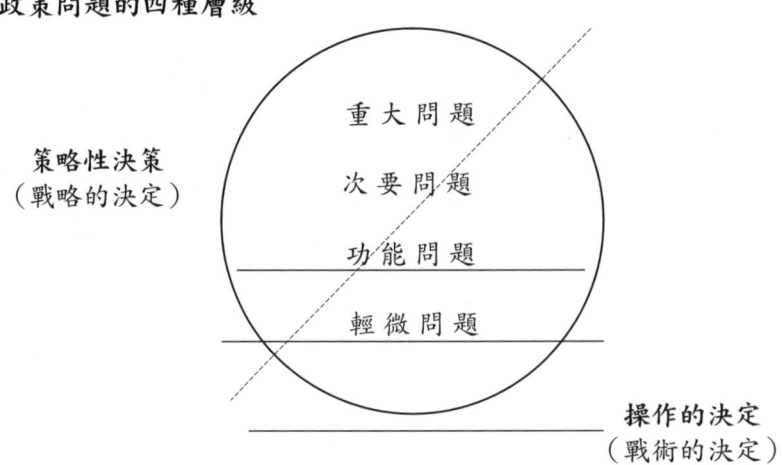

```
策略性決策          重大問題
（戰略的決定）      次要問題
                    功能問題
                    輕微問題
                                操作的決定
                                （戰術的決定）
```

註：引自公共政策（頁 89），吳定，2005，國立空中大學。

問題、次要問題等的傾向愈低。若虛線向下移動，則位在上階層的問題愈形重要，而功能性問題與操作問題所占的成份愈少。茲說明「重大問題」、「次要問題」、「功能問題」、「輕微問題」之內涵如下。

（一）重大問題

重大問題涉及政府機關內部或彼此間最高層次的問題，即中央、省市、縣市政府必須面對的重大整體性問題，也涉及機關任務的問題，並與國家發展的問題息息相關。由於重大問題往往跨越不同的政策領域，因此必須與其他相關的政府部門密切聯繫，常使政策問題愈形複雜，例如：教育部為了改善十二年國民基本教育的問題，訂定十二年國民基本教育實施計畫，涉及行政院、立法院跨部會，此項教育政策係屬於重大問題。

（二）次要問題

次要問題指在某一政策領域之內，中央、省市、縣市政府，例如：司、處、局等處理的計畫或任務，涉及資源配置與計畫優先次序排列，與界定受益者之問題。比起重大問題，其範圍較窄，處理層級較低，例如：教育部為了擴大高

中職及五專免試入學實施方案,訂定各直轄市、縣(市)因地制宜訂定各區入學方式作業要點及報備查原則。

(三)功能問題

政府部門為執行或推動政策,就有關資源暨人力配置所面臨的問題,例如:為了實施十二年免試入學,地方教育行政機關與學校人力如何配置與輔導。

(四)輕微問題

輕微問題指政府部門為了達成政策目標,而推動的行動方案或具體措施,例如:為了時實施十二年免試入學,入學程序如何申請?哪些具體措施可以避免錯誤、符合公平等?

第二節 教育政策問題形成的意義、重要性及過程

壹、教育政策問題形成的意義

從解決問題或滿足社會大眾需求的觀點而言,公共問題經過認定,確定係屬政策問題者,方能進入政策規劃階段,並制定相關政策方案,採取行動,妥予解決有關的政策問題(林水波、張世賢,2012;Anderson, 2003; Birkland, 2019)。教育政策亦是如此,必須先分析政策問題的相關因素,進而解決問題。

由於政策的制定在於針對政策問題,解決政策問題。因此,據其精神,將教育政策問題形成(education policy problem fonmation)之意義界定為:「政府教育部門為瞭解決教育政策問題之目的,對教育政策問題的各種形成因素,進行系統性與科學性的分析研究,採用質性與量化資料,描述與說明教育政策問題的成因與其影響層面,以確立所欲達成的目標,提出可能解決問題的方法,並進行全面與客觀的評估過程。」此一過程是以解決教育問題為導向的階段性工作,是研擬教育政策的啟動樞紐,並為規劃教育政策略與方案的前行階段(顏國樑、任育騰,2014)。

貳、教育政策問題形成的重要性

從政策階段論的觀點，教育政策問題形成位居整體政策運作過程的開始階段，不能掌握政策問題核心，則政策規劃與執行都是事倍功半。但我們大多忽略其重要性，以至無法解決教育問題，例如：政府大力推展雙語教育，林子斌（2021）提醒推動雙語教育，要有長遠的規劃，在配套不明確下，以績效責任制的角度設定 KPI 等標準，要求學校轉型成雙語學校，這是教育行政機關與學校未能夠掌握問題的核心。建議推動雙語要營造雙語環境、不能犧牲學科知識、應視學生程度調整教學、讓學校有自主空間、應破除考科思維等。

教育教育政策問題形成的重要性如下（顏國樑、任育騰，2014）：

一、教育政策問題形成是政策運作過程的第一個階段，是政策運作過程能夠順利的基礎。

二、教育政策問題形成是對教育政策問題開始蒐集形成因素並進行分析的啟動步驟。

三、教育政策問題形成是規劃教育政策方案的基礎，如果不能進行問題形成分析，則無法掌握教育問題，即使再好的政策規劃與執行，也無法解決真正要改善的教育問題。

四、在規劃政策方案之前，於「教育政策問題形成」階段之中，政策問題認定就占了百分之五十的精力及時間。

五、教育政策問題形成所確定的政策目標是評估政策執行成效的依據，用來判斷政策成果是否已解決教育政策問題。

參、教育政策問題形成的過程

教育政策問題形成是政策運作階段之一，亦位居教育政策運作過程開始的重要地位。主管教育機關在教育政策問題形成過程，於接納民眾所反映的教育問題之後，應進行教育政策問題認定，以掌握教育政策問題的情境、形成原因

第七章　教育政策問題形成

及相關實施條件，以作為確定政策目標與後續規劃工作之用。教育政策問題形成階段是一種循環的過程，如圖 7-2 所示，茲分別說明如下（丘昌泰，2022；吳定，2005；顏國樑、任育騰，2014）。

一、教育問題的發生

教育問題的發生，係指一個社會中，大多數人察覺到某種教育情況與他們本身所持有的價值規範有所差距，此時便產生一種需求，需要透過各種管道向教育主管機關提出。而政府當局對民眾所提出的教育問題，確認屬於其權限範圍內的教育事務，則應採取行動或不行動方案，加以解決。

二、教育問題的提出

教育問題可以透過民意代表、政黨、利益團體、大眾傳播媒體、意見領袖、當事人代表、行政人員、候選人、示威抗議者等管道向教育主管部門提出其教育問題的訴求或主張。

圖 7-2
教育政策問題形成之分析架構

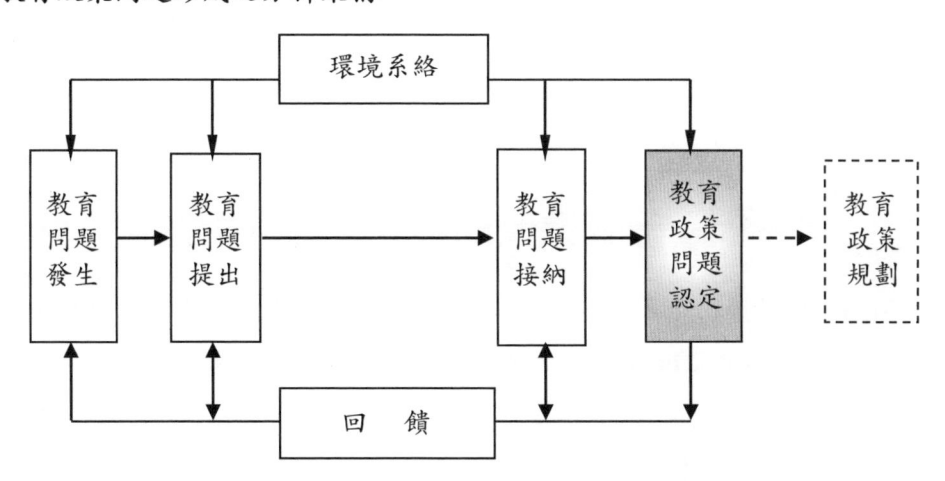

```
                    ┌──────────┐
           ┌────────│ 環境系絡 │────────┐
           │        └──────────┘        │
           ▼    ▼              ▼        ▼
        ┌────┐┌────┐       ┌────┐┌────┐    ┌────┐
        │教育││教育│       │教育││教育│    │教育│
        │問題││問題│──────▶│問題││政策│───▶│政策│
        │發生││提出│       │接納││問題│    │規劃│
        │    ││    │       │    ││認定│    │    │
        └────┘└────┘       └────┘└────┘    └────┘
           ▲    ▲              │        ▲
           │    └──────────────┤        │
           │        ┌──────────┐        │
           └────────│ 回　　饋 │────────┘
                    └──────────┘
```

註：引自公共政策（頁 54），吳定，2005，國立空中大學。

三、教育問題的接納

教育政策問題的提出，教育當局可針對公眾所提出的教育問題，採取「遏阻其發生」、「任其發生」、「鼓勵其發生」，以及「促進其發生」等四項態度，並將教育問題篩選成為教育政策問題。

教育行政主管機關選擇教育政問題的態度，則受到下列因素的影響，包括：教育問題的性質、影響範圍、提出教育問題者的影響力、提出者與教育決策者的關係、教育行政機關相關人員對問題所持的態度，以及教育利害關係人的企圖心等。

四、教育政策問題認定

教育問題被教育主管部門經過篩選與接納後，即為「教育政策問題」，後續進行教育政策問題認定，通常是由政策分析人員所執行。其任務便是將教育政策問題性質、類別、特性等層面加以清楚界定，並提出《教育政策問題建議書》據以進行下一階段的教育政策規劃工作。

教育政策問題認定過程參與者需多元化與代表性，應著重學生與教育人員利害關係人的需求，當教育政策問題認定後，仍需要不斷以主客觀資料，重新檢視建構的問題癥結是否實際反映教育現場實際情況，以找到根本的教育問題點。

第三節　教育政策問題認定的分析方法

所謂問題認定（problem identification）與問題建構（problem structuring）、問題界定（problem definition）、問題診斷（problem diagnosis）都是同義名詞（丘昌泰，2022），係指政策分析人員利用各種方法，對於已經發生之公共問題的本質、特性、產生原因與背景、癥結所在、影響層面等，進行系統性及科學性的分析研究，所得資料作為政府機關應否處理，及如何處理該問題依據的

過程（吳定，2005）。

政府採納教育政策問題後，需要對教育政策問題採用適當方法進行教育政策問題的認定（education policy problem identification）。教育政策問題認定是一個過程，在這過程中不斷檢驗與界定有關問題情境的概念。教育問題經過確認後，就要知道問題產生的原因，才能對症下藥，分析原因時，不能只在表面上看問題或僅是意見，需要關鍵性的主觀與客觀的證據。以下介紹幾種方法（丘昌泰，2022；林水波、張世賢，2012；陳振明，2003；國家文官學院，2017；Bacchi, 2009; Dunn, 2018; Xu, 2024）。這些方法之目的，都是在提供對教育政策問題的正確與有效的掌握，以作為後續政策過程的依據。

壹、腦力激盪法

腦力激盪法（brainstorming）是一種擴散性思考，用以產生理念、目標及策略的方法，可以幫助分析者對政策問題進行確認與概念化。腦力激盪法是一種開放自由討論的過程，在這過程中就某一個特殊的政策問題提出對策。腦力激盪法進行有幾個程序：一、腦力激盪團體的成員必須對討論的政策有專門知識的專家；二、團體討論時，不可使用不成熟的批判或言論；三、在政策概念產生階段，腦力激盪討論應該保持開放與自由的氣氛；四、應在所有政策問題皆被提出之後，才開始進入政策問題評估階段；五、在政策概念評估階段結束後，腦力激盪團體應對於每個政策問題的重要性與優先性進行順序排列，並對計畫中的政策問題及可能解決方法加以概念化後，提出議案提案。

腦力激盪法是一種多用途的方法，過程中包括結構與非結構的活動。要如何使用則視分析人員之目的與政策問題的情境的實際需求而定。腦力激盪法的重點聚焦於具有知識的團體，而非在個別的專家。因此，在評估政策問題認定的績效標準，是依據腦力激盪團體成員之間的共識程度與意見一致的程度，不以邏輯上的一致性或過程的合理性。

貳、魚骨圖

問題原因分析的過程仍是擴張與聚斂的觀念。分析時要想更多,藉由擴散思考來激發創造力。擴散思考仍然以腦力激盪法來進行,聚斂思考以特性要因分析圖來歸納。特性要因分析圖是將問題的一切要因,根據因果關係,加以詳細的整理,透過要因圖容易發現改善一切重要因素的道理。本階段的結果是要將明確的事實,以定量的方式或作成圖形表示出來,並重複運用資料分析的技巧,將問題系統區隔到最小的地步。在原因分析階段可運用的工具包括特性要因分析圖(向右魚骨圖),如圖 7-3 所示。

一、向右魚骨圖說明

進行特性要因分析圖是一種說明問題的主要因素與次要因素之間的因果關係圖形。由日本品管專家石川馨博士(Kaoru Ishikawa)所提出的圖表,將所要討論的問題當作魚頭,利用魚骨的架構釐清問題的不同成因,將決策過程「可視化」。因其繪製出的外型與魚骨相似,故又稱之為魚骨圖,用於問題分析的魚骨圖為向右魚骨圖,如圖 7-3 所示。

圖 7-3
向右魚骨圖示例

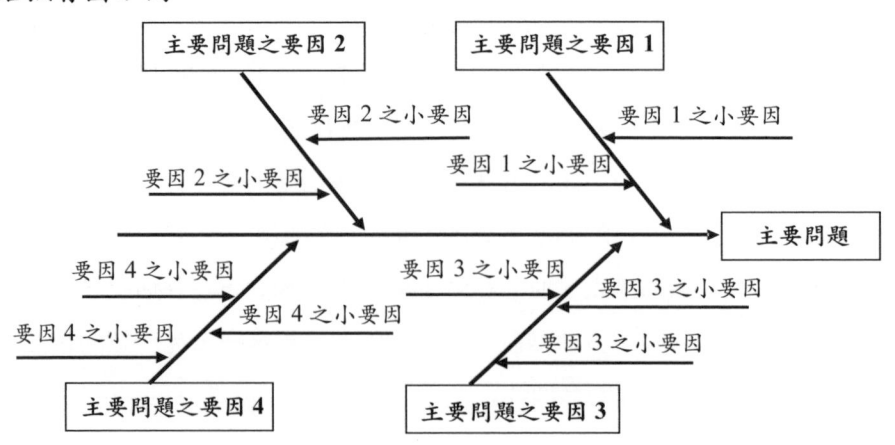

註:引自問題分析與解決(頁18),國家文官學院,2017,薦任升等簡任研習講義。

透過魚骨圖，可以讓參與討論者集中關注內在的問題，而非只著眼於表面的現象，透過魚骨圖可進行廣而深的系統化問題分析，將所有問題全貌都濃縮在一個圖裡，讓全體參與者建立共識。

二、向右魚骨圖的分析步驟

（一）問題癥結：向右魚骨圖最右端標註為主要面臨的問題癥結。

（二）大要因：小組討論並找出造成問題癥結的主要原因（大要因）。

（三）小要因：小組討論並找出造成每一項問題癥結主要原因（大要因）的小要因。

三、繪製魚骨圖應該注意的事項

（一）繪製魚骨圖要把握腦力激盪的原則，讓所有成員表達心聲。

（二）要因的敘述要以名詞加形容詞來說明。

（三）大要因是否足夠及設定的方向正確。

（四）主要因的決定，中要因及其下階之小要因不可同時選定。

（五）列出要因應給予層別化。

（六）繪製魚骨圖，重點應放在「為何有這種原因」。

參、檢核表

檢核表（check sheet）是一種簡便分析法，可查出現場或部門什麼問題最多。它是以淺顯明確的表格來檢核工作事項是否完成，或記錄某些特定的事件所發生的次數，以防止工作有所延遲或遺漏，並可瞭解管制的狀態是否標準與穩定。檢核表是將欲達成的工作事項與目標全部列出來，並列出負責人或單位，以及完成時間，逐一檢視每項工作是否完成、待改進之處。其主要的功能在於避免疏忽與失誤，力求工作任務之圓滿達成。

肆、追根究底法

追根究底法採取一直追問為什麼，即使覺得答案已經很顯而易見了，仍然可以繼續「鑽牛角尖」，問得愈多會讓事件的面貌更清楚，這種方法有助於釐清問題。這種方式適用於只有你自己一個人，沒有經費與人力。依據問題性質，以繪圖法將問題成因逐步縮小，並且剖析出來。

伍、德懷術

德懷術（Delphi Technique）是根據專家的專業經驗，具有專業價值的判斷之方法，透過幾回合德懷術調查，藉以凝聚專家學者的集體共識的諮詢與修正，篩選出重要的政策問題。以下綜合專家學者的看法，對德懷術進一步說明（宋美瑤，2015；吳清山、林天祐，2001；張紹勳，2012；Franklin & Hart, 2007; Uhl, 1990; Winzenried, 1997）。

一、德懷術的特性

（一）採取匿名的群體決策方法，成員不必面對面互動，能在無威脅的情境中自由表達自己的意見，每位決策者能在討論之中充分知道別人的意見，決定是否修正自己的意見。

（二）經有系統的、反覆的實施對內容進行判斷，以及對先前論點的辯護。受訪專家在每回都會被告知上一回問卷裡「自己」和其他受訪專家的統計資料（平均數、中位數、眾數等），受訪專家參考這些回饋資料，再審慎進一步判斷，直到德懷術小組建立共識或意見反應達到某種程度的穩定為止。

（三）假設團體的判斷優於個人的判斷，經常被用來整合專家與決策者意見以建立問題決策模式，有助於對未來的政策問題作預測。

（四）兼顧專家獨立判斷特質的方法，有助於避免少數壟斷或是權威人士對全體決策之影響，較能確保個人的獨立思考、自主性，以及無壓力式的評估。

（五）德懷術的價值在於「專家意見」能縮短「資料到知識」的距離，能

夠得到專家的協助，獲取較具說服力的意見。

二、德懷術的實施步驟

德懷術的實施成功與否的重要因素，包括選定的專家、溝通的技巧和時間的允許。而其實施可歸納為下列幾個步驟，這些步驟可多次重複，直到獲致結論為止，最後的結論可採取眾數或中位數為依據：（一）確定研究主題，然後據以編製問卷，採取結構式問卷較佳；（二）選定專家，請求協助；（三）郵寄問卷給專家，請其表示意見；（四）整理收回問卷，進行綜合歸納，並將整體結果分送給原選定專家，請其參酌整體結果，再次表示意見。

陸、政策問題再現分析法

政策問題再現分析法（What's the Problem Represented to be [WPR]）首先由Bacchi（2009）提出，此方法屬於批判政策學中的後結構主義的分析方法，強調對公共政策中「問題」的再現進行批判性檢視，挑戰主張傳統實證主義取向的政策研究，將政策問題視為固定且自明的觀點，忽略特定環境的脈絡，以及政策分析者自身價值取向對政策詮釋的影響（許仁豪、許育萍，2024；Bills et al., 2024）。WPR方法提供我們一個系統化的批判框架，從社會環境與歷史脈絡、權力關係、多元利害關係人視角，幫助政策分析者深入理解政策問題的複雜性，並促進對政策問題再現的批判性檢視。

Bacchi與Goodwin於2016年在其專書中《後結構政策分析：導論至實踐》（*Poststructural Policy Analysis: A Guide to Practice*）提出政策問題再現分析法七個步驟。政策問題再現法雖然有七個步驟，然而每個步驟均涉及不同的理論取向（如系譜學、論述分析等），因此兩位研究者特別強調，在運用政策問題再現法時，並不需要依序使用完整的七個步驟，而是應依照研究個案與研究問題實際情況需要，調整運用的方式。進一步說明如下（許仁豪、許育萍，2024；Bacchi & Goodwin, 2016）。

一、確定政策問題的再現

在一個特定政策中，研究者需要確定政策文本中所描述的問題是什麼，因此必須對政策文件仔細閱讀和分析，透過打開對某些看似理所當然事物的質疑，去檢驗在政策文件中是哪些現象被問題化，以確定問題是如何被定義和呈現的。此階段所關注的是從「解決方案」開始探討政策中隱含的問題化歷程，揭露政策背後的權力關係和利益關係。

二、檢視政策問題背後的隱含假設

此步驟是在瞭解是哪些假設、未經檢驗的思考方式，或者是哪些知識與論述形塑出特定的問題和問題的可能，促使問題的意義可以被理解。分析在政策中被闡述的、可談論的政策問題，受權力關係與政治網絡的影響。所以此一步驟的任務便是對這些未經檢驗的政策所定義的問題進行批判性分析，並反思問題化可能的意涵與影響，以及挑戰這些假設的觀點之有效性與合理性。

三、分析假設如何影響政策問題的形成過程

第三個步驟在分析政策問題再現形成的過程。此步驟並非是要建立問題發展的歷史軸線，或追溯問題的起源，而是採用傅柯系譜學（genealogy），透過分析特定論述實踐的運作，突顯不同的權力運作關係，確認政策問題的利害關係人，藉以揭開具有權力者影響他人而形成政策問題，打破視為理所當然的政策問題假設。

四、掌握政策問題利害關係人的需求與期望

第四步驟在分析政策問題不同利害關係人的需求與期望。進一步分析「在這個問題的再現裡，有什麼沒有被質疑？哪裡存在被忽略或沉默？這個問題可以用不同方式概念化嗎？」其目的是鼓勵政策分析者進行批判性的思維實踐，透過關注問題再現中的沉默或未問題化的元素來瓦解與重構現有的問題表徵，同時發展出對問題的創新想像，使政策分析或實務者可以瞭解不同實踐將產生

不同政策問題，以及不同治理的形式。主張「每個政策問題皆有多元觀點」。因此，政策研究應關注政策問題是如何被不同的政策行動者設定，以及如何管理不同政策行動者彼此間的競爭。

五、探討政策問題再現的效應

此處的「效應」指的是政治影響，而非政策「結果」。在運用此步驟時，應關注三個面向，即論述效應、主體化效應和生活效應。首先，論述效應聚焦在政策問題再現如何限制和影響特定問題的討論和思考。其次，主體化效應則聚關注主體如何受到政策問題再現的影響，使主體被塑造成特定類型的主體。而生活效應則是論述效應與主體化效應如何轉化為人們日常生活的一部分。

六、考量政策問題替代方案的可能性

第六步驟在分析「問題再現是如何以及在哪裡被製造、擴散和鞏固的？它是如何被打破／替換？或者是它可能被用什麼方式打破／替換？」與第三步驟相似，此步驟強調爭議的存在與可能性，藉以解構與挑戰被視為理所當然的真理。

七、自我省思與批判

每個人皆處於社會環境根深蒂固的知識形式中，受到政治、經濟、社會、文化、科技的影響。因此分析者須要對自己的政策建議進行批判性反思，檢視其背後的假設和潛在偏見，以提出較有效的政策問題的建議。

第四節　教育政策問題形成的原則

依據上述教育政策問題的意義、特性及類型，以及教育政策問題形成的意義、重要性、過程、認定方法之分析，以下提出教育政策問題形成的原則。

壹、重視教育政策問題的認定

教育政策問題認定是政策過程的第一個階段，政策是否能長遠有效解決居於關鍵地位。但目前政策過程實際現況，政策制定者往往忽視政策問題的重要，較熱衷政策問題解決方式，在未釐清政策問題真正核心之處，就急於進行政策規劃與執行，產生問題解決方案僅是「腳痛醫腳，頭痛醫頭」、「治標不治本」的現象，導致無法徹底改善政策的問題。任育騰（2015）研究發現十二年國民基本教育具備教育問題的發生、教育問題的提出、教育問題的採納三個過程，但是，缺乏教育政策問題認定的過程。由於無法掌握政策的核心問題，因此難以提出適當的政策解決方案，影響後續政策的規劃與執行，無法全面與徹底解決十二年國教的錯綜複雜的問題。職此之故，政策制定者對於教育問題的發生，應進行政策問題認定的分析，以掌握教育問題癥結所在，對症下藥，提出較佳與適當的解決方案，以便後續政策的規劃、執行及評估。

貳、以利害關係人觀點運用適當方法進行教育政策問題認定

在公共政策領域中，由於利害關係人與政策問題密切相關，最能瞭解問題所在，一般對問題認定最普遍的方法之一，便是直接向利害關係人詢問（Spicker, 2006）。透過利害關係人觀點所認定的教育政策問題，不僅較為具體實在，也能提高政策制定的合理性及可行性，故決策者在診斷教育問題的性質，進行教育政策問題的認定與分析時，應以政策利害關係人的視野與觀點作為理念基礎，以免失之偏頗，並免除社會大眾不認同政府教育政策的窘境（賴怡樺，2010；顏國樑、任育騰，2014；Dunn, 2018）。利害關係人觀點所認定的教育政策問題之後，選擇適當的問題認定方法，例如：腦力激盪法、魚骨圖、檢核表、追根究底法、德懷術、政策問題再現分析法等，進行教育政策問題的認定。

參、教育政策問題應進行事實與價值分析

政策問題過程，相關利害關係人所提出的問題認定主張需要經過事實與價值的主客觀資訊的批判與檢證，以獲得正確的問題核心。賴怡樺（2010）在利害關係人之問題建構方面發現，利害關係人對於低分上大學之問題建構結果有差異，且其所提出之問題建構主張未必正確，多數並經不起事實與價值檢核。近來教育政策強調權力解放與多元觀點的重要性，與納入多方徵詢之結果，卻往往缺乏實質資料之辯證，而流於論述邏輯的推演與意識型態的抗衡，易產生無解之循環；甚至，未經論證過程檢驗的問題建構或政策主張，更可能因根本錯判情勢與問題，而導致錯誤的決策。因此未來對於重大教育政策宜進行教育政策問題認定，釐清教育政策目標的價值性，對教育政策價值的內涵包括人本、公平、自由、品質、效能、永續等進行分析（顏國樑、宋美瑤，2013），並與事實的證據互相印證，以確保教育政策決策適當合理。此外，對於已實施的教育政策，針對產生的問題，由教育政策研究機構，對於有關之教育政策問題和相關利害人與團體的主張與訴求，可再從教育政策價值角度加以再檢視與考量，配合教育事實證據互相印證，並依據教育問題形成之相關政策學理，進行教育政策問題形成之研究分析，或對現行政策目標進行重認定的研究，妥適修正建構教育目標之後，擬訂適切教育的政策方案。

肆、倡議政策問題進入政策議程並提出政策議題報告書

所謂政策議程係指政府，以及民間社會，如公民、大眾媒體、利益團體、學者專家等，所關注的政策問題（丘昌泰，2022）。任何一個民主政治體系中，政策制定者面對許多利害關係人的意見與問題，但不是所有的意見與問題都能夠順利被政策制定者所接受。因此，教育政策問題如果要獲得改進，可以透過利益團體、大眾媒體凸顯政策問題的重要性，引起政策制定者的關注，以便能夠進入政府的政策議程，才能產生對政策問題實質性的影響與改進。此外，把

公共問題轉變成政策問題的政策分析人員，應提出政策議題報告書（policy issue paper），提供政策制定者參酌，作為是否正式規劃方案以解決該政策問題的依據。至於政策議題報告書通常包括下列幾個項目（吳定，2013a；Dunn, 2018）：一、議題的來源與背景；二、議題受注意的原因；三、解決問題所針對之標的團體；四、利害關係者；五、相關計畫與活動；六、目標與目的；七、績效評估標準；八、議題分析的方法；九、替選方案；十、對議題處理的建議事項。

第七章　教育政策問題形成

問題討論

一、政策分析家指出：「運用有效的方法，解決錯誤的政策問題」，是一種致命的錯誤。請問如何避免這種教育政策問題認定的嚴重錯誤，請提出你的看法？

二、請說明為何教育政策問題形成的重要性？

三、教育政策問題發生之後，如何引起政府關注，並列入政府議程，請敘述你的作法？

四、以十二年國民教育為例，請分析教育政策問題形成的過程？

五、請運用魚骨圖法分析國民中小學學習扶助的問題原因？並提出解決的方式？

六、請運用政策問題再現分析法（WPR）論述雙語教育政策的問題？

七、請針對私立高級中等以上學校退場問題提出一份政策議題報告書？

第八章
教育政策規劃

本章摘要

　　教育政策規劃係指教育政策問題形成之後，政策規劃人員，為有效解決教育問題，採取多種科學方法，廣泛蒐集資訊，並考量環境影響因素，透過合理及縝密的分析，進行可行性評估，提出因應政策問題的具體替選方案、配套措施以及執行措施，以提供教育行政機關選擇與執行，達成教育政策目標的動態過程。

　　教育政策規劃的特性：目標取向、變遷取向、選擇取向、理性取向、集體取向、地域取向。

　　教育政策規劃的分類方式：1.依教育政策問題的性質；2.依教育政策的時程；3.依規劃人員處理問題的途徑；4.依教育政策規劃的層級。

　　教育政策規劃的原則有：1.公平正義原則；2.合理分配原則；3.延續進行原則；4.緊急處理原則；5.開放參與原則；6.尊重差異原則；7.健全教育體系原則；8.證據基礎原則；9.前瞻遠見原則。

　　教育政策規劃的步驟：1.規劃前準備；2.規劃前期作業；3.替選方案；4.政策方案決策；5.細部規劃；6.提出執行計畫；7.政策執行與評估；8.回饋；9.利害關係人。

　　教育政策規劃的可行性分析：1.政治可行性；2.經濟可行性；3.行政可行性；4.法律可行性；5.時間可行性；6.技術可行性；7.環境可行性。

　　教育政策規劃的問題可從四個方面進行分析：1.規劃者本身；2.規劃機關；3.溝通與協調；4.資訊及研究。

教育政策規劃的展望：1.教育政策規劃應本教育專業避免受到政治因素的影響；2.提升教育政策規劃人員的專業素養；3.進行周詳與明確性的教育政策規劃；4.重分配教育政策應採取整體性與長期性的規劃；5.加強與政策利害關係人溝通與協調；6.建構教育政策規劃成效檢核規準；7.加強教育政策規劃的研究。

第一節　教育政策規劃的意義、特性及分類

壹、教育政策規劃的意義

規劃一詞在英文中源自於方案（formula），即以方案來妥善解決公共問題（林水波、張世賢，2012）。所以規劃意指去發展一個計畫、對策或方法，以提供滿足某種需求並解決問題。計畫是已經訂定的政策，而政策規劃則是對政策問題進行未來行動替選方案的動態過程。以下舉出幾位專家學者對政策規劃與教育政策規劃的看法。

Jones（1984）指出，政策規劃係發展一個計畫、方法和對策，以滿足某種需求或解決某種問題的一連串過程。

Anderson（2003）認為，政策規劃是指為解決公共問題所發展具有適切性與社會大眾可接受的可行方案。

翁興利（2004）認為，政策規劃是一種理性的規劃和主觀反應的一種活動過程。詳言之，規劃者為解決政策問題並滿足社會普遍存在的需求，透過團體互動與理性預測分析技術的運用，設計出一組有次序的行動組合，目的在產生所預期的結果與狀態的所有活動。

張芳全（2006a）認為，教育政策規劃是針對教育政策問題，依據嚴謹態度及方法對政策問題提出方案，以便解決教育問題，來達到政策目標的過程。政策規劃步驟應先從教育政策目標著手，接著再設計政策方案，使能從眾多的政策方案選擇一項最適當的計畫方案，來接續執行政策計畫、再追蹤與考核，最後回饋修正方案。

陳輝科（2009）認為，教育政策規劃係指教育政策問題形成之後，為解決問題，採取科學方法，廣泛蒐集資訊，提出因應之具體替選方案、法案、配套措施以及執行措施，並產出未來合法化、執行及評估計畫之動態過程。

林水波與張世賢（2012）認為，政策規劃是指為能付諸行動以解決公共問

題，發展中肯且可接受的方案的動態過程。

綜合以上專家學者的看法，認為教育政策規劃（educational policy formulating）係指教育政策問題形成之後，政策規劃人員，為有效解決教育問題，採取多種科學方法，廣泛蒐集資訊，並考量環境影響因素，透過合理及縝密的分析，進行可行性評估，提出因應政策問題的具體替選方案、配套措施以及執行措施，以提供教育行政機關選擇與執行，達成教育政策目標的動態過程。

貳、教育政策規劃的特性

教育政策規劃的特性如下（翁興利，2004；顏國樑、陳輝科，2009；Mayer, 1985）。

一、目標取向

目標取向為政策規劃最明顯及最重要的特色，決策者為了達到未來期望的情境和狀態，因此所規劃的任何活動皆具目標取向，其包含兩個要件：一是所規劃的未來發展，是現今社會所沒有的；另一是動態的和創新的。

二、變遷取向

變遷取向在說明政策規劃之目的在於設立一些行動或是干預手段，如方案、計畫等，企圖改變現有狀態，以達成所追求的目標，例如：108課綱改變了九年一貫的課程架構。

三、選擇取向

選擇取向係指政策希望追求多重之目標和目的，而許多目標和目的是互相衝突的，但由於政府的資源十分有限，必須妥善處理許多競爭性需求，在許多不同決策方案中選擇其中之一，或者規劃彈性措施以完成目標，例如：常態分班與能力分班的選擇，都有其設立理由，難以截然劃分，因此選擇規劃數學、英文科目可以能力分組。

四、理性取向

理性取向主要在於規劃設立許多標準作為最後決定的基礎，當選擇的結果和設立的標準符合一致時，即可稱為「理性的規劃」。理性的規劃與政治之間的差異，規劃的成敗取決於是否達成目標，是否合乎理性的決策標準。然而在政治上，政策的成敗取決於是否回應利益團體的需求，以獲得選民的繼續支持。事實上，理性必須結合政治考量，規劃與政治的互動對於民主的維護是具有正面價值的。

五、集體取向

集體取向的行動係指不同團體有意採取一致行動，團體包含政府機關（教育行政機關、立法機關等）、利益團體（教師會、家長會、校長協會、基金會等）等。

六、地域取向

政策規劃需要考量地域性，各個地方有其獨特的特性，因此在進行教育政策規劃時，仍必須考量地域性的差異，規劃不同的執行方式或一些配套措施，以減少爭議的發生，例如：教育優先區，對於補助對象考慮本島、離島的經費補助因縣市地域的不同，而給予差異的經費補助。

參、教育政策規劃的分類

依據教育政策規劃的角度，將教育政策規劃的分類說明如下（朱志宏，2019；吳定，2005；林水波、張世賢，2012；張芳全，2006a；顏國樑、陳輝科，2009；謝文全，2022）。

一、依教育政策問題的性質為標準

依據教育政策問題可分為：學前教育問題、初等教育問題、中等教育問題、高等教育問題、特殊教育問題、原住民族教育問題、實驗教育問題、新住民教

育問題、社會教育問題、終身教育問題等，針對這些問題進行規劃，可分為學前教育政策規劃、初等教育政策規劃、中等教育政策規劃、高等教育政策規劃、特殊教育政策規劃、原住民族教育政策規劃、實驗教育政策規劃、新住民教育政策規劃、社會教育政策規劃、終身教育政策規劃等。

二、依教育政策的時程為標準

教育政策規劃具有未來取向，政策規劃要能與時間配合。通常將政策規劃分為長程規劃、中程規劃、近程規劃三種，也有僅分為長程規劃與近程規劃二種。多數學者認為長程規劃為七年以上；中程規劃為四至六年；近程規劃為一至三年。

三、依參與教育政策規劃的人員為標準

依參與教育政策規劃的人員為標準可分為：（一）教育行政人員的規劃；（二）教育立法人員的規劃；（三）利益團體的規劃；（四）教育專家學者的規劃。

四、依規劃人員處理問題的途徑為標準

依規劃人員處理問題的途徑為標準可分為：（一）漸進途徑的規劃；（二）理性途徑的規劃；（三）主觀途徑的規劃。

五、依教育政策規劃的層級為標準

依教育政策規劃的層級為標準可分為：（一）中央層級：如十二年國民基本教育的政策規劃；（二）地方層級：如北北基一綱一本自辦基測的政策規劃；（三）學校層級：如某國小百年校慶慶祝之政策規劃。

第二節　教育政策規劃的原則與步驟

壹、教育政策規劃的原則

教育政策規劃並非依據教育行政機關首長個人經驗與意志完成規劃，而須依循規劃原則，以促進教育政策順利執行，以及提升執行成效。教育政策規劃的原則如下：（王玉麟，2009；丘昌泰，2022；吳定，2005；陳輝科，2009；翁興利，2004；張芳全，2006a；Anderson, 2003; Dye, 2007; Kaplan, 1973）。

一、公平正義原則

公平正義原則是指政策規劃對各標的團體皆公平的對待，且除了符合水平公平（相同特性給予相同待遇）、垂直公平（不同特性給予不同待遇）及代間公平（上一代與下一代共同分擔）之原則外，更須符合機會公平，即對弱勢者給予最大的保障，方能真正符合公平正義的原則，如教育優先區計畫及學習扶助計畫即是基於公平正義之原則。

二、合理分配原則

合理分配原則係指對教育資源、教育經費及標的團體影響程度皆有合理的分配，即對各級教育，例如：初等教育、中等教育等及各類教育，特殊教育、家庭教育、終身教育等，能合理的分配教育資源及教育經費等。

三、延續進行原則

延續進行原則係指政策規劃人員在進行規劃時，應考量政策的延續性，從過去、現在與未來的角度，考量政策的可行性，不應受行政首長或政黨輪替的影響，而有「人存政舉、人去政息」的情形發生。

四、緊急處理原則

緊急處理原則係指進行教育政策規劃時，應斟酌各類教育問題的輕重緩急，

列出處理之優先順序，並對重要緊急的問題優先處理，例如：國中升高中職或新住民子女教育為當前最重要且須緊急處理的教育問題之一，而列為優先處理的教育政策。

五、開放參與原則

開放參與原則係指教育政策規劃時，應盡量考量讓各相關利益團體皆能參與，方能蒐集思廣益及減少爭議，例如：課程綱要的規劃應考量學者專家、教育行政機關人員、學校行政人員、教師、教師會、家長會、學生的代表等，以利蒐集各方意見，訂定較周全的課程綱要。

六、尊重差異原則

尊重差異原則是指不同的對象或地區應有不同的教育政策待遇，進行教育政策規劃時，應積極考量人員的差異性（如特殊教育、原住民教育、新住民教育等）及地區的差異性（如離島、山區、平地、市區或其他特殊地區），使所規劃的政策滿足不同的需求。

七、健全教育體系原則

健全教育體系原則是指規劃應建立完善的規劃體系，包含：（一）制度面：如建立專責規劃單位、機構、人員、資料庫及明確的法律；（二）體系面：如建立長、中、短程之完整規劃體系。

八、證據基礎原則

證據基礎原則是指政策規劃應以科學的方法所建立的證據可信度為前提，以提升教育政策規劃的品質與立論基礎，並減少社會輿論的批評與反對，例如：要培育多少中小學師資，應建立長遠之人口結構的數據，以作為規劃與執行的依據。

九、前瞻遠見原則

前瞻遠見原則係指規劃者應有前瞻性的思考與創新的規劃，並且能順應內外環境的變化，而有適當的調適與彈性作法，方能掌握未來可能發生的問題，而預為綢繆並防患未然。

貳、教育政策規劃的步驟

教育政策規劃係一種動態的活動過程，因而有一定的流程與步驟。Mayer（1985）指出，政策規劃的步驟依序為：決定政策目標、評量需求、陳述政策目的、設計多種政策備選方案、檢視政策方案結果、選定政策方案、政策方案的實施與管制程序、政策評估。張芳全（2006a）指出，教育政策規劃步驟為確認教育問題、設定教育議題、審議教育方案、評估教育政策。陳輝科（2009）提出教育政策規劃有七個步驟，加上政策規劃的回饋系統，以及強調政策規劃過程應參酌政策利害關係人的意見，是較為周詳的教育政策規劃的步驟。教育政策規劃七個步驟，如圖 8-1 所示，包括：一、規劃前準備階段；二、規劃前期作業階段；三、替選方案階段；四、政策方案決策階段；五、細部規劃階段；六、提出執行計畫階段；七、政策執行與評估階段；八、回饋；九、利害關係人。

圖 8-1
教育政策規劃的步驟

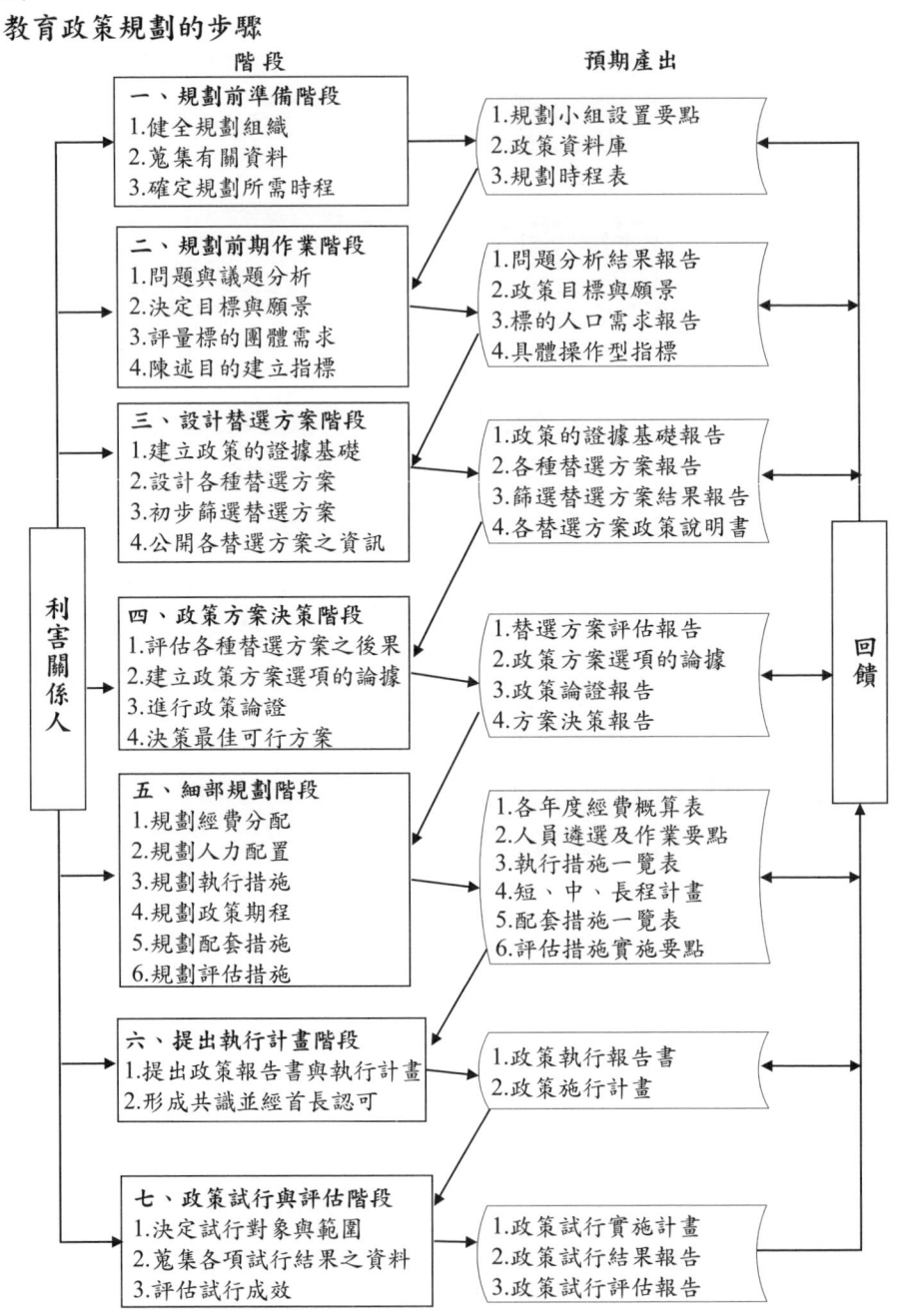

階段	預期產出
一、規劃前準備階段 1.健全規劃組織 2.蒐集有關資料 3.確定規劃所需時程	1.規劃小組設置要點 2.政策資料庫 3.規劃時程表
二、規劃前期作業階段 1.問題與議題分析 2.決定目標與願景 3.評量標的團體需求 4.陳述目的建立指標	1.問題分析結果報告 2.政策目標與願景 3.標的人口需求報告 4.具體操作型指標
三、設計替選方案階段 1.建立政策的證據基礎 2.設計各種替選方案 3.初步篩選替選方案 4.公開各替選方案之資訊	1.政策的證據基礎報告 2.各種替選方案報告 3.篩選替選方案結果報告 4.各替選方案政策說明書
四、政策方案決策階段 1.評估各種替選方案之後果 2.建立政策方案選項的論據 3.進行政策論證 4.決策最佳可行方案	1.替選方案評估報告 2.政策方案選項的論據 3.政策論證報告 4.方案決策報告
五、細部規劃階段 1.規劃經費分配 2.規劃人力配置 3.規劃執行措施 4.規劃政策期程 5.規劃配套措施 6.規劃評估措施	1.各年度經費概算表 2.人員遴選及作業要點 3.執行措施一覽表 4.短、中、長程計畫 5.配套措施一覽表 6.評估措施實施要點
六、提出執行計畫階段 1.提出政策報告書與執行計畫 2.形成共識並經首長認可	1.政策執行報告書 2.政策施行計畫
七、政策試行與評估階段 1.決定試行對象與範圍 2.蒐集各項試行結果之資料 3.評估試行成效	1.政策試行實施計畫 2.政策試行結果報告 3.政策試行評估報告

左側貫穿各階段：利害關係人
右側貫穿各階段：回饋

註：引自地方教育行政機關教育政策規劃之研究〔未出版之碩士論文〕（頁67），陳輝科，2009，國立新竹教育大學。

第三節　教育政策規劃的可行性分析

重大教育政策進行規劃時，應該針對教育政策方案進行可行性評估，在政策實施之前，掌握可能產生的困境再規劃改進，避免政策規劃與執行產生落差。進行教育政策規劃可行性分析有下列幾方面（林水波、張世賢，2012；林天祐、謝惠如，2005；陳輝科，2009；顏國樑、葉佐倫，2022），並以十二年國教為例子來說明。

壹、政治可行性

政治可行性（political feasibility）係指，政策方案在政治方面受到支持的可能性如何，至少包括下面這些支持因素：一般人民、標的團體或人口、行政首長、意見領袖、政黨、利益團體、大眾傳播媒體、民意機構等。一般而言，政策分析家非常重視政治可行性，因為政治是對於社會價值權威性的分配，所以對政策發展的每一個階段都會有不同程度的影響。一個完整的政治可行性應包含四個面向：列出政策利害關係人、分析利害關係人的動機與信念、評估參與者的資源、選擇政策的決策機關（國家文官學院，2023；Weimer & Vining, 2014），例如：立法委員、行政機關、政黨、教師會、學術團體，對於十二年國教的性質、學費政策、入學方式等，都提出不同意見，而影響法條的內涵（立法院，2022；吳清山，2022a、2022b）。

貳、經濟可行性

經濟可行性（economic feasibility）係指，執行政策方案時所需要的一般性資源與特殊性資源的可得性如何。一般性資源指金錢預算而言，特殊性資源指專業性人力、物材、相關資訊等，成本效益分是常用的一種方法（Cost Benefit Analysis [CBA]），例如：十二年國教的學費政策由全部免費到一定條件免費的轉折，如果當時能夠進行詳細經費可行性分析，以數據較能說服立法委員經費

是足夠的,並符合國民教育的基本特性(立法院,2022;吳清山,2022a、2022b)。

參、行政可行性

行政可行性(administrative feasibility)係指,行政機關及其能力是否足以承擔政策方案的執行工作。行政能力涉及績效、結構、環境三項變數的互動關係。詳言之,行政可行性通常需要注意:一、管理階層人員的情況;二、執行人員的素質;三、執行機關的內部結構;四、管理技術的使用情形等因素;五、執行機關的安排;六、外部聯繫情況等,例如:十二年國教需要分析教育部與地方及學校執行機關的溝通合作情形,以及教育行政人員與學校執行意願與能力等(顏國樑,2015)。

肆、法律可行性

法律可行性(legal feasibility)是指,政策方案在執行時,能否克服法規方面的障礙。是否違反法律規定?是否受到法規限制?是否制訂新法規或修改舊法規?是否不涉及法律,只須行政命令即可實施。十二年國教為資源重分配政策,涉及人民權利與義務,因此必須制定法律作為政策執行的依據(顏國樑、葉佐倫,2024)。

伍、時間可行性

時間可行性(time feasibility)是指,從時間幅度考慮政策方案執行的可能性如何而言,包括政策方案規劃的研究發展時間、政策方案執行所需的時間、政策方案產生預期後果所需的時間。每項政策執行所需的時間均不相同,視政策的性質、內容、內外環境等不同因素,而有不同的期程,且時間的預測經常有其困難度,例如:顏國樑(2014b)研究發現,教育行政人員與國中教師皆認為「十二年國教」政策規劃問題最大的是政策規劃受到時間壓力,導致規劃過

於倉促。這是因為十二年國教政策在政策類型上係屬於資源重分配政策，涉及範圍廣泛複雜。

陸、技術可行性

技術可行性是指（technical feasibility），是否有足夠的技術知識與能力，以執行政策方案。在專業知識上，應考量：專業知識的權威性、專業知識的發展水準、專業知識的認知差異。顏國樑（2015，2016）的兩個對十二年國教的執行與評估方面的研究發現，免試入學與特招考試入學的技術性問題，例如：比序方式、免試入學與特招考試入學時間先後、寫作項目納入比序、特招考試入學方式、免試入學超額比序等技術性問題，影響十二年國教的順利推動。

柒、環境可行性

環境可行性（environment feasibility）是指，政策方案如欲付諸執行，能否克服環境的限制。環境可行性可從兩層面加以解釋，一種為自然環境上的可行性，係指政策的規劃與執行能否克服自然環境上的限制，即不能與環境保護相衝突而違反相關規定。另一種是指社會環境上的可行性，即社會中的民眾、文化是否能夠接受這樣的政策等，例如：十二國教實施免試入學，但實際上仍需要依據會考成績，顯示名不符實的現象，一般社會大眾較難接受（顏國樑、葉佐倫，2022）。

第四節　教育政策規劃的問題與展望

壹、教育政策規劃的問題

教育政策規劃過程受到許多因素的影響，因此產生教育政策規劃的問題，以下從四方面加以說明（吳定，2005；翁興利，2004；湯絢章，1993；顏國樑，

2014b；顏國樑、陳輝科，2009）。

一、規劃者本身

一項政策需要有人或團隊擔任規劃的工作，提出計畫供討論與決策的參考。因此，政策規劃者乃政策規劃成敗的關鍵因素，其缺失通常包含：（一）規劃所需的專業知識與技術不足；（二）菁英規劃模式往往僅透過規劃者的經驗與知能進行規劃，未發揮諮詢集思廣益的功能，常遭受閉門造車的批評；（三）規劃方式墨守成規，缺少創新性與突破性；（四）規劃時缺乏整體性與前瞻性眼光，常有「頭痛醫頭、腳痛醫腳」之譏；（五）無法認清當前政策問題的困難；（六）常受到其他政治因素的影響。

二、規劃機關

政策規劃需要有負責的機關，規劃機關亦是政策規劃成敗的關鍵因素之一，其缺失通常包含：（一）缺乏充足的規劃人才；（二）決策者未尊重規劃人員的專業知識；（三）強調上下指揮監督及缺乏延續性的組織文化；（四）政策管考重疊，且未必能提升規劃品質或政府效能；（五）未能建立完善規劃體系，致政策缺乏系統性與連貫性；（六）主管更迭頻繁，多以短期解決問題模式規劃，缺乏長期規劃。

三、溝通與協調

任何政策都會影響許多人，需要規劃的政策讓利害關係人瞭解，不能閉門造車進行規劃。因此溝通協調也常是政策規劃成敗的關鍵，其缺失包含：（一）本位主義及意識型態作祟，造成機關之間與機關內缺乏有效溝通及協調；（二）缺乏有效的溝通管道，且溝通參與者常未包括實際決策者；（三）未充分考慮標的團體的需求，致遭受標的團體的抗拒；（四）政策規劃與研究過程資訊公開缺乏，不利標的團體瞭解。

四、資訊及研究

完善的教育政策規劃應以充分的資訊為基礎，並進行研究，以提供各項證據，作為政策選擇決策的參考。在資訊及研究上常有下列缺失：（一）缺乏縝密研究，政策規劃與研究缺乏連結；（二）未能設計充足的替選方案；（三）普遍缺乏方案評價與評估工具，未能長時間的追蹤政策發展；（四）可行性研究不足，影響執行成效；（五）未能建置完整的政策資料庫，缺乏跨國政策的深入比較與研究，以致規劃人員缺乏充分資訊。

貳、教育政策規劃的展望

鑑於教育政策品質的優劣乃教育實施的成敗關鍵所在，故在政策執行前的周詳的規劃，關係日後教育品質良窳。以下提出幾項闡述教育政策規劃的展望（王子裕文，2011；吳定，2005；張芳全，2006a；鄭國泰、謝金青，2007；顏國樑，1997、2014b）。

一、教育政策規劃應本教育專業避免受到政治因素的影響

教育政策的規劃常受到政治的因素的影響，包括：政治制度、政黨因素、政治文化、總統選舉政見、立法院法律修正案、施政質詢等狀況被認為影響較大。當然政策規劃要完全不受政治的影響是不可能的，但教育政策規劃人員宜根據教育本質進行周詳的規劃，避免偏於教育政策目標，導致政策規劃與執行的偏差與失敗。因此，教育政策方案在經過審慎周詳規劃之後，決策者應避免太過遷就政治因素，應根據政策在於實現培養五育均衡發展的全人教育，能提高教師教學的品質與效能，提升學生學習才是教育目的。

二、提升教育政策規劃人員的專業素養

教育政策規劃的優劣取決因素在於「人」，政策規劃人員對於政策規劃的理論與概念必須清楚明確並且貫徹執行，不可有個人的偏好、意識型態、行政

官僚、本位主義與政黨傾向之左右偏頗，以免導致形成過於倉促或選擇錯誤的政策，造成國家社會與大眾權益的損失。至於提升教育政策規劃人員的專業素養如下（顏國樑，2014b）：首先，政策規劃人員應瞭解政策規劃的理論與概念，建立政策規劃正確理念。其次，政策規劃人員應研習政策方面相關的專業知能，進行政策問題認定，確認政策真正問題所在，以及規劃時應納入教育現場之教育人員，聽取相關問題資訊，以期能規劃適當方案，真正解決教育問題。另外，大學校院開設政策規劃理論與實務課程，並加強教育行政與政策規劃人員在職進修或辦理工作坊，以提升政策規劃人員專業素養。

三、進行周詳與明確性的教育政策規劃

教育政策本身的因素，包括政策目標的建立、實施期程、政策問題的認定、政策方案的訂定、政策執行標準、評估對教育政策規劃影響頗大。因此，教育政策的規劃應具有周詳與明確性。在作法上，首先，應成立教育政策規劃與諮詢小組，建立長期性、系統性與整體性的規劃。其次訂定實施政策的法源依據與穩定的經費預算來源。再者，建立管理考核系統，進行政策規劃可行性評估。此外，選擇若干就學區先行試辦，以作為修正政策的參考。

四、重分配教育政策應採取整體性與長期性的規劃

重分配性教育政策之目的，在於針對某些社會階層或種族團體重新調整或分配財產、幸福、權力或某種價值。政策在執行過程的爭論和衝突的程度、標的團體反對執行人員決策的程度必然較高。如過去自學方案係屬於資源重分配性的政策，自學方案的推動，不只是國中階段的教育政策，其牽涉高中、高職及大學階段的教育，這些階段的教育如果無法配合改變，則自學方案便難以克竟其功。在配合措施方面，單靠自學方案的實施，是無法徹底解決國中教育的問題，必須配合其他的教育改革方案，如高中職的改革方案、大學教育的改革、教師素質的提升、課程教材的改進、教學方法的革新、進路輔導的加強等（顏

第八章 教育政策規劃

國樑，1997）。因此，教育是一種開放性的系統，教育問題經緯萬端，牽涉範圍廣泛，像自學方案入學方式、108課綱、十二年國教等涉及資源重分配的教育改革，應採取整體性及長期性的規劃，持續不斷的執行，才可能達成政策的目標。

五、加強與政策利害關係人溝通與協調

教育政策政策規劃能夠與政策利害關係人良好溝通與協調，有助於有較佳的政策規劃結果。如何加強與政策利害關係人溝通與協調。在作法上，首先，應加強內外、上下、平行單位與人員之間的溝通協調工作，並以整體性與前瞻性的眼光進行規劃。其次，應與教師、學生、家長、學校行政人員、縣市教育行政人員等利害關係人充分溝通，廣泛蒐集問題資訊。第三，應考量利害關係人的需求，以降低其抗拒。第四，建立溝通管道，縮小教育部與縣市教育局／處、學校之間對政策規劃的分歧意見。第五，建立相關資訊網站平台，公開政策規劃相關資訊，並建立意見反映回饋機制。

六、建構教育政策規劃成效檢核規準

教育政策要能達到其施政目標，教育政策規劃要能確實落實，則有必要追蹤政策運作過程的成效。教育政策規劃成效可以透過下列五項加以檢核，包括（顏國樑，1997）：（一）政策規劃的需求性：亦即政策本身的必要性，越需要解決的問題，越需要深入的規劃；（二）政策規劃的可行性：可針對政策的政治、經濟、技術、時間、法律、行政等方面進行可行性分析；（三）政策規劃的合理性：政策是否具有一致性、連貫性，並有效解決問題的癥結，使得政策得以受到一般社會大眾所接受；（四）政策規劃的有效性：必須在政策目標與權責的界定、政策執行的具體規準，以及政策成效之評鑑標準，配合社會脈動，不斷進行評估；（五）政策規劃的周延性：政策規劃能夠面面俱到，從政策目標、政策問題、政策資源、經費分配、政策執行人員，以及權責機關等相關環節，將政策規劃的各個層面細節周詳的考量。

七、加強教育政策規劃的研究

　　目前對於教育政策規劃的研究，大多集中在公共政策研究，針對教育政策規劃的研究仍不多，有待開拓此領域的研究。其作法包括：（一）進行教育政策規劃的需求性、可行性、合理性、有效性、周延性指標之研究；（二）探討台灣與國外教育政策規劃個案研究，再匯集個案研究變成教育政策規劃的原則；（三）擴大教育政策計畫研究的範圍，除了教育部與地方教育行政機關之外，擴及大學、高中職、國中、國小各教育階段的教育計畫；（四）除了借用公共政策的政策規劃理論與模式之外，宜依據我國環境脈絡，建立本土化教育政策規劃理論與模式。

第八章　教育政策規劃

問題討論

一、目前的年金改革,規定國中小學教師要 65 歲才能退休,請你針對此項政策,從政策規劃可行性(政治上、經濟上、行政上、技術上、法律上)進行可行性評估?

二、108 課綱已發布教師要進行公開授課,如果將此項政策妥善加以規劃據以實施,要考慮那些因素,才能讓此項政策規劃周詳可行?

三、你認為一位好的教育政策規劃者要具備那些專業素養?並說明如何提高教育政策規劃人員的專業素養?

四、請舉出一項教育政策為例,並分析該項教育政策是否符合教育政策規劃的原則?

五、請舉出一項教育政策為例,從教育政策規劃者本身、規劃機關、溝通與協調、資訊及研究分析規劃產生的問題?如何改進?

六、政府宣布未來全台中小學將全面安裝冷氣,目標是「班班有冷氣」,你覺得這項政策的可行性高嗎?在政策規劃時需考慮那些因素?

第九章
教育政策合法化

本章摘要

　　教育政策合法化係指教育行政機關或民意機關將某項教育政策完成法定程序並取得正當性，制定成教育法律或訂定教育命令的動態過程。其目的在藉助教育法令所具備的強制性與約束力，保障教育實施的品質，確保教育相關人員權益，促進教育政策的順利推動，有效達成教育政策的目標。

　　教育政策合法化與教育政策的關係：1.教育政策合法化結果呈現的形式包括教育法律與教育命令；2.教育行政機關可基於法規命令授權或基於機關的職權而訂定法規命令或行政規則。教育政策合法化與教育政策的區別，可從幾方面來分析：1.範圍；2.表現形式；3.穩定性；4.強制性；5.制定的主體。

　　教育政策合法化的重要性有：1.作為執行教育政策的規範與依據；2.促進教育理念的具體化與落實；3.保障教育實施的品質與導引教育發展的方向；4.確保組織與經費來源以促進教育改革的成功。

　　教育政策合法化的原則有：1.應符合行政法的一般法律原則；2.教育法規內容應以實現教育基本法的本質與原則；3.保障學習者的學習權與受教育權利為中心；4.適當規範參與者的權利、義務及相互關係；5.適時修正或廢止法令以因應社會環境的變化。

　　教育法律方面的合法化過程包括：1.提案；2.一讀會；3.審查會；4.二讀會；5.三讀會；6.公布。

　　教育政策合法化的問題有：1.教育行政機關立法的作業準備不周；2.社會民眾參與教育立法的制度有待改善；3.教育立法過程人員參與不夠多元化與資訊不

夠公開化；4.學術專業團體對教育立法的影響力不大；5.地方教育行政機關的教育法制有待加強；6.學校組織與運作法制化有待建立；7.教育合法化方面的研究尚待開發。

教育政策合法化運作的展望有：1.教育法案的立法應有整體性與周詳性的規劃；2.加強教育行政人員教育法制方面的專業素養；3.聘請專業人員參與教育法案的研擬與進行影響評估；4.教育立法過程人員參與多元化與資訊應公開化；5.對教育法案適用對象行銷以廣為週知；6.提升地方教育行政機關與學校的教育法制品質；7.建立民眾參與教育政策合法化的制度；8.提升立法機關的立法品質與效率；9.學術團體或專家學者應主動發揮教育專業的影響力；10.拓展教育政策合法化不同的研究取向。

第一節　教育政策合法化的基本概念

壹、教育政策合法化的意義

Jones（1984）認為，在任何政治系統中，均存在著兩種層次的政策合法化：第一層次合法性（legitimacy），為政治系統取得統治正當性的過程；第二層次合法化（legitimation），為政府政策取得合法化地位的過程。其中，合法性是合法化的基礎，當組織大多數的成員支持政治系統中的體制，此政治系統即擁有合法性。因此，在民主法治的國家的教育政策必須在具有「合法性」的機關完成「合法化」程序後，教育政策才能為社會大眾接受而實施。

張芳全（2000）認為，政策需要取得法定地位，這些法定地位，例如：教育行政機關提出教育法案、教育預算及教育政策與教育法令，都需教育行政機關一定程序的研議及討論，隨後提報民意機關或相關單位審議，尤其是民意機關審議、討論及質詢，經過立法三讀，再呈請國家元首公布，是為教育政策法制化。

陳加再（2002）認為，教育政策合法化是指教育法律制定之政策合法化，也就是中央主管教育行政機關教育部，基於憲法或法律之授權或本於職權所擬訂之教育法律案，經完成教育部內部一定程序陳報行政院審議和轉送立法院，並經立法院院會三讀通過後，由總統公布施行之教育法律制定的政策合法化過程。

林純雯（2006）認為，教育政策合法化係指教育法律制定而言，又稱教育政策立法，是教育政策完成法定程序並取得正當性，以獲取人民認可與支持的動態過程。其目的在藉助教育政策法律所具備的強制性與約束力，達成教育理念的具體呈現，以確保教育相關人員權益，提升教育組織運作的有效性。

綜合上述專家學者的觀點，所謂教育政策合法化（educational policy legitimation），或稱教育政策法制化、教育政策立法，係指教育行政機關或民意機關

將某項教育政策完成法定程序並取得正當性，制定成教育法律或訂定教育命令的動態過程。其目的在藉助教育法令所具備的強制性與約束力，保障教育實施的品質，確保教育相關人員權益，促進教育政策的順利推動，有效達成教育政策的目標。廣義來說，教育政策合法化結果呈現的形式包括教育法律與教育命令，狹義來說，則是指教育法律。教育政策合法化的意義再深入分析有下列的內涵（顏國樑，2014a）：

一、從狹義來分析，教育政策合法化指教育法律的制定過程。一般來說，是指中央教育行政機關教育部，基於憲法、法律或職權，將某項教育政策擬定成教育法律條文，經教育部內部研議與討論程序，報請行政院審議後，送請立法院經過三讀通過，並由總統明令公布實施的立法過程。

二、從廣義來分析，教育政策合法化包括教育法律與教育命令，除了教育法律要經過立法院三讀程序與總統公布實施的過程之外，教育行政機關可基於法規命令授權或基於機關的職權而訂定法規命令或行政規則，此種教育命令由教育主管機關發布或送行政院核定後發布。

三、教育命令包括中央與地方，中央係指教育部，地方教育政策合法化係指直轄市或縣市某項教育政策訂定成教育法規（包括自治條例與自治規則）的立法過程。自治條例需要經過直轄市或縣市立法機關通過，並由各該機關公布。

四、教育政策合法化提案單位包括教育行政機關與民意機關。教育行政機關包括教育部、直轄市與縣市教育局／處；民意機關包括立法院立法委員與直轄市、縣市的議員。

五、在合法化過程中不僅重視形式上的合法化過程，更強調合法化過程能反應社會民眾、團體的需求，以及理性的溝通、討論及共識。

六、教育政策合法化的目的，在藉助教育法律的強制性與約束力，作為推動教育政策的依據，讓教育理念或願景具體化，以保障教育實施的品質，確保教育相關人員權益，以達成教育政策的目標。

貳、教育政策合法化與教育政策的關係和區別

重大的教育政策，應以法律的形式呈現，可避免行政機關之專擅，且較具有穩定性。參考《中央法規標準法》（2004）第 5 條規定，各機關應以法律制定事項，教育事務應以法律形式呈現的範圍包括：一、憲法或法律明文規定，應以法律規定的教育事項；二、有關人民之教育的權利；三、關於國家各教育機關組織；四、其他重要教育事項應以法律定之。但有些非關係到人民重要權利義務的教育政策，則以教育行政命令形式發布即可。以下分別說明教育政策合法化與教育政策的關係和區別。

關於教育政策合法化與教育政策的關係說明如下（顏國樑，2014a），如圖 9-1 所示。

圖 9-1
教育政策與教育政策合法化的關係

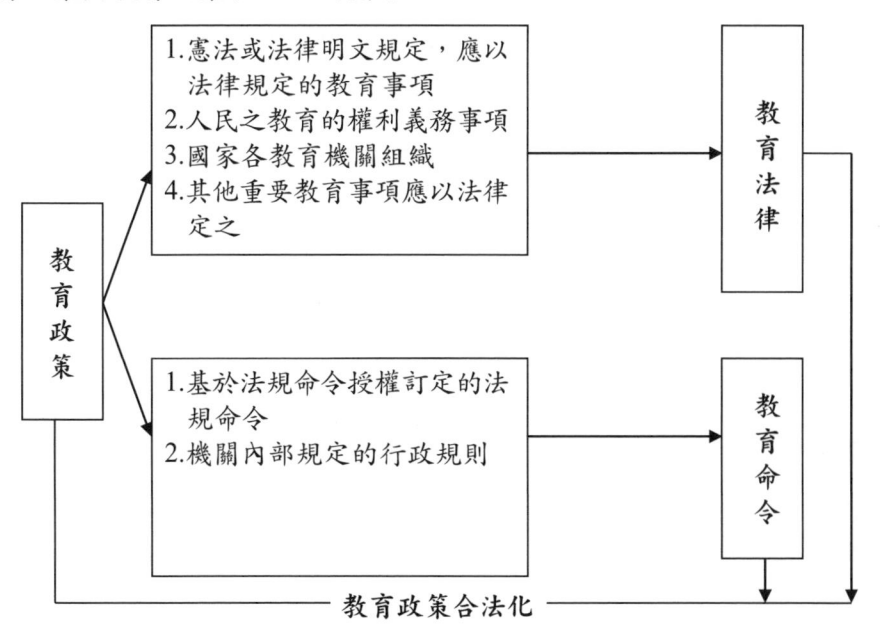

```
                 ┌─ 1.憲法或法律明文規定，應以
                 │    法律規定的教育事項
                 │  2.人民之教育的權利義務事項      ─→ 教育法律 ─┐
                 │  3.國家各教育機關組織                          │
                 │  4.其他重要教育事項應以法律                    │
教育政策 ─┤        定之                                          │
                 │                                                │
                 │  1.基於法規命令授權訂定的法                    │
                 │    規命令                     ─→ 教育命令 ─┤
                 └─ 2.機關內部規定的行政規則                      │
         └─────────── 教育政策合法化 ───────────────────┘
```

註：引自教育政策合法化理論與實務（頁 10），顏國樑，2014a，麗文。

一、教育政策合法化結果呈現的形式包括教育法律與教育命令。教育政策屬於較重大的政策（如有關人民教育的權利義務、法律明定、重要教育事務）等，由行政院提出教育法律草案，經過立法院三讀的立法程序，而制定成教育法律。

二、教育行政機關可基於法規命令授權或基於機關的職權而訂定法規命令或行政規則，此種教育命令由教育主管機關發布或送行政院核定後發布。

關於教育政策合法化與教育政策的區別，從下列幾方面說明（顏國樑，2022）。

一、範圍

通常教育政策的範圍比教育政策合法化廣泛，有一部分教育政策經過一定的程序制定為教育法規，但有些教育政策沒有制定成為教育法規，這些沒有制定成教育法規的教育政策，仍是教育行政機關推動教育的依據。

二、表現形式

教育合法化有其表現的特定形式，例如：法、條例、細則、辦法、規程、綱要、標準、準則等，通常這些形式可以把教育政策變成條文化、具體化。而教育政策除了以法律與法規命令表現形式外，還有以計畫、方案、措施、公文通知、會議的結論等行政規則方式表現。

三、穩定性

教育政策合法化與教育政策都具有穩定性，但程度不同。教育政策合法化如果是教育法律，其制定或修正，皆要經過相當嚴謹的程序。教育政策具有時間性、導向性等特性，會因不同的教育部長，推動教育政策的優先次序常有不同，如與經立法程序的教育政策比較，可說是較不穩定的教育政策，會因機關首長的更迭而改變。

四、強制性

教育政策可透過教育行政與學校系統去推動，但只有經過合法化程序的教育政策，才能有較大的強制性手段來實現。由於教育政策合法化後具有強制性，可做為推動教育政策的法源依據，設立組織與編列經費，保障教育政策實施的品質等，教育政策的推動較能成功。

五、制定的主體

教育法律大多由教育部提出，送行政院審議後，並經過立法院三讀會的立法程序通過，再送總統明令公布，才能據以實施。但教育政策除了教育法律需要上述的程序外，其餘可逕由教育部開會審議後實施，或由行政院核定後發布實施。

第二節　教育政策合法化的重要性與原則

壹、教育政策合法化的重要性

教育法令是教育政策合法化的具體表徵，影響政府教育的施政作為、資源分配，以及關乎教育品質的良窳。在多元開放、民主法治的社會中，政府的一切施為，都必須依法行事。因此，教育政策都必須有教育法令作為實施的規範，據此顯現教育政策合法的重要性，其重要性說明如下（丁志權，2020；吳志宏，1995；李惠宗，2014；顏國樑，2014a，2022；謝文全，2022）。

一、作為執行教育政策的規範與依據

在民主法治的社會國家中，民主政治的特質之一是法治政治。就教育法令的性質而言，具有公法、行政法及規範性的性質，而且教育法令屬於規範性的法規，較少有強制性的規定（李惠宗，2014；顏國樑，2022）。教育政策或活動都必須有法令作為推動的依據，不能僅靠決策者的意志來執行。否則，往往

無法源基礎，造成民眾對政策的質疑。尤其，攸關人民的權利義務範圍，應該制定成教育法律。因此，在民主開放社會中，教育政策的執行，都應先經過政府機關立法的行政運作過程，以獲得法源依據，然後才進行教育政策的推動，如無法源授權，不僅經費編列有問題，往往造成社會大眾的質疑，產生違法而失敗。

二、促進教育理念的具體化與落實

社會上任何人都可提出許多教育理念，闡述他的教育想法，但教育理念如果不能轉化為具體措施實際去推動，將無法實現，則僅是紙上談兵，空中樓閣而已，無法實現其教育理念。而教育法令是教育理念具體化的表現，透過教育法令可將教育理念，以具體可行的方式明文規定於法律、規程、綱要、標準等之內，俾使教育人員有清楚可行的明確方向，促進教育目標的有效達成，例如：實驗教育在台灣從民間興起，到後來政府制定實驗三法，便是將實驗教育理念制定教育法規，彰顯教育理念的具體化與落實的例子。

三、保障教育實施的品質與導引教育發展的方向

教育法令的內涵包括（顏國樑，2014a）：（一）教育組織的法規：此類法令具有規範教育組織的功能，提供組織最基本有效運作的條件要求；（二）教育人員的法規：提出教育工作者任用的基本條件和專業化的要求；（三）教育活動內涵的法規：在各級學校方面訂頒有關組織運作的法規，以利教育運作的需要與功能。由上可知，在消極方面，法規設定最低的條件限制，提供教育活動最起碼的標準要求，保障教育實施的品質；在積極方面，法規導引教育活動的發展方向，也提供教育發展的目標。

四、確保組織與經費來源以促進教育改革的成功

在一個民主法治的國家，「合法化」是政策過程必經的一個歷程；經過立法機關合法化的教育政策，較能獲得社會的共識，付諸實施時，才會比較順利。

一般說來，教育法令大多會規範組織、人員、運作方式，可確定執行的組織機關與人員，並因有法規依據，經費的編列有法源基礎，可確保經費有固定的來源，推動的事務不會因無經費而遭停頓。換言之，如有明確的教育法令，雖然無法保證政策能夠執行成功，但如果缺乏明確的法令，則會產生無法確定工作的權責機關，經費來源不穩固等問題，執行人員將無所依循，而影響教育政策推動的成效。

貳、教育政策合法化的原則

考量教育政策合法化的特性與一般法律原則，綜合專家學者的看法，提出教育政策合法化的原則（行政程序法，2021；吳庚，2000；周志宏，2012a，2012b；許育典，2017；顏國樑，2014a；羅傳賢，1996）。

一、教育政策合法化應符合行政法的一般法律原則

教育行政機關為行政機關之一，教育政策合法化與《行政程序法》有密切的關係。因此，教育政策合法化亦應遵守有關《行政程序法》內涵中的一般法律原則，以作為教育政策合法原則的依據。《行政程序法》一般法律原則包括比例原則、法律保留原則、法律優越原則、平等原則、明確性原則、誠實信用原則與信賴保護原則、公益與私益均衡原則。

二、教育法令內容應以實現教育基本法的本質與原則

教育法令是手段不是目的，教育法令的內涵應符合教育本質，透過法案的推動，使受教者能開展潛能，追求自我實現，培養五育均衡發展的全人教育。所有教育立法自應恪遵《教育基本法》所揭示的教育本質與原則，包括：人民為教育權的主體、教育目的培養健全國民、人民的學習權與受教權、家長教育選擇權與參與學校教育權、中央與地方教育權限均權化、教師專業自主、教育中立、保障教育機會均等、國民教育小班小校、獎勵私人興學、資源的合理分配與有效運用、適時延長國民教育年限、鼓勵實驗教育與評鑑等，作為教育立

法的依據。

三、保障學習者的學習權與受教育權利為中心

學習權的保障為一切教育活動之目的，受教育的權利也是以學習權為其本質。因此，教育政策立法的一切法規範，應以保障學習者的學習權與受教育權利為中心，確立以學習權與受教育權利為核心的教育法制。尤其政策立法內涵應能反映保障弱勢族群的學習權與受教育機會的具體作法，達成實質的教育機會均等。

四、適當規範參與者的權利、義務及相互關係

教育政策合法化所應處理的事項，包括學生、教師、學校、教育行政機關、家長之間的關係，可謂關係密切，錯綜複雜，牽一髮而動全身。因此，教育政策立法的內容應就相關參與者個別的權利、義務，以及各參與者之間的相互關係，加以適當與明確規範，以作為各參與者進行教育事務的準繩。

五、適時修正或廢止法令以因應社會環境的變化

教育政策經由合法化過程成為教育法令，在施行一段時間之後，教育行政機關應因應社會環境變化，適時針對其實施情況與執行效能進行評估，以瞭解相關人員的適應與執行情形，以及法條本身有無窒礙難行之處。倘若評估結果發現教育法令因不合時宜或與教育現狀格格不入，則應主動選擇適當時機，對該法令進行適當的修正或廢止，藉以豐富教育法令條文的內涵，提升法案執行的效能，增進人民教育權益的保障，符合社會進步發展的需求。

第三節　我國教育政策合法化過程

立法院為國家最高立法機關，代表人民行使立法權。教育法律為教育政策的具體化，亦為教育政策執行的依據。以下就我國立法院國會制度，以及教育

第九章　教育政策合法化

法律合法化過程分析如下（古登美等人，2001；立法院，2021；朱志宏，1995；李建聰，2000；胡濤，1980；張芳全，2000；顏國樑，2022）。

壹、國會制度概述

以下針對國會制度與權限、立法過程類型、提案權及委員會功能加以說明（楊桂杰，1999；顏國樑，2014a）。

一、國會制度與權限

目前我國的國會組織是立法院，立法院為國家最高立法機關，由人民選舉的立法委員組織之。因此，我國是單一國會制度，立法院對法案有重要的影響力。

二、立法過程類型

我國國會的立法過程採取「院會中心主義與委員會中心主義折衷型」，但又著重院會方式的國會立法運作。

三、提案權

在我國提案來源包括行政院、司法院、考試院、監察院及立法委員，教育法案大多由行政院與立法委員居多。近年來，立法委員通常在政府提案後會主動提案與政府提出的法案並案審查。

四、委員會功能

雖然委員會的主要功能在於輔助第二讀的院會審查，但因委員會的審查步驟主要可區分為旨趣的說明與備詢、立法調查與聽證、逐條審查及向院會提出審查報告等階段。在審議過程中，出席委員得提出修正動議，亦即委員會委員得增刪所審查法案的條文，所以委員會影響力不容忽視。

貳、教育政策合法化過程

一、中央教育法律方面

中央教育法律方面的合法化過程包括提案、一讀會、審查、二讀會、三讀會、公布（古登美等人，2001；顏國樑，2014a、2022；羅傳賢，1996），如圖9-2所示，以下分別說明。

（一）提案

所謂提案即是在提出法律，教育法律為教育政策具體化的結果，而立法提案為立法過程的第一步。我國提案的來源包括行政院、監察院、考試院、司法院、立法委員及人民請願。

教育法案的提案主要來自行政院及立法委員，我國法律的提案權主要在行政院，惟通常由各部會事先研擬。因此，教育部依其權責，通常經過下列的程序，審慎研議之後，再將法案送行政審議，通過後再送立法院審查。

1.教育法案的提出

在制定或修正一項教育法案，除教育行政機關本身的主動提出和上級行政機關的指示外，由於社會民主開放，來自民意代表的質詢、社會輿情的壓力、學術機構及專家學者的建議日益增多。

2.組成專案小組研擬草案

一項教育法案的制訂或修訂，牽涉的範圍廣泛，往往牽一髮而動全身，教育行政機關常因時間及專長的限制，而委託專家學者組成小組研訂法令草案，以求法令草案的周延性。

3.進行意見徵詢

專案小組完成法案的草案後，教育行政機關為求法案的周延性，常辦座談會或公聽會，與法案相關人員代表討論，交換意見，然後根據所蒐集之資料修正原始草案。

第九章　教育政策合法化

圖 9-2
我國教育法律立法過程

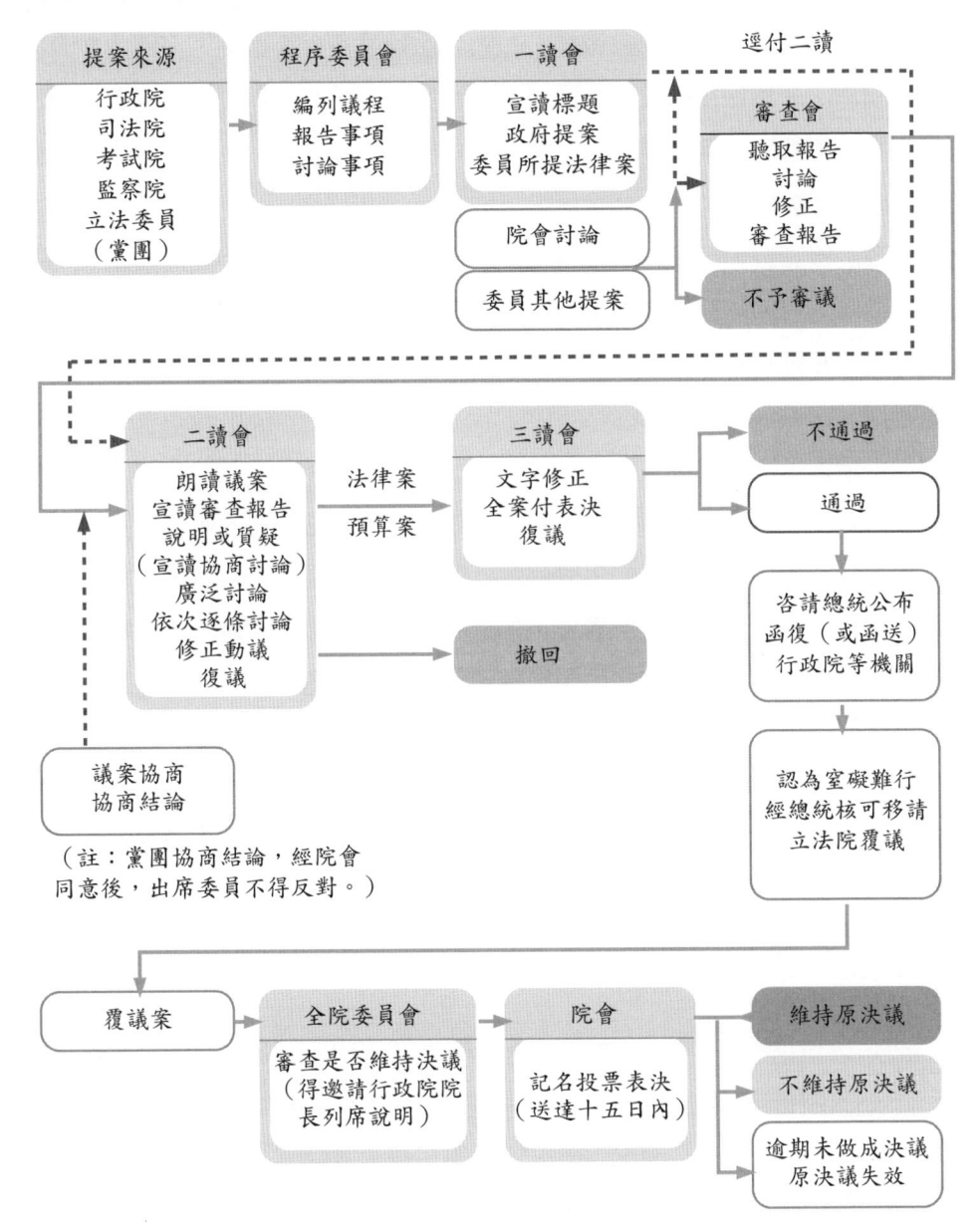

```
提案來源                    程序委員會              一讀會                         逕付二讀
行政院          →         編列議程      →       宣讀標題              →        審查會
司法院                    報告事項              政府提案                       聽取報告
考試院                    討論事項              委員所提法律案                 討論
監察院                                                                        修正
立法委員                                        院會討論                       審查報告
（黨團）                                        委員其他提案                   不予審議

二讀會                    三讀會                              不通過
朗讀議案       法律案      文字修正            →
宣讀審查報告   預算案      全案付表決                         通過
說明或質疑                 復議                                 ↓
（宣讀協商討論）                                              咨請總統公布
廣泛討論                                                      函復（或函送）
依次逐條討論                         撤回                     行政院等機關
修正動議                                                         ↓
復議                                                          認為窒礙難行
                                                              經總統核可移請
議案協商                                                      立法院覆議
協商結論

（註：黨團協商結論，經院會
同意後，出席委員不得反對。）

覆議案         全院委員會            院會                維持原決議
              審查是否維持決議      記名投票表決        不維持原決議
              （得邀請行政院院      （送達十五日內）    逾期未做成決議
              長列席說明）                              原決議失效
```

註：引自立法程序，立法院，2025，https://www.ly.gov.tw/Pages/List.aspx?nodeid=151

4.教育法案的審議

經研擬完成的教育法案草案,須送至教育部法規委員會審議,若屬行政命令性質,不涉及其他部會或較單純,經教育法規委員會審議後,可逕由教育部長核定實施。若屬法律性質或涉及其他部會的法案,要再經教育部主管會報討論通過後,再轉送行政院審議。

5.行政院法案審查

行政院接到教育部送來的教育法案後,通常由一位政務委員負責邀集相關單位召開審查會議,經過審查通過後送行政院院會討論,院會通過後再經由立法院審議。我國凡是法律案的審議依照立法院議事規則的規定,必須經過三讀會的程序。

(二)一讀會

立法院在收到教育法律案時,應由程序委員會審定,列入報告事項,於立法院院會時,由主席朗讀標題,並由主席問參與院會之立法委員,對報告事項第幾案程序委員處理意見有無異議,如無異議,則照程序委員會意見辦理,交付教育委員會審查,但有出席委員提議,二十人以上連署或附議,經過表決通過,得逕付二讀。惟假如有人異議,則遭否決不予審議,退回程序委員會。

另外,委員在行政院提出法案,常因利益團體的請託或政黨立場不同而提出另一套版本法案,立法委員提出的議案,則列入討論事項。經過提案立委說明法案的旨趣、內容及理由,經大體討論,由立法院院會議決交付審查或逕付二讀,或不予審議。

(三)審查會

此階段的任務,主要在針對法案之必要性、適切性、功能性,以及和《憲法》與其他法律的關聯性等各層面作審查。因此,無論就條文的法理、政策或內容文字意涵等各方面,均可主張予以增補、修正或刪除(許劍英,1998)。此審查的階段對於教育法案的內涵及意旨具有決定性的影響。

立法院設有各種委員會,分別審查院會交付的法案進行審查。教育法案在

進行二讀會之前，大多先經「教育及文化委員會」審查。審查的過程如下：

1.通常由教育部長直接到立法院說明立法的經過、內容要旨與精神及答覆立委質詢；並由教育行政相關人員出席審查會，進行法案內容的討論。

2.教育與文化委員會進行審查。如果提案複雜，可先推定審查小組審查，然後再送委員會審查。此時可舉行座談會、公聽會，聽取專家學者及利害關係人者意見，以供參考。

3.教育與文化委員會內部廣泛討論。由委員就法案的立法精神加以檢討，交換意見，表明自己態度及主張。然後進入逐條朗讀、逐條通過的程序。

政府機關依憲法提出之議案，應先經立法院有關委員會審查，報告院會討論，但必要時得逕提院會討論。教育與文化委員會進行審查時，如果無法達成共識要付諸表決時，只有教育與文化委員會的委員才可參與表決，其他不是教育與文化委員會的委員可表示意見，但不能參與表決。此外，目前法案在經過教育委員會審查後送二讀會時，皆須經朝野黨團的黨政協商同意條文內容後，再送二讀會審查。

（四）二讀會

法律案二讀會係在院會中進行，在程序功能上，將一讀會的審查結果送院會公決，徵求未參與一讀會的其他委員意見並尋求共識；同時，參與一讀會審查而保留院會發言權的委員，亦可藉此時再抒發個人主張意見，尋求多數支持而達到所謂「翻案」（推翻一讀會議審查會決議內容）。因此，常造成不同意見委員僵持不下，激烈論辯。

教育法案在二讀會時，首先由主席宣讀審查報告。其次，並請該法案審查會之召集委員予以口頭補充說明，補充說明之後，主席再宣布就審查意見或原案要旨進行廣泛討論。如無廣泛討論意見，則進行「逐條討論」。在逐條討論階段，會議的進行程序，得由秘書處職員逐條朗讀審查案條文，若委員們對審查意見完全贊同，無人發言討論，則以全體無異議的口頭方式通過；若委員們對審查意見不表贊同，則展開討論，屆時對審查有不同意見的委員，可提出修

正動議或復議。

在二讀會的階段有個特色是，教育行政人員不再列席表示意見，只有立法委員參與。因此，在二讀會以後的階段，立法機關對於法案的進行與內涵具有舉足輕重的影響力。

（五）三讀會

教育法案經過二讀會程序逐條討論、逐條表決通過後，即進行三讀會的程序，先由主席朗讀本案案由，再由秘書處職員宣讀二讀會的所有條文，然後再行討論。三讀會能討論的範圍除發現議案內容有互相牴觸，或與《憲法》及其他法律相牴觸者之外，其餘只能對法案進行文字的修正。

法律案的三讀會，此階段的功能，僅能針對條文「文字」意義部分作潤飾，實質內容已不可再作變更。

（六）公布

立法院通過教育法律後，由立法院咨請總統公布並函送行政院，除非有窒礙難行之處，否則總統應於收到後十日內公布。依據《憲法增修條文》第三條規定，行政院對於立法院決議之法律案如認為有窒礙難行時，得經總統之核可，於該決議案送達行政院十日內，移請立法院覆議。立法院對於行政院移請覆議案，應於送達十五日內作成決議。如為休會期間，立法院應於七日內自行集會，並於開議十五日內作成決議。覆議案逾期未議決者，原決議失效。覆議時，如經全體立法委員二分之一以上決議維持原案，行政院院長應即接受該決議。

第四節　教育政策合法化的問題與展望

壹、教育政策合法化的問題

雖然近幾年我國的教育政策合法化已有進步，但仍有些問題仍需要改善。以下綜合專家學者的看法，提出數項問題說明如下（周志宏，2012a，2012b；

林純雯，2006；許育典，2000，2007；楊桂杰，1999；葉連祺，2000；顏國樑，2000，2014a；羅傳賢，2004）。

一、教育行政機關立法的作業準備不周

過去教育行政機關制定法案或提出修正草案，常常是在受到民間利益團體、民意代表等方面的壓力之下才提出法案，導致未能有充裕的時間進行法案的研擬，被迫在匆忙之間提出法案，最後常在妥協之下通過法案。因此常與原先行政機關擬定的法案精神與架構大異其趣，導致法案公布之後，由於法案的不夠周延產生執行的問題，而馬上進行法案的修正。簡言之，教育行政機關在法案的制定過程中所扮演的角色較被動與不夠積極。因此，教育行政機關要能因應社會需求與變遷，事先能整體性與周詳研擬法案，以訂定符合我國未來教育發展的法案。

二、社會民眾參與教育立法的制度有待改善

由於政治的民主化、人民教育水準提高、經濟的發展及社會的開放，可以預見的是教育政策立法的過程會有更多的民眾參與。讓法案利益團體等相關人員參與，可獲得對法案內涵的意見，並顯示政治民主化的現象。但相關參與的方式雖然有公布法規草案提供社會大眾表示意見，仍未建立一套制度化的參與管道，以致有些民眾無法獲致公開與公平表示意見的機會。

三、教育立法過程人員參與不夠多元化與資訊不夠公開化

過去法案的制訂或修正，參與的代表性較不夠。常常是某體系人員居多，而且缺乏中小學與利益團體的代表。再者，以參與總人數來看仍是不多，其他社會各界人士，除非接受教育行政關邀請參加公聽會，或從立法院或議會所印的公報，才能得知法案的內容，往往是從報紙或電視獲知該項法案的部分消息，對於法案的立法意旨、條文內容等，無法整體的瞭解，當然也就無法表達好的建議。另外，過去法案的制訂或修正，在法案未通過之前，教育行政部門為避

免外界質疑,徒生困擾,較不主動公開法案的內容,以致外界無法對法案提供適當的意見,喪失使法案內涵更加周延的機會;而且往往因為外界不明瞭整個法案的立法精神與內涵,導致反對法案的推動。

四、學術專業團體對教育立法的影響力不大

在影響教育政策立法的過程中,除了行政機關外,往往是民間教改相關的利益團體與立法委員較積極參與,影響較大;而與法案相關的學術專業團體或專家學者,影響較少。除了教育行政機關委託研究的學術專業團體之外,較少其他學術專業團體主動站在教育專業立場上表達意見與深入探討,而且常常是教育法案公布後,才舉辦研討會,進行深入研究與探討,當然這樣的作法可使法案的內涵獲得理論的基礎與落實的方法,但假如舉出法案不適當之處,因為法案的修正的過程複雜與費時,在修法上已失去時效上的效果。

五、地方教育行政機關的教育法制有待加強

我國在 1999 年公布的《地方制度法》與《教育基本法》,中央與地方教育行政機關的權限有明確的劃分,影響所及的是地方教育行政機關的教育政策立法的職權大為增加。再加上 2001 年實施的《行政程序法》,該法立法目的乃在為使行政遵循公正、公開與民主之程序,確保依法行政之原則,以保障人民權益,提高行政效能,增進人民對行政之信賴。因此無論是中央或地方勢必有許多教育法令要重新檢討有無違背《行政程序法》,而加以修正。但是過去地方教育行政機關對教育法制較沒經驗與不重視,所以有必要加強地方教育行政機關的教育法制,以提升地方政府教育行政的運作效能(顏國樑,2003a)。

六、學校組織與運作法制化有待建立

過去學校鮮少訂定相關教育法令來推動學校教育的事務,學校行政的事務大多依據教育行政機關所頒佈的教育法令來執行;但隨著教育政策與法規的鬆綁,許多法令皆朝向增加地方與學校的權限。如大學的學術自由、校務基金的

實施、學校校事會議、教師會及學校教師評審委員會的設置、教師的權利與義務、員額總量管制的實施、校長遴選、課程發展委員會的設置、家長教育選擇權、擬定校務發展計畫與得設校務發展基金、實驗教育的實施等，皆使學校的行政運作自主性增加，促進學校本位管理的發展。然而這些賦予學校權限的運作如果能夠建立法制化，是讓組織能夠有效運作的必要條件。但目前學校組織與運作法制化的成效不理想，仍有待繼續加強。

七、教育合法化方面的研究尚待開發

國外英、美、法、德或日本等先進國家，在教育政策合法化的研究上均有飛躍的進展。然而，反觀國內則尚在起步階段，近幾年才有比較多的論著。之所以如此，可能是因為立法階段的過程，較難窺探其內部運作過程的真相，且資料蒐集不易，教育政策在法制階段過程的研究，有其實際上的限制與困難。再者，政策法制化的過程，參與者眾，立場相異，研究者須對教育行政制度與運作、民意機關與運作、政策分析、決策研究等方面，必須具備實際經驗或一定程度的素養；並同時具備教育學與法學兩方面的素養，方能順利的從事研究，造成研究者較少選擇此方面的主題研究。因此，教育政策合法化方面的領域尚待我們開發。

貳、教育政策合法化運作的展望

根據教育政策合法化問題的分析，以下提出教育政策合法化運作過程的建議，以提供教育行政機關、立法機關及相關參與者的參考（周志宏，2012a，2012b；林純雯，2006；秦夢群，2004；許育典，2005，2017；顏國樑，2003a，2014a；Biegel, 2012; Bowman, 2011; Kaufman & Kaufman, 2009; Quie, 1979）。

一、教育法案的立法應有整體性與周詳性的規劃

教育行政機關對於社會各界期盼制定的法案，應及早因應，事先作周詳的研究與整體規劃，使法案內涵周詳合理。至於要讓制定教育法案有整體性與周

全性的準備，可從下面幾個方向著手：（一）檢查現行法律，有無互相衝突或整併的可能；（二）蒐集有關教育法案的國內外資料，建立檔案資料，提供將來制定法案時參考；（三）對社會各界期盼訂定的教育法案，事先成立小組進行研究與規劃；（四）確立明確目標及可行作法，如法規名稱要適當、表達用語簡淺、語意明確等，使法案內涵更合理可行。

二、加強教育行政人員教育法制方面的專業素養

教育政策合法化過程中，教育行政人員的教育法制素養對於教育政策合法化的品質與效率有相當大的影響。因此，有必要加強教育行政人員教育法制的素養。在作法上可從下面著手：第一，教育行政人員的考試、職前訓練及遴用重視教育法制相關課程的學習或考試；第二，辦理教育行政人員在教育法制方面的研習進修，加強一般法律基本觀念、立法技術、法制作業、《行政程序法》等方面的法制相關課程，使理論與實務能結合；第三，建立教育法規資料庫，使教育人員隨時都可方便上網查詢；第四，編印教育法規書籍或教育法制相關書籍，或是在原來的教育刊物內增加法規的案例說明等，以供教育人員參考；第五，成立教育法制小組以提供諮詢。

三、聘請專業人員參與教育法案的研擬與進行影響評估

教育法案草案的研擬，應聘請教育與法律專業人員參與，並依據相關人員與團體的專長，根據專業分工的原理，成立各相關組織或委員會，進行周詳的立法準備作業，進行法案影響評估，如法案制定的必要性、有效性、成本效益評估等，並分別針對每一重要且關係較大的議題，進行學理分析、民意探討，以利政策議題進入合法化程序時，運用專業知識化解歧見，消除不必要的對立與衝突，以加速教育法案的進行，提升教育政策的效能。

四、教育立法過程人員參與應多元化與資訊應公開化

教育法案的制定或修正，應邀請代表性足夠的人員來參與，從不同的角度，

提供良好的建議，使法案的內涵更加充實對，法案內容能夠取得共識，減少爭議，使法案公布後更加周延與可行。此外，教育法案應符合公開、民主化、擴大參與，以及合法合理的原則，可運用網際網路開闢法案專區，將從研擬法案的草案到公布整個過程，公諸於世人；並可透過網路反應意見、公開討論及意見匯集，除擴大參與外，亦可使社會大眾都有機會瞭解教育法案制定的過程與表達意見。

五、對教育法案適用對象進行行銷以廣為周知

教育政策制定成為教育法案之後，行政機關應當運用各個適當時機，例如：公聽會、研討會、在職進修、業務會報、工作坊等；或透過各種管道，像是大眾傳播媒體、網路資源、書面出版品等，針對教育行政人員、學校行政人員、教師、學生、家長、學術團體、利益團體、教育相關民意代表等各類相關人員，廣為宣傳法案有關的知能、觀念及訊息，不僅增益其法學素養，同時使其瞭解法令的內涵，以便掌握法令趨勢與社會脈動，能夠知法守法，進而有效推動教育事務。

六、提升地方教育行政機關與學校的教育法制品質

過去在地方與學校較忽視教育法制化的工作，鮮少依據地方與學校特性與需求制訂相關教育法令來推動教育的事務，隨著法規的制定與修正地方政府與學校的教育自主性將大為增加。因此，為提升地方政府與學校的教育法制品質，例如：培養教育人員民主法治的觀念、建立健全的法制化作業制度、提升教育人員立法技術與作業的素養、建立教育法規的查詢與反應的資訊網路系統、補助學校購買教育法學書籍、辦理教育人員有關教育法制的研習等，都是我們應該加強努力的課題。

七、建立民眾參與教育政策合法化的制度

建立一套民眾參與教育政策合法化的制度，可使法案的制定或修正更周詳、

合理及可行，並可落實實質的民主化。在作法上可從下列幾方面著手（顏國樑，2014a）：第一，建立教育法規的查詢與回應（如民意信箱）的資訊網路系統，蒐集民眾對教育立法的意見；第二，訂定行政程序的規範，依據《行政程序法》之規定，基於行政程序民主化、透明化的原則，行政機關應公開法案制定過程的相關資料，以滿足人民知的權利；第三，透過行政程序的規範，讓民眾參與有法可循，有機會參與教育立法以注入教育體系新的活力；第四，教育行政機關與民意機關應上網或利用媒體公開教育法案制定的相關資料，讓民眾知道訊息，才有辦法參與。

八、提升立法機關的立法品質與效率

目前社會大眾對於立法機關的立法品質與效率並不滿意，其原因包括立法機關議事文化惡質化、議事功能低劣化、立法院聽證制度未建立、委員會的專業性及權威性不足，以及立法委員對法案的審查不認真，未能深入瞭解教育法案的內涵，常受到利益團體、政治的影響等。要提升立法機關的立法品質與效率，在作法上可從下列幾個方面著手（楊桂杰，1999）：第一，確立「委員會中心主義」，突顯委員會的專業性及權威性；第二，建立法案立法期限，避免由於政治抗爭，影響法案立法的時效；第三，建立聽證制度，讓利益表達制度化、決策立法公開化、利益衝突理性化等；第四，健全政黨協商制度，加強溝通，提升立法效率；第五，建立國會倫理系統，制定遊說管理法、立法院倫理法等「陽光法案」，以培養優良國會倫理。

九、學術團體或專家學者應主動發揮教育專業的影響力

教育政策合法化過程如果僅由利益團體與立法委員主導，缺少學術專業團體的參與和意見，使教育法案有過多的政治考量，而缺少教育專業上的意見，將使教育法案偏離教育本質與目的。因此，學術團體或專家學者應對教育政策合法化發揮專業的影響力，在作法上可從下面著手：第一，在教育政策合法化

過程中，學術專業團體或專家學者應主動研究已公布的法案，作為修法的建議；對新的法案，不管是在教育法案的草擬階段或立法院審議階段，都應更積極主動參與及表達意見，尤其應與相關立法委員與利益團體溝通，以發揮更大與更直接的影響力，使教育法案更具教育專業，更加周延合理；第二，加強學術團體與教育行政機關的專業對談，才能讓學術團體在教育政策立法方面發揮專業影響；第三，接受教育行政機關進行法案專案研究，研擬周延的教育法案；第四，辦理教育法制或教育政策各項研習活動，從旁積極協助教育行政機關進行教育政策立法。

十、拓展教育政策合法化不同的研究取向

在國內教育政策合法的研究還有很大發展的空間。在拓展研究取向方面，可採取下列幾種（顏國樑，2014a）：

（一）立法政策的研究取向：如教育政策與立法、教育法規的內涵與立法意旨、教育政策合法化之後的執行、績效及評估。

（二）教育人員的教育法制素養：包括教育行政與學校行政人員教育法制的素養程度、需求、課程方案建構。

（三）教育人員相關權利與義務研究取向：如教師、學生、校長及家長的教育權利與義務，校事會議、體罰、管教制度、申訴制度、性別教育、私人興學、在家教育、教科書、各級學校校規、法治教育等重要教育議題的法制探討與建構。

（四）民意代表質詢內涵：如立法委員或議員在教育質詢的問題與內涵分析等。

（五）技術或程序的研究取向：如中央、地方及學校教育政策合法化的過程、教育政策立法品質的指標，以及如教育立法用語、格式、內容編排等之技術層面的研究。

（六）教育法制比較的研究取向：包括世界及我國教育法制的比較、國會

制度運作的比較等。

（七）政治學或社會學的研究取向：進行各種政治社會力量對政策立法的研究，例如：利益團體、政黨、民意代表、大眾媒體、政治文化等環境和參與者因素，就其權力運作，以政治學或社會學的觀點，探討以何種方式形成何種法律，以及究竟是什麼法則在支配教育法律之成立、發展及消滅。

（八）立法人員的角色與決策行為研究取向：如教育行政人員與立法人員的決策行為分析、立法者角色分析等。

（九）政策文本的研究取向：針對某項教育法規條文內涵的政策意涵與轉變、政策文本的社會脈絡，以及對政策文本的意識型態等進行論述分析批判。

註：本章改寫自顏國樑（2014a）。**教育政策合法化理論與實務**。麗文。

第九章　教育政策合法化

問題討論

一、請說明教育政策合法化與教育政策的關係與區別？請說明教育政策合法化有何重要性？

二、國內教育政策合法的研究尚屬於萌芽階段，還有很大發展的空間。請您說明可以拓展那些研究取向？

三、一位好的教育行政人員要具備那些教育法制專業素養？並說明如何提高教育行政人員的教育法制專業素養？

四、請說明教育政策合法化的原則？

五、請說明教育政策制定成法律的過程？

六、請說明教育政策立法過程會受到那些因素的影響？

七、教育法案在進行二讀會之前，大多要先經教育委員會審查，請說明此階段審查的過程？

八、通常教育部在擬具教育法規時，送行政院審查之前大多會經過哪些程序，以求法案的周延性，請說明之？

九、掌握最新教育法規內容並加以瞭解，是從事教育工作者應該重視的課題。請說明從那些途徑可以掌握最新教育法規內容？

第十章
教育政策執行

本章摘要

　　教育政策執行的意義，係指某項教育政策經過問題認定、政策規劃、政策合法化後，負責執行的教育行政機關、教育人員及非營利組織，公私部門共同一起協同合作，採取適切有效多樣的政策工具；並在執行過程中，因應國內外環境，與政策利害關係人，不斷進行溝通對話互動並調整政策，使教育政策順利付諸實施，以達成教育政策目標的動態過程。

　　教育政策執行的研究發展可分成四個階段：1.第一階段教育政策執行是落實政策目標，大約發生在1960年代後期至1970年代早期；2.第二階段是中央與地方互相調適的過程，約發生在1970年代後期至1980年代早期；3.第三階段是學校系統性的改革，大約從1980年代中期至1990年代；4.第四階段是教育治理，大約在1990年代末期。

　　教育政策的執行方式可分成由上而下、由下而上及權變途徑。由上而下及由下而上的政策執行方式各有其優缺點及適用的範圍。採取何種政策執行方式並無固定的法則，可以依據政策過程、政策情境二種不同觀點，選擇適當的執行方式。

　　影響教育政策執行成功的因素分成三個方面：1.教育政策設計：政策的周詳性、適切的理論基礎與可行性、政策類型；2.教育政策本身的條件：執行機關的特性、執行人員的意願與能力、政策資源、政策執行工具；3.教育政策外在的條件：政策標的機關與人員的溝通與行銷，以及政治、經濟、社會、科技的環境。

　　教育政策執行的展望：1.教育政策執行應以教育本質為目的，培養五育均衡

發展的全人教育；2.運用適當的溝通行銷策略，獲取標的對象對政策的支持；3.採取漸進的教育政策執行模式，化解政策執行的阻力；4.提升基層執行人員的意願及能力，增進政策執行的成效；5.因應政策環境採取適當的執行方式，提升執行績效；6.推展以學校為中心的執行模式，裨益學校自主性的改革；7.加強教育政策執行的研究，厚實政策研究能量。

第一節　教育政策執行的意義與研究發展

壹、教育政策執行的意義

政策執行的意義通常牽涉政策過程、結果、參與者及環境脈絡。歸納學者的看法，可分成行動、組織、互動、治理四個不同觀點進行分析（林水波、張世賢，2012；柯三吉，2019；潘慧玲、王麗雲主編，2022；顏國樑，1997；Viennet & Pont, 2017）。茲將四個觀點的看法要述如下，並歸納出教育政策執行的意義。

一、行動的觀點

行動學派認為政策執行係指負責執行政策的機關和人員，採取各項行動，以達成政策目標。其著重點在於採取的行動，任何政策的達成，都必須採取必要的行動才能克竟其功，然而從行動觀點透視政策執行過程的內涵，其最主要的缺點有二：一為忽視政策執行過程的動態性；二為忽略政策目的與手段之間的交互影響（林水波、張世賢，2012）。

二、組織的觀點

組織理論學派認為政策要能被有效地執行，組織為主要的關鍵，欲瞭解政策執行的真諦，首先要有組織的知識。由系統管理、科層體制過程、組織發展、衝突議商等四種組織模式來分析政策執行的意義，可使我們瞭解政策執行的部分概念，但如何建構四種理論成為一個整合的互動模式是其間最大的困難（林明地，1998；顏國樑，1997；Elmore, 1978）。

三、互動的觀點

互動學派強調影響執行的變項是互動或演進的（Barret & Fudge, 1981; Goggin, 1990），認為不能將政策看成是固定不變的，政策參與者是互為影響的關

係，執行者必須針對外界意見予以反應，不斷進行政策修正和協商的工作。教育政策實施被定義為一個有目的和多向的變革過程，旨在將具體政策付諸實踐，並在多個層面上影響教育系統。

四、治理的觀點

政策執行是治理的觀點，治理的概念與內涵，隨著時間的推移，已從早期的官僚式或中央集權式的政府管理，轉變為強調審議式民主、網絡的重要性、所有參與者的互動影響、整合公私部門的資源、多樣政策工具的使用、依據證據決策、績效評估、跨國合作、企業家創新與改革（柯三吉，2019；潘慧玲、王麗雲主編，2022；deLeon, 1999; Wilkins & Mifsud, 2024）。

綜合上述從行動、組織、互動、治理四個觀點探討政策執行的意義，所謂教育政策執行（education policy implementation）的意義，係指某項教育政策經過問題認定、政策規劃、政策合法化後，負責執行的教育行政機關、教育人員及非營利組織，公私部門共同一起協同合作，採取適切有效多樣的政策工具；並在執行過程中，因應國內外環境，與政策利害關係人，不斷進行溝通對話互動並調整政策，使教育政策順利付諸實施，以達成教育政策目標的動態過程。上述教育政策執行的意義進一步分析其內涵：

（一）當政策問題認定、政策規劃、政策合法化後，政策執行即開始，透過執行活動將某項政策付諸實施。

（二）教育政策執行須有確定推動政策方案的機關、人員、非營利組織、公私一起協同合作，並採取適當與多樣的執行政策工具，結合各種資源推動政策。

（三）政策推動人員需要與政策利害關係人，不斷進行溝通對話及修正，裨益教育政策付諸實施。

（四）教育政策執行是一種動態的過程，政策執行應採取必要的對應行動，

因應國內外環境，使教育政策能順利實施。

（五）教育政策執行是一個有目標的變革過程，旨在將政策目標付諸實踐。而在政策環境之中，政策參與者皆依自身利益、意向和策略互相運作以達成目標或績效。

貳、教育政策執行的研究發展

Wildavsky與Pressman（1973）所發表的《執行》（*Implementation*）專書，被認為是政策執行系統性研究的先驅之作。教育政策執行的研究亦深受公共政策執行研究的影響，運用政策執行理論來探討教育政策執行的研究。教育政策執行研究的發展，根據Odden（1991a）以及顏國樑（1997）分析教育政策執行的相關研究之後，認為教育政策執行研究的發展可分成三個階段，以及國內外專家學者（吳定，2013a；柯三吉，2019；Honig, 2006; Viennet & Pont, 2017）提出第四代政策執行研究。以下就四個研究階段發展情況及研究特色分述之。

一、教育政策執行是落實政策目標

第一階段的教育政策執行研究大約發生在1960年代後期至1970年代早期，此時期的研究認為教育政策執行強調如何落實政策的目標。研究的重點在於探討中央所倡導的教育政策，地方教育局／處或學校是否能順從地執行政策的問題，例如：Murphy（1971）探討聯邦執行《初等及中等教育法》的政治性問題。Mclaughlin（1976）探究《初等及中等教育法》執行的順從問題。此階段的研究歸納以下幾點特色：

（一）採取由上而下巨觀的政策執行研究模式，中央教育機關擔任制定教育政策的角色，地方負責執行教育政策的角色。

（二）分析上級機關制定的教育改革方案，地方為何沒有能力和意願去執行，以及探討地方教育機關抗拒和不順從的原因與提出如何改進的策略。

（三）探討政策執行人員及標的團體（target group）的執行，符合政策目標

和程序的程度。

（四）探討影響教育政策有效執行的因素，以作為教育行政人員執行政策的參考，進而提升教育政策執行的績效。

二、教育政策執行是中央與地方互相調適的過程

第二階段的教育政策執行研究約發生在 1970 年代後期至 1980 年代早期，此時期的研究認為教育政策執行是中央與地方互相調適的過程。研究重點在分析中央所推展的教育改革方案，經過幾年實施之後，地方如何依據本身的環境與條件，調適上級的教育政策，使上級的教育改革方案能得到支持及有效的執行，例如：Kirst 與 Jung（1980）運用縱貫研究方法評估執行《初等及中等教育法案》十三年來的情形。Moore 與 Goertz（1983）探討聯邦計畫與州政府的交互作用情形。此階段的研究可歸納成下面幾點特色：

（一）強調政策執行是中央與地方互相調適的過程，認為上級機關雖然訂有良好的政策及周詳的計畫，但並不一定能獲得好的成效。因此，研究政策如何配合地方的需求，給予地方彈性，促使政策能順利執行，以達成政策目標。

（二）進行有效教學和學校行政的研究，並發現這些政策執行後對地方產生影響的情形，以作為上級制定與修正教育政策與法令的基礎。

（三）強調「規劃—執行—再規劃循環」的執行過程，強調政策執行的研究不能忽略長期的時間因素，任何執行者在執行過程必須學習如何運用各種合法和政治策略，以利政策的執行。

（四）採取由上而下巨觀的政策執行的研究模式，追蹤研究 1970 年代上級機關的教育改革方案在地方的執行情形。換言之，分析教育政策隨著時間的演變能否達成政策目標的程度。

三、教育政策執行是學校系統性的改革

第三階段教育政策執行研究大約從 1980 年代中期至 1990 年代，此時期的

研究認為教育政策執行是學校系統性的改革。研究重點在強調基層學校方面的改革，政府應規劃整體有系統性的教育政策，透過教師專業化的培養、課程系統性改變、重建學校等途徑，促使地方及學校主動參與政策執行，以期望能真正影響學生及改變學校，例如：Wohlstetter（1991）由立法機關的角度探討教育政策執行的立法監督。McDonnell（1991）以教師政策為個案探討政策執行的理想和價值。此階段的研究歸納以下幾點特色：

（一）重視整體性的改善地方教育制度及學校課程，不僅重視中央機關的教育政策有效執行的問題；同時深入探討在政策實施之後，地方及學校實際改變的情形。

（二）探討立法機關監督教育改革執行成效及督導方法的問題，以做為立法改善的依據，以符合地方與學校的需求。

（三）採取由下而上微觀的政策執行研究模式，並開始注重巨觀及微觀兩種政策執行研究模式的結合及適當的運用時機。

（四）重視教育政策方案本身的品質，分析政策的理想和價值，以及政策規劃與政策執行方式之間配合的問題。

四、教育政策執行是教育治理

第四階段教育政策執行的研究大約在 1990 年代末期，此時期的研究認為教育政策執行是教育治理。因受到新公共管理（New Public Management [NPM]）的發展，強調兼具效率與效能的績效、分權化、顧客導向、因地制宜、公私協作、市場及組織價值相調合的文化、法令鬆綁等（李長晏等人，2021；孫本初，2013）。政府由「管理轉移至治理」的政治思潮轉變，因此政策執行理論朝向第四代公共治理發展（Satren & Hupe, 2018）。此階段的研究可歸納以下幾點特色（吳定，2013a；柯三吉，2019；潘慧玲、王麗雲主編，2022；deLeon, 1999; Wilkins & Mifsud, 2024）：

（一）教育政策研究應將所有參與政策執行人員都納入分析，建立政策網

絡（policy network）的研究方法，探討執行人員的互動關係與影響。

（二）教育政策執行研究是政策運作過程的一部分，政策問題認定與政策規劃需與政策執行一併考量，而且要提供足夠時間的參與及溝通機會和管道，強調審議式民主（discursive democracy）的溝通。

（三）重視教育政策工具與網路治理取向互相結合，對政府政策工具進行反思，強調多方參與者溝通互動和合作的重要性。

（四）同時重視成功與失敗教育政策執行的政策，探討成功與失敗的因素，汲取寶貴經驗，避免重蹈覆轍，以達到政策學習（policy learning）的效果。

第二節　教育政策執行的方式

政策的執行方式可分成由上而下（top-down model）、由下而上（down-top model）及權變途徑（contingency model）（柯三吉，2019；顏國樑，1997；Sabatier, 1986）。以下分別說明這三種政策執行方式的意義、特性及限制。

壹、由上而下的執行方式

一、意義

係指某項教育政策制定後，上行機關對於下行機關負起政策執行指揮監督的責任，對於部屬採取嚴密管制的態度，以達成預期的教育政策目標。由上而下的政策執行方式是傳統的執行理論，為「科層階層模式」（hierachical model）。

二、特性

由上而下的執行方式其特性如下（Nakamara & Smallwood, 1980）：

（一）政策制度與政策執行彼此各有界限，概念上是先後的關係，上級機

關負責制定政策，執行人員扮演執行的角色。

（二）政策制定者與政策執行者之所以存有界限，乃是因為：1.政策制定者設定目標，政策執行者實現目標；2.政策制定者能明確的陳述目標，是因為政策制定者有權決定不同目標的優先順序；3.政策執行者擁有技術能力、服從與意願去執行政策制定者所設的目標。

（三）政策執行的決定在本質上是非政治性的與技術性的，而執行者的責任是以中立的、客觀的、理性的及科學的態度去執行政策。

三、評析

由上而下的政策執行方式，Elmore（1979-1980）稱為是「由前推進的策略」（forward mapping），強調科層體制的精神，此種科層體制的管理特色，是要求權威階層、法規條例、專職分工、不講人情、資源控制、書面案卷、講求效率等（謝文全，2022）。此種執行方式是鑑於領導者有明確的政策執行目標，而執行者又能配合以客觀中立、理性及效率的態度來履行，使上級機關的教育政策目標在下級單位實現，例如：教育部函令各級學校禁止體罰學生，所有學校教師應確實遵守，若有體罰事件發生，便會遭受處分。然而，在政策實際執行上，教師面對政策目標的模糊或認知差距、對法規管教措施不熟悉、不知道採取正確的管教措施等，此種以法規明令禁止的政策執行方式，要落實原先的政策目標，是難以達成的。

採取由上而下的執行方式之優點，是有明確的法制結構。換言之，政策執行時具備健全的執行機構、合理一致的目標、較佳參與決定的管道及足夠的人力與經費等（Sabatier, 1986）。如果要推動全國或縣市一致性的教育政策，例如：入學方式、課綱、師資培育教師資格檢定等，此種由上而下的執行方式，較容易達成設定的目標。

貳、由下而上的執行方式

一、意義

在教育政策執行過程中,上級機關或首長站在輔導的角色,授權下級單位或讓部屬充分參與,以達成教育政策目標。

二、特性

由下而上的執行方式又稱為「由後推進的策略」（backward mapping），其特性如下（Elmore, 1979-1980; Odden, 1991b; Wilson, 2016）：

（一）強調基層人員的行政裁量權,而不是政策制定者階層級方式的命令指揮。執行過程係各層級參與者商議的關係,而不是上下直線的關係。

（二）政策執行過程係結合許多單位、人員、資源等共同合作行動的結果,而非單一機構或人員的行動便能完成。執行過程的變動不在政策制定者,而是在基層人員。

（三）影響由下而上的執行效果的因素,包括:組織文化、專業規範、利益團體、基層人員的知識、解決問題能力與意願、執行政策的誘因、參與者的溝通協調等。

（四）採用由下而上執行方式發展教育政策的步驟,首先確定教育問題的性質,然後確定在學校和班級層面採取何種有效的相關措施來解決問題的知識；其次,政策制定者應制定政策來支援學校行政人員和教師所採取的有效措施。

三、評析

由下而上的執行方式,強調政策的執行不在立法部門及上層的高階主管,而在中下階層的行政機關。採取由下而上的執行方式的優點有二:其一,促使我們重視執行過程機關組織之間的互惠性與裁量權。一種政策的執行,往往涉及許多的單位及人員；而他們對於政策執行都有其立場、利益及看法,是以溝通協調在所難免。而由下而上的執行方式,較能夠讓我們去重視彼此意見與利

益的溝通交流。其二,由於執行政策的基層單位才能親身體驗或感受民眾對於政策的好惡評判。因此,讓基層單位或人員彈性運用,方可落實政策運作的民主化要求(林鍾沂,1992)。

由下而上的執行方式雖較能符合多元參與及基層人員的需要,但仍有以下的缺點值得注意(Sabatier, 1986):(一)過於強調執行者的能力,忽略決策者可能運用間接的影響力,影響制度結構的運作和參與者的策略;(二)過於注意參與政策執行過程的執行者,而忽略在政策規劃中參與者的心力;(三)以學校為本位的執行,因為學校推動者缺乏正式權威,雖然發展新的方案,卻往往無法讓執行方案透過學校而形成制度化,雖賦予教師進行由下而上的改革,但最後結果往往僅是少部分學校推行而已。

參、政策執行方式的權變途徑

由上而下及由下而上的政策執行方式各有其優缺點及適用的範圍,那究竟應採取何種政策執行方式,是值得我們進一步探討。依據權變理論(Contingency Theory)之觀點指出,世界上並沒有放諸四海皆適用的政策執行方式,應依不同情境而採取不同的執行方式。以下依學者所提出之政策過程、政策情境二種不同觀點,分別說明選擇政策執行的途徑。

一、政策過程的權變途徑

Marsh與Odden(1991)針對美國加利福尼亞州數學和科學課程架構之執行問題進行研究,探討州政策是否能提升地方課程的改革。將政策執行過程分成準備階段、正式採用階段、執行階段,並且說明如何依政策過程而採取不同的執行方式:(一)準備階段:應採取由下而上的執行方式,這是因為在方案的發展和協調努力的對象是學校和老師,而不是學區領導者;(二)採行階段:需使用由上而下及由下而上的執行方式,之所以會採用兩種執行方式,是因為學區(由上而下的層面)和學校領導教師(由下而上的層面)兩者需要互相配

合,才能使方案順利推動;(三)執行階段:應採用由下而上的執行方式,這是因為在此階段重要的是學校,而不是學區。

二、政策情境的權變途徑

Berman（1978）指出,世界上沒有普遍最佳的政策執行方式,我們應面對情境的不同而採取不同的執行方式,目前有關如何設計執行策略的觀點有兩種:其中一派為計畫性的執行（programmed implementation）（相當於由上而下的執行方式）,認為執行的問題,可以透過事先周詳的規劃執行程序來解決或克服,這種解決方式雖不能將執行問題完全予以消除,但是使其不致產生過大的影響,而阻礙政策目標的達成。另一派的觀點為適應性的執行（adaptive implementation）（相當於由下而上的執行方式）,其主張政策執行可以透過諸種調適過程來改進其績效,那些過程導致最初的計畫得以因應未來的事件與決定,而做適時的調整（林水波,1984）。

至於如何依情境來選擇政策執行方式,Berman 以五種變項來考量結構性情境與非結構性情境,如表 10-1 所示。簡言之,執行人員改變幅度小、技術或理論確定性高、政策目標與手段的衝突小、機關組織的結構嚴謹、環境穩定性高,在此種結構性的環境中,則採取計畫性的執行方式。反之,則採取適應性的執行策略。又如:執行策略也可依政策系統的層次不同而加以綜合與轉變,如教育部的教育政策,可以在執行例行工作上的分工,將中央科層體系內的行政,依照計畫性的執行策略進行;而對地方執行系統,則獎勵其採取適應性的執行方式（林水波,1984）。

表 10-1
政策情境的類型

情境變項	情境類型	
	結構性	非結構性
執行人員的行為需要改變的幅度	漸進的	重大的
政策所依賴的技術或理論的確定性	某種程度的確定	不確定
人員對政策目標與手段的衝突程度	低度衝突	高度衝突
機關組織的結構設置情形	各部門間關係密切緊密結合成一體	各部門間關係鬆散各自為政堅持本位
環境的穩定性	穩定	不穩定

註：引自政策分析評論（頁299），林水波，1984，五南。

第三節　教育政策執行成功的影響因素

在執行一項教育政策時，有必要分析影響有效的教育政策執行的因素，如果我們能夠掌握教育政策執行成功或失敗的關鍵因素，將有助於增進政策的有效執行，以達成教育政策目標。研究政策執行的影響因素的學者很多，以下舉出國內外幾位學者的觀點，然後再歸納出影響教育政策執行成功之因素。

Van Meter 與 Van Horn（1975）認為，影響執行成敗的主要因素為：一、政策標準與目標；二、政策資源；三、組織之間的溝通與強制力活動；四、執行機關的特性；五、經濟、社會和政治環境；六、執行者的屬性。

Mclaughin（1976b）在探討293個教室組織改革實驗方案後，指出影響政策執行的因素有：一、欠缺明確的執行模式；二、革新方案過於複雜；三、政策目標含糊抽象，政策執行無所依據；四、革新方案過於新穎。

Sabatier 與 Mazmanian（1980）詳細的指出影響政策執行的因素有：一、政

策問題的可處置性:包括有效且可行的技術理論與技術、標的團體行為的分殊性、標的團體的數目、標的團體行為需要改變的程度;二、法令規章執行的能力:包括適當的因果理論、明確的政策指示、財政資源、執行機關間和機關內部的層級整合、執行機關的決策規則、執行人員的甄選、外界人士的參與管道;三、影響執行的非法令規章因素:包括社經條件與科技因素、大眾的支持、贊助的態度與資源、監督機關的支持、執行人員的熱誠和領導技巧。

Gallagher等人(1988)研究美國1986年公法99-457《殘障教育法修正案》的執行成效,認為影響執行成效的障礙有:一、機關間的不協調;二、執行人員心理上的問題;三、社會的價值觀及家庭參與的障礙;四、政府經費的不足;五、公共利益團體及專業團體爭取資源的政治上問題;六、地理上資源分配不均的問題。

顏國樑(1997)認為,教育政策執行之影響因素可分成政策內容及政策系絡兩大因素:一、政策內容方面:包括有政策明確性、政策資源、標的行為需要調適改變的程度、理論的適切性與技術的有效性、政策類型;二、政策系絡方面:包括有執行機關的特性、執行人員的能力及意願、執行人員與標的團體的溝通、政策執行的策略、政治、經濟及社會的條件。

林水波與張世賢(2012)認為,影響政策執行的因素有:一、政策問題的特質:包括有效可行的技術理論與技術、標的團體行為的分殊性、標的團體行為需要調適量、標的團體的人數;二、政策本身所具的條件:合理的規劃與推介、合法化的政策、健全的理論基礎、清楚而具體的政策目標、政策資源、政策標準、政策規制執行機關的決定原則、政策上安排執行機關與人員;三、政策本身以外的條件:標的團體的順服、機關組織之間的溝通與整合、執行機關的特性、執行人員的意向與工作態度、政策執行的監督、領導管理技術、政治環境、經濟社會及技術環境。

Viennet與Pont(2017)提出有效教育政策執行的決定關鍵因素有四個方面,包括:一、良好的政策設計:政策理由、政策目標與指標及因果理論的邏輯性、

可行性;二、包容多元的政策利害關係人參與:鑑別不同政策參與者、信仰與利益及動機、能力、對政策的回應和反應;三、有利的制度、政策和社會環境:教育體制結構、政策互補性、社會趨勢和衝擊;四、連貫的實施策略:任務分配和績效責任、政策目標、政策工具、政策資源、與利害相關人員的溝通和參與策略、數據與監測及績效責任。

綜合上述專家學者的看法,影響教育政策執行成功的因素分成教育政策設計、教育政策本身的條件、教育政策外在的條件三方面加以說明,如圖 10-1 所示。

圖 10-1
影響教育政策執行成功的因素

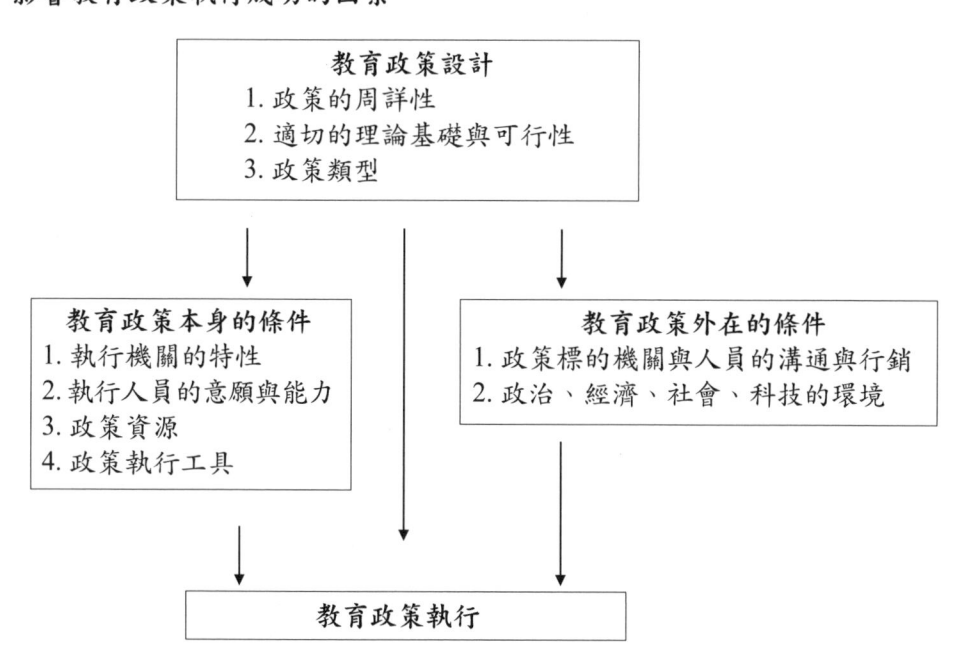

```
                    ┌─────────────────────────┐
                    │      教育政策設計        │
                    │  1. 政策的周詳性         │
                    │  2. 適切的理論基礎與可行性│
                    │  3. 政策類型             │
                    └───────────┬─────────────┘
                           │           │
              ┌────────────┘           └────────────┐
              ▼                                      ▼
┌──────────────────────────┐        ┌──────────────────────────────────┐
│   教育政策本身的條件     │        │      教育政策外在的條件          │
│ 1. 執行機關的特性        │        │ 1. 政策標的機關與人員的溝通與行銷│
│ 2. 執行人員的意願與能力  │        │ 2. 政治、經濟、社會、科技的環境  │
│ 3. 政策資源              │        └──────────────────────────────────┘
│ 4. 政策執行工具          │
└─────────────┬────────────┘                        │
              │              ┌─────────────────────┘
              └──────┐       │
                     ▼       ▼
                ┌──────────────────┐
                │   教育政策執行   │
                └──────────────────┘
```

註:作者自行繪製。

壹、教育政策設計

教育政策在地方與學校執行時無法達成教育政策的目標，往往是政策設計的問題（黃文定，2017；謝卓君，2021b；Honig, 2006; Viennet & Pont, 2017）。所謂政策設計（policy design）係指政策分析人員有系統探討政策問題並組合解決問題的相關政策要素，使其彼此間具有邏輯一致關係的過程。其具有彈性、動態性、變化性及參與性的特性。在從事政策設計時，考慮環境因素，以及政策設計之後如何有效整合執行與評估相關事項的問題（吳定，2013b）。以下進一步說明教育政策本身的設計之影響因素。

一、政策的周詳性

政策的周詳性強調政策運作過程每一個階段與政策環境的影響，在政策未制定之前，會考量政策的社會政治經濟文化及參與者的環境因素，系統性探討政策問題認定、政策規劃、政策合法化、政策評估、政策變遷，如政策本身價值的特性、政策規劃與政策執行有效聯結、賦予適合的法制依據、評估達成政策目標的證據等。換言之，一項教育政策的執行，倘若有政策的周詳性，將考量政策環境的影響，依據政策的價值取向，訂定明確的目標，採取有效的執行工具及評估標準，與執行相關人員建立執行共識，增進政策目標順利達成。

二、適切的理論基礎與可行性

教育政策執行有理論的依據，較易明瞭教育的本質，掌握政策手段與政策目標之間的關聯；一種教育政策執行需有理論作為基礎，亦需要進行政策規劃的可行性分析，對尚未實施的政策進行經濟、技術、政治、法律上的評估，針對不足之處加以改進。質言之，如果徒有理想的教育政策理論基礎，缺乏具備可行的執行相關因素，則僅是空中樓閣而已，而有效可行的執行手段或策略，可避免引起爭論，並有效達成政策的目標（顏國樑，1997）。

三、政策類型

所謂政策類型（policy types）是指政策在特定的界限中所表現的特質，而這些特質對於決策過程所引起的政治活動有相當大的影響。通常政策的類型分為四種（吳定，2013b；柯三吉，1990）：分配性政策、管制性政策、重分配性政策、自我管制性政策。政策類型性質的不同，對教育政策執行的過程會產生影響。

從整體的觀點而言，將分配性與自我管制政策之執行，描述為穩定性高、衝突性低的政策；管制性政策比分配性與自我管制政策的穩定性低、衝突性也比較高；而重分配政策之執行穩定性最低、爭議與衝突最高，往往透過法律位階的立法方式，促使政策的推動。據此，在執行教育政策時，如能瞭解不同的政策類型，則可預知將來政策執行時可能的爭論與衝突程度，及早規劃因應之道。

貳、教育政策本身的條件

一、執行機關的特性

健全的執行機構，乃是政策有效執行的先決條件。Elmore（1978）指出，要分析政策執行的情況，必須先瞭解組織的結構與型態。Rigby等人（2016）認為，組織結構會影響教育政策的執行和組織變革。Wilson（2016）提出組織文化是影響基層執行人員執行績效的關鍵因素之一。這是因為組織內的幕僚作業、結構的階層體系的安排、權責的分配、組織與成員關係，執行機關的組織文化等，均可能限制或加強政策執行的成效。

至於教育組織的特性為何？謝文全（2022）認為：「教育組織（或學校）就社會功能來看，屬於維持的組織；就其受益對象來看，屬於服務性組織；就長官運用權力的方式來看，屬於規範性的組織。Owens（1991）認為，教育組織是一種鬆散連接（loose coupling）的系統，無法像一般行政實施強而有力的科層

化之控制和指揮。因此,教育行政組織包括教育行政機關、學校行政、教師教學三個方面,每一個層面需要不同程度的科層化與專業化。因此,政策執行時,應瞭解執行機關的特性,以採取適當的執行工具,藉組織的運作來達成政策的目標。

二、執行人員的意願與能力

政策執行主要是透過組織來推動,但人員才是組織的靈魂。因為一個好的政策,如果執行者不願意執行,或者沒有能力執行政策,則空有政策,無法達到實際的效果。所以一項教育政策的執行,相關執行人員同時要具備執行的能力與意願,需要具備足夠的知識和技能,以及高昂的工作熱忱及堅固的信心,是獲致良好的執行績效的先決條件(顏國樑,1997;Fullan, 2001; Hersey & Blanchard, 1988; Odden, 1991a)。

在教育政策執行研究中,發現執行人員意願與能力往往是影響執行成效重要影響因素之一(許雅惠,2017;顏國樑,2015)。因此,在教育行政組織中,相關政策執行人員,教育部與地方教育局／處行政人員、學校行政人員及教師,他們執行政策的能力與意願對於政策執行的成效影響相當大,應該激勵其工作的動機、興趣、熱忱及信心,以及提升其執行的知識與技能。

三、政策資源

教育政策強調能夠執行,一項規劃良好的政策,都必須由執行人員充分運用資源來達成政策目標。任何教育政策規劃再完美,政策內容如何具體清晰,倘若政策本身缺乏充分的資源,來推動政策的執行,則政策會僅是紙上作業,無法達成政策預定的目標。

教育政策執行需要的資源包括經費、人力、資訊、時間、權威(林水波、張世賢,2012;黃文定,2017;Van Meter & Van Horn, 1975; Viennet & Pont, 2017)。因此,如果政策執行如果能擁有足夠的經費運用,充足且有能力與意

願的人力支援，足夠的時間不夠促執行政策，充足的資訊讓執行人員瞭解政策與進行溝通，以及具有法定職權的獎賞與懲罰的權力，則教育政策將較容易能有效執行。

四、政策執行工具

教育政策要實現政策目標，需要採取政策工具（policy instruments 或稱為 policy tools）為媒介與橋梁。政策制定者透過何種政策工具促使執行者能順從（compliance），願意去執行政策，亦是相當重要的影響因素。所謂教育政策工具是指教育行政機關為解決某項教育問題，或達成某項教育政策的理想目標，在盱衡政策環境與參與者各種因素後，所採取的單一或多種的具體策略與手段，以促進政策有效執行，達成教育政策的目標。教育政策工具可以歸納有六項類型（丘昌泰，2022；Howlett, 2018; Howlett & Ramesh, 2003; McDonnell & Elmore, 1987），包括：（一）法令工具；（二）財物工具；（三）資訊工具；（四）組織工具；（五）增能工具；（六）自願工具。

教育政策執行時，欲使執行者願意執行政策，並能有效的執行政策，必須重視政策工具的選擇，配合政策環境條件及政策性質，採取適當的執行策略，或綜合運用各種執行策略。

參、教育政策外在的條件

一、政策標的機關與人員的溝通與行銷

在民主多元發展及資訊科技化的現代社會中，教育政策想要順利推展，都必須透過有效的溝通與行銷，使政策影響的機關及人員瞭解並執行，政策目標才易達成。與政策標的機關與人員的溝通與行銷，主要目的在使政策執行影響對象能瞭解政策的目標、標準與手段，以及促進政府與社會大眾、傳播媒體及政府其他部門維持良好互動，建立良好的公共關係，創造民眾對教育需求，促進教育政策順利推動（顏國樑，1997；羅清俊，2020；Viennet & Pont, 2017; Burns & Koster, 2016）。

在教育上，與標的團體與人員溝通和行銷對象的範圍，包括參與政策執行者與政策執行的影響對象。在政策單位方面：如行政機關人員、學校行政人員、教師、學生。在教育相關單位方面：如民意代表、政黨、學者專家及學術性團體、大眾傳播媒體、民間基金會與法人社團等。在教育政策執行時，都是必須與之溝通和行銷的對象。

二、政治、經濟、社會、科技的環境

以生態系統觀點來看教育系統係屬於社會大系統的一個次級系統，教育政策的執行，必然會受到環境因素的影響。因此，執行教育政策必須顧及政策的政治、經濟、社會、科技等條件的影響（林水波、張世賢，1991；柯三吉，1990；顏國樑，1997；Sabatier & Mazmanian, 1980）：（一）政治方面：受到政治體制是中央集權、地方分權及均權型的影響，以及國會的政黨生態對於教育政策的合法化具有重要影響；（二）經濟方面：受到經濟結構、經濟成長，以及經濟體制是計畫或市場導向的影響；（三）社會方面：受到社會人口結構、社會變遷及社會開放程度的影響；（四）科技方面：受到網路網際平台的運用、資訊公開及智慧化決策環境的影響。

政策環境因素會影響教育政策執行的結果。因此，教育政策執行應配合政策的政治、經濟、社會及科技等的條件，以掌握政策環境的脈動，適時調整政策執行的工具、資源、組織特性、人員的意願與能力等相關因素，提升政策有效執行。

第四節　教育政策執行的展望

教育改革是世界的潮流，政府因應環境發展推動各項教育政策。但規劃周詳完整的教育政策，端賴有效的政策執行來落實。因此，教育政策執行研究的

第十章　教育政策執行

領域與議題值得我們重視。以下提出幾項闡述教育政策執行的展望。

壹、教育政策執行應以教育本質為目的，培養五育均衡發展的全人教育

教育的本質是教育的根源，若不知教育的根源，則政策的執行便容易產生偏差，甚至以反教育的活動視為合理的教育，將目的與手段兩者之間的關係本末倒置。教育的本質係在培養五育均衡發展的全人教育。在理想上，是一種以人為中心所實施均衡、統整、圓融的教育，使學生能依其自我發展的潛能，追求自我實現，發展出完全的人格。在教學方法上重視討論、啟發及因材施教；強調知情並重，教學過程中同時達到情感教育及人格教育的目的（顏國樑，1997，2015）。換言之，教育政策執行工具是手段，能提升教學實施的品質和效果，對學生學習有實際的幫助才是目的。因此，未來推展教育政策衡量能否達成教育目標，都應以教育本質為評鑑的規準。

貳、運用適當的溝通行銷策略，獲取標的對象對政策的支持

教育政策的推動，往往因為政策實施的影響對象不瞭解政策內容而反對。政策的推行如能做好溝通行銷的工作，瞭解政策影響對象的需求與問題，並加以實際改善，可以化解衝突，減少政策推動的阻力（潘慧玲、王麗雲主編，2022；Albers & Pattuwage, 2017）。因此，在政策推動之前及執行過程中，執行人員應有積極行銷的觀念，運用傳播行銷的策略，針對政策實施影響的對象，例如：家長、學生、教師、行政人員、民意代表、社會大眾、媒體等，採取不同的溝通行銷策略，兼顧組織及影響對象的利益和需要，進行雙向溝通行銷，使教育政策執行具有民意基礎，促使大眾傳播媒體有正面的報導，亦可減少政策執行時的衝突，俾益建立教育政策執行的共識，促進政策順利推動。

參、採取漸進的教育政策執行模式，化解政策執行的阻力

教育的問題涉及政治、經濟、社會及文化等多方面因素，是一種錯綜複雜的問題，其問題的成因是盤根錯節，有的是長久以來沉苛所累積的結果；有的係近年來社會變遷而產生的適應失調現象。從政策執行成功的角度衡量，創新性的政策成功的機會較小，而改革性政策成功的機會較大，也就是說教育改革是建立在現有的教育條件基礎上，無法一蹴而成（顏國樑，1997，2015）。因此，教育政策的推動是難以立竿見影的，而是要持續不斷的改進執行的問題。漸進的執行策略，並不等於保守，而是以更積極的態度，與政策執行影響對象，互動溝通，分析實施新政策時的各項條件；尋找困境之處，然後克服困難，加強改進之處，以減少政策執行的阻力，並運用適當的執行工具，達成政策目標。

肆、提升基層執行人員的意願及能力，增進政策執行的成效

學校校長及教師是教育改革的第一線執行人員，教育政策的落實皆需要學校教育人員推動，校長與教師執行政策的意願與能力是教育改革成敗的關鍵（Odden, 1991b；Viennet & Pont, 2017）。校長及教師素質、專業知識及工作熱忱與信心的提高，是教育改革成功和教育品質提升最主要的關鍵；若學校教育人員素質低落、專業能力不足、對教育工作缺乏信心與熱忱，則不會視教育為志業，勢必影響教育改革的推動。有鑑於此，任何教育政策的執行應重視校長及教師第一線基層執行人員，應積極改善學校工作環境、設計士氣激勵方案、充實專業成長支持系統、賦予專業自主、減少法規行政的束縛等，以提升基層教育人員的工作意願與意願，增進教育的效果。

伍、因應政策環境採取適當的執行方式，提升執行績效

由上而下及由下而上的政策執行方式各有其適用範圍及優缺點，欲使教育

政策能有效達成，依政策環境的發展而採取不同的政策執行方式。換言之，執行人員應以權變的取向執行政策（吳定，2013a；柯三吉，2019；羅清俊，2020）。首先，主要目的在提醒教育人員要因應政策環境的不同，而採取適當的執行方式，以降低政策執行的阻礙，有效達成政策目標，並維持組織不斷的進步與發展；其次，教育政策執行除依政策環境不同而採取適當的執行方式外，同時執行人員不必侷限使用單一執行方式，應綜合運用多種執行方式，以發揮最大的執行效果；最後，執行人員要因應外在社會環境的變化，隨時檢視執行方式是否適當合理，並加以修正，以提升政策執行的成效。

陸、推展以學校為中心的執行模式，裨益學校自主性的改革

學校校長及教師是影響執行成效的關鍵因素，因此建立以學校為中心的執行模式就顯得相當重要。過去行之有效的科層體制，集權式的教育行政運作，或許可以適合以往較封閉的社會系統，但面對目前社會強調多元化、自由化及彈性化的時代，已難以適合當前社會的需要。這是因為科層體制下往往形成他律與威權管理，造成中小學長期以來缺乏自主性的教育改革能量，也就無法激發出學校教育人員主動不斷解決問題的內在能力，導致鮮少發生學校自主性的教育改革（潘慧玲、王麗雲主編，2022；顏國樑，1997）。因此，應積極推展以學校為中心的執行模式，以適應現代社會的需求，進而提升學校教育的效果。

柒、加強教育政策執行的研究，厚實政策研究能量

以政策過程來看，目前我國對教育政策執行的研究的數量最多，但仍有待努力之處。其作法包括（趙德餘主編，2013；潘慧玲、王麗雲主編，2022；顏國樑，1997，2015；Albers & Pattuwage, 2017; DeLeon, 1999; Honig, 2006; Satren & Hupe, 2018）：（一）除了探究由上而下、由下而上兩種途徑之外，同時重視兩者及教育治理的教育政策研究取向；（二）重視實證、詮釋、批判三種研究

方法的綜合應用，多採用客觀實證、詮釋的、對話的、參與的、論述的執行研究途徑；（三）採取行動者、教育治理的視角探討教育政策執行；（四）聚焦中層機關地方教育行政局處與高等教育政策執行的研究；（五）探究教育政策執行與教師教學效能及學生學習效果的關係；（六）採取長期縱貫式的研究方式，考量時間的影響因素，探討政策長期執行的情形，將有助於問題癥結的瞭解及現象背後意義的掌握，亦有助於歸納影響政策執行的共同因素。

註：本章改寫自顏國樑（1997）。**教育政策執行理論與應用**。師大書苑。

第十章　教育政策執行

問題討論

一、請以政策執行的角度，依據教育機會均等理念提出改進偏鄉教育的作法？

二、請針對目前學校執行新住民語文課程實施的狀況，請從行政、教師、家長方面分析出可能會面臨到的困境？並提出解決策略？

三、目前政府推動雙語教育政策，請以基層學校的角度，分析執行雙語教育會受到那些因素的影響？

四、偏遠地區學校教師流動大，請分析造成偏遠地區教師流動的原因？並提出改進策略？

五、108課綱規定教師要進行公開授課，請你提出落實此項政策目標的執行工具？

六、請舉出一項教育政策為例，分析此項政策執行成功的原因？

七、請說明實驗三法實施之後，師資人力產生那些問題？並提出改進方式？

八、教育政策執行方式有由上而下、由下而上、權變方式，請分析要如何運用才較能達成教育政策執行的目標？

第十一章
教育政策評估

本章摘要

　　教育政策評估的意義係指教育政策評估人員運用科學的方法與技術,透過有系統的蒐集相關資訊,對評估政策方案的問題、規劃、執行過程及其結果,進行成效分析與價值判斷。其目的在提供選擇、修正、持續或終止教育政策方案所需的資訊。

　　教育政策評估研究的發展分成四代:1.第一代評估:實驗室的測量評估(1910 年～第二次世界大戰);2.第二代評估:實地實驗的描述評估(第二次世界大戰～1963 年);3.第三代評估:社會實驗的判斷評估(1963～1974 年);4.第四代評估:利害關係人的回應性評估(1974 年～迄今)。

　　教育政策評估的功能包括:1.重新界定政策問題與規劃可行性分析;2.掌握執行過程的問題並加以改進;3.作為教育政策建議的依據;4.作為回溯性的政策分析工具;5.提供教育決策者、執行人員及社會大眾政策資訊。

　　教育政策評估的類型:1.預評估:包括問題認定評估與規劃評估;2.執行評估:評估的重點在於檢核政策在執行當中或繼續執行是否有達到預定的目標;3.結果評估:著重在政策完成執行階段最後結果進行的系統評估,政策結果通常兼具偏重數量的產出評估與偏重品質的影響評估兩方面的評估。

　　教育政策的評估標準有:效用性、可行性、適切性、正確性、績效性等五項。

　　教育政策評估的三項步驟:1.計畫與準備:包括確定評估對象、評估目的、訂定評估計畫、準備評估配合工作;2.組織與實施:包括成立評估組織、蒐集政

策資料訊息、進行統計分析,以及形成政策初步結論三個部分;3.結果與運用:此階段是處理評估結果並提出報告。

　　回應性評估的意義係指是與相關利害關係人一個互動、協商的過程,並在有限的資源與時間下,決定評估的要素與界限。政策利害關係人可以分為三大類:1.政策制定者、評估者;2.政策受益者;3.政策受害者。

　　回應性政策評估的實施程序包括:簽訂評估契約、籌備相關事宜、界定政策利害關係人、發展政策利害關係人之間的共同建構、檢定與擴大政策利害關係人的共同建構、整理已獲得共識的需求及議題、排列待解決的需求、蒐集相關資訊、準備協商的議程、協商議程的實現、提出評估報告、循環。

　　教育政策評估的展望:1.建立教育政策評估制度,以利系統性與長期性發展;2.教育政策評估宜運用回應性評估途徑,重視政策利害關係人的需求;3.建構教育政策評估指標,以衡量教育政策績效;4.建立自我評估的機制,提升教育品質與績效;5.加強教育政策評估的理論探究與相關研究。

第一節　教育政策評估的意義與發展

英文字「evaluation」在台灣教育領域通常翻譯成「評鑑」，例如：校務評鑑、教師評鑑、校長評鑑、課程評鑑等，但在教育政策的探究，習慣上與一般公共政策領域一樣，採用「評估」名稱（吳政達，2002；張鈿富，1995；黃彥融，2016；蔡進雄，2021；謝孟珈，2022；謝美慧，2002）。因此，本文採取教育政策評估（education policy evaluation）探討政策的績效或效果。

壹、教育政策評估的意義

有關政策評估（policy evaluation）的定義，在公共政策領域的專家學者有不同的見解。茲列舉數位國內外學者的看法，加以說明並歸納之。

林水波與張世賢（2012）認為，政策評估乃基於有系統和客觀的資料蒐集與分析，進行合理判斷政策的投入、產出、效能與影響的過程；而其主要的目的在於提供現行政策運行的實況及其效果之資訊，以作為政策管理、政策持續、修正、或終結的基礎，擬定未來決策的方針，發展更為有效和更為經濟的政策。

Rossi 與 Freeman（1993）界定政策評估為有系統地應用社會科學的研究程序，以評量解決社會問題的方案之概念化與設計、執行及效用或結果。

吳定（1999）認為，政策評估是指政策評估人員利用科學方法與技術，有系統的蒐集相關資訊，評估政策方案之內容、規劃與執行過程、執行結果的一系列活動。其目的在提供選擇、修正、持續或終止政策方案所需的資訊等。

張芳全（2001）指出，教育政策評估是以科學方法及技術，藉由相關資料的蒐集，進行分析、從事價值判斷。讓教育政策順利執行，達成教育政策目標的歷程。

羅清水（2000）指出，教育政策評估係指運用社會科學的研究程序與方法，藉由相關資料的蒐集進行分析，對教育政策從事價值判斷，以利於教育政策的監控，並實現教育的目標，其程序內涵則包括教育政策的形成、規劃、設計、

執行及其開放與影響。

謝美慧（2002）認為，教育政策評估是運用政策評估的理論與方法，藉由相關機關資料的蒐集，進行分析、從事價值判斷，讓教育政策順利執行，達成教育政策的歷程。

李允傑與丘昌泰（2009）認為，政策評估是檢視一項政策在付諸實行以後，是否達成制定政策時所欲達到的目標，以避免政府浪費人力、資源沒有效果或不當的政策上。

Dunn（2018）則認為，評估是政策分析程序中的一環，目的在蒐集各種相關資訊，藉以進行價值判斷的活動。

綜合上述專家學者的看法，所謂教育政策評估的意義係指教育政策評估人員運用科學的方法與技術，透過有系統的蒐集相關資訊，對評估政策方案的問題、規劃、執行過程及其結果，進行成效分析與價值判斷。其目的在提供選擇、修正、持續或終止教育政策方案所需的資訊。針對教育政策評估的意義，以下再分析其內涵：

一、教育政策評估的對象是以影響社會發展的公共政策與計畫，私人企業計畫則不包含在評估的對象之內。

二、教育政策的評估方法宜採取多元化的科學方法，包括量化方法，如調查法、實驗設計法、成本效益分析法等，以及質性方法，如訪談法、個案研究、批判論述分析、觀察法、專家評斷法等。

三、教育政策評估是運用有系統的蒐集資料，不僅對政策執行績效的評估，也包含對政策的問題、規劃及執行過程的評估。

四、教育政策評估的目的在於提供政策評估人員選擇、修正、持續或終止政策方案所需的相關資訊，以做正確的判斷。

貳、教育政策評估研究的發展

就政策評估研究的發展來看，常受社會相關問題的研究而形成。根據 Guba 和 Lincoln（1989）將政策評估研究的發展分成四個時期，以下說明四個時期的研究發展重點，並將四代政策評估作比較（丘昌泰，1998；吳定，2013a；Guba & Lincoln, 1989），如表 11-1 所示。

表 11-1
第一代至第四代政策評估理論比較表

比較點／類別	第一代評估	第二代評估	第三代評估	第四代評估
時間	1910 年～二次大戰	二次大戰～1963 年	1963～1975 年	1974 年～迄今
研究觀點	技術性觀點	敘述性觀點	判斷性觀點	回應性協商觀點
理論基礎	實證論	實證論	實證論	自然論
研究方式	量化的實驗室	量化的實地實驗為主並加入個人描述	量化實地實驗為主並加入個人描述與判斷	質化的個案研究
評估者角色	技術者	敘述者	判斷者	問題建構、溝通及協商者
評估途徑	比較數據	實證測量與觀察	價值判斷	參與溝通及協調
評估活動	操作工具活動，運用適當的系統化工具蒐集各項資料	目的功能活動，對執行的政策預定之目的功能，加以描述結果、瞭解優劣。	暫時性的決策，依評估者之內在本質、外在因果來判斷良窳。	綜合人類整體性問題，考量政治、社會、文化、經濟的前因後果的各項因素，強調評估者與利害關係人彼此之間的互動、協商中完成評估。

註：整理自 *Four generation evaluation*, E. G. Guba & Y. S. Lincolon, 1989, Sage。

一、第一代評估：實驗室的測量評估（1910年～第二次世界大戰）

第一代評估的特色是實驗室的評估，在研究方法上普遍採取實驗室實驗的方法。透過測量的方法來測量人類行為、個性、智商、心理變化、學習及生產績效。較著名的研究，如1930年代Taylor評析「動作與時間研究」對於工作效率與管理的影響。在1930年代Mayo所進行的霍桑實驗（Hawthrone Experiment），評估非正式組織對於生產效率的影響。

此期的評估主要受兩個環境因素影響。評估方法採取「科學」的方式，透過實驗或各種測量形式，以瞭解政策對社會的影響。在測量為主的評估中，評估者的角色是技術性的。換言之，評估者必須瞭解各種測驗的方法，以利於操作評估工具（胡至沛，1998）。但此時期過度強調測量的角色，致使容易產生評估無效率，或者以實驗室的評估結果，是否能應用於現實生活，常受到質疑。

二、第二代評估：實地實驗的描述評估（第二次世界大戰～1963年）

鑑於過去實驗室的評估受到質疑，因此政策評估者必須走出實驗室，到現實生活環境中進行研究，諸如學校、工作地點等。此時期的政策評估強調對政策、計畫或方案結果的敘述。相較於過去只以測量方式來呈現，此時期的評估者利用測量等科學方式做為評估工具的一種，並將實驗的場所從「實驗室」搬到社會實地（如學校、教室），同時已經注意到過去測量方式的不足之處及負面影響，而以敘述的方式詳細「紀錄」實施的政策方案對於評估對象產生的影響。

三、第三代評估：社會實驗的判斷評估（1963～1974年）

以描述為主的評估方式，直到1957年蘇聯發射人造衛星，搶先美國一步之後，引起了一片檢討的聲浪，認為評估的方式不應只是強調科學客觀的測量與敘述，更要加入評估者本身的判斷，同時需要一套評估標準，將評估對象中未被評斷的事項一併納入考量。但是這樣的評估方式，卻與過去注重科學、強調

價值中立的實證方法，相互違背，對於評估者產生莫大的挑戰。總之這一時期的評估者從事評估時，除了過去重視的測量、敘述等方法外，更要適時加入個人的判斷。

四、第四代評估：利害關係人的回應性評估（1974年～迄今）

Guba與Lincoln（1989）檢視過去三代的評估理論發展，批判過去的評估發展過於強調管理主義，忽略社會中的多元化價值以及過度強調科學研究的典範。他們認為政策評估研究應重視政策利害關係的觀念，政策利害關係人的要求（claims）、關切（concerns）及問題（issues），政策評估者應予以瞭解、溝通、考量，甚至加以批判。重視利害關係人的政策評估方式，被稱回應性政策評估（responsive evaluation），期望透過回應性政策評估的使用，能夠修正過去過度重視實證典範的評估方式、管理主義，以正視社會當中存在的多元價值觀，調整評估者的角色。

第二節　教育政策評估的內涵

本節探討教育政策評估的內涵，包括教育政策評估的功能、類型、標準及實施步驟。

壹、教育政策評估的功能

政府常因應社會發展制定許多教育政策，而一項教育政策的制定與執行結果，需要評估政策過程的情形，以作為政策問題、規劃、執行修正的參考，以及瞭解達成政策目標的情形。教育政策評估的功能有下列幾項（李允傑、丘昌泰，2009；張芳全，2001；謝佩華，2024；Dunn, 2018）。

一、重新界定政策問題與規劃可行性分析

對教育政策進行政策問題認定分析的評估，釐清教育政策的價值，確立政

策目標，以掌握教育問題癥結所在，提出適當的解決方案。另外，進行政策規劃可行性評估，進行技術、經濟、法律、政治、時間等面向分析，以便後續政策的順利執行。

二、掌握執行過程的問題並加以改進

影響教育政策有效執行的因素分成教育政策設計、教育政策本身的條件、教育政策外在的條件三方面的影響，因此應對政策進行執行評估，例如：政策的經費與人力及時間、執行人員的能力與意願、執行工具、受影響對象對政策的反應等，發現執行的問題與反應意見並進行即時調整執行策略，或檢討政策目標。

三、作為教育政策建議的依據

教育政策評估的價值最終在於提供政策改進的建議，諸如評估教育政策的目標是否適當回應問題的情形、達成教育政策目標的程度等，以作為是否修正政策目標或內容、終止政策，或是再訂定新的教育政策取代原先的政策。

四、作為回溯性的政策分析工具

教育政策評估可以作為回溯性的政策分析工具，以教育政策運作過程來看，教育政策評估雖然常被放置在最後階段，但在政策形成過程的每一個階段，皆可進行評估，不必侷限於政策過程的最後階段。決策者或執行人員可以借助周而復始的回溯性評估，調整政策工具或再釐清政策目標，或再重新規劃政策。

貳、教育政策評估的類型

學者對於所主張的政策評估類型並不盡然相同，因此，分類的基準各有不同。綜合專家學者的看法，從政策運作過程觀點分析，將教育政策評估分成三種類型，以下加以說明（丘昌泰，2022；吳定，2013；謝美慧，2002；羅清俊，2020；Dunn, 2018; Rossi et al., 2019）。

一、預評估

　　預評估（pre-evaluation），包括問題認定評估與規劃評估。問題認定評估方面，由於教育政策的制定在於針對教育的問題，解決教育問題。因此，問題認定評估重點在對教育政策進行價值分析，並找出教育政策問題的各種形成因素與影響，確立所欲達成的目標，提出可能解決問題的方法，也避免「以正確方法解決錯誤的政策問題」的風險，例如：顏國樑與任育騰（2014）指出，十二年國民基本教育政策忽略教育政策問題認定的過程，沒有掌握政策的核心問題，因此難以提出適當的政策解決方案，導致無法全面與徹底解決十二年國教的錯綜複雜的問題。

　　在規劃階段進行評估，係指政策在執行之前所從事的評估，對政策的替選方案進行可行分析、成本進行評估，目的在增進政策目標與政策執行的聯結，避免產生落差，以期在政策執行之前，修正政策的內容與資源條件，促進政策順利執行，例如：顏國樑（2014b）針對十二年國民基本教育政策規劃進行研究，瞭解學校教育人員與教育行政機關人員對政策目標、政策規劃的影響因素、政策規劃的問題，以及政策規劃改進途徑的認同度。

二、執行評估

　　執行評估（implementation evaluation）也稱作過程評估（process evaluation），著重在政策執行中進行系統性評估，評估的重點在於檢核政策在執行當中或繼續執行是否有達到預定的目標。政策執行有無產生任何不良副作用？政策執行機關、人員、經費、策略、技術等在執行過程中的問題，如果政策執行無法達成其預定的目標時，則需要修正、增刪或廢止該項政策，例如：顏國樑（2015）針對十二年國民基本教育政策執行過程，評估政策執行的目標達成程度、入學方式調整、問題及改進途徑的看法。

三、結果評估

結果評估（outcomes evaluation）是政策結果的評估，著重在政策完成執行階段最後結果進行的系統評估，政策結果通常兼具偏重數量的產出評估（output evaluation）與偏重品質的影響評估（impact evaluation）兩方面的評估（吳定，2013）。結果評估的焦點在於政策目標是否達成？政策產生哪些影響？政策是否對政策影響對象提供預期的服務水準？政策影響對象行為的改變與社會狀況的改善，例如：顏國樑（2016）針對十二年國民基本教育政策實施之後，評估政策願景、理念及目標達成的程度，評估政策對學校、教師、學生、社會大眾的影響，以及評估政策配套方案的滿意度。邱仕凱（2021）探討十二年國民基本教育政策實施後，在教育機會均等與適性教育兩個政策主軸的成效。

參、教育政策的評估標準

所謂評估標準指的是經過一群人以專業的角度相互同意的準則，應用這個準則可以提升專業運作。一般公共政策常採用 Dunn（2018）在《公共政策分析》（*Public Policy Analysis: An Introduction*）一書中提出的六項標準，包含：效能性（effectiveness）、效率性（efficiency）、合適性（adequacy）、公平性（equity）、回應性（responsiveness）、適當性（appropriateness）。

在教育領域則常採用美國教育評估聯合委員會（Joint Committee on Standards for Educational Evaluation [JCSEE]）於 1981 年所發表的《教育政策、計畫與教材評估標準》（*Standards for Evaluations of Educational Programs, Projects, and Materials*），提出了教育政策評估的實用性、適當性、正確性與可行性標準。接著於 1994 年提出第二版（謝美慧，2002；Sanders, 1994）。在 2011 年提出第三版，其標準包含效用性（utility）、可行性（feasibility）、適切性（propriety）、正確性（accuracy）、績效性（accountability）等五項（JCSEE, 2011），以下針對這五項教育政策評估標準說明如下（張堯雯，2019；JCSEE, 2011）。

一、效用性標準

效用性標準之目的在於評估結果促使評估過程及結果更能夠滿足互動關係人需要。強調評估者的可靠性、關注利害關係人、協商評估目的、明確的價值、相關資訊、具有意義的過程與結果、即時且適當的溝通與報告、關注評估結果與影響。

二、可行性標準

可行性標準主要目的在於確保評估是真實的、謹慎的、合宜的，且花費較少的。評估重視有效的計畫管理策略、評估程序應切合實際、政治可行性、有效的使用資源。

三、適當性標準

適當性標準之目的在於希望評估工作在執行時能夠合法、合乎倫理規範，以及考量相關利益者或可能受其結果影響者福利。其強調回應和包容導向、正式的協議、人權與尊重、清楚與公正、透明且公開、利益衝突、財政職責。

四、正確性標準

正確性標準之目的在於促使評估表現、假定及結果是具有可靠性及真實性，藉以支持論述及判斷的品質。其強調合理的結論與決定、有效的資訊可靠的資訊、明確的計畫與背景說明、系統化的資訊管理、健全的設計與分析、明確的評估推論、充分的溝通與報告。

五、績效性標準

績效性標準之目的在鼓勵對評估進行充分紀錄，並使用後設評估觀點進行政策過程及結果的改進及績效責任。強調對評估文件、內部後設評估、外部後設評估。

肆、教育政策評估實施的步驟

政策評估是有計畫、系統，按照步驟進行的活動。教育政策評估實施也要遵循一定的步驟，以便評估者能夠依序完成教育政策評估的工作。以下說明教育政策評估的三項步驟（范國睿、杜成憲主編，2011；陳振明，2003；謝美慧，2002；Sanders, 1994）。

一、計畫與準備

教育政策評估是一項系統性與複雜的過程，需要在實施之前進行周詳的計畫與準備，讓政策評估能夠順利進行。計畫與準備階段主要工作包括：（一）確定評估對象：在評估之前謹慎確定評估何種政策，或評估政策的其中那部分的內容，以及時機上是否可以評估等問題；（二）確定評估目的：探討為什麼評估的問題，評估活動可以實現之目的往往不只一項，不同的目的會導致不同的評估標準和評估方法的選擇；（三）訂定評估計畫：評估計畫是評估實施的依據與內容，評估計畫設計的合理與周詳程度是影響評估活動結果的關鍵。評估計畫內容應包括：說明評估目的、評估的對象、評估項目與指標、評估方法、期程、處理與運用、評鑑倫理等；（四）準備評估配合工作：確定負責單位與工作進度安排、挑選和培訓評估人員、經費籌措與使用。

二、組織與實施

組織與實施是落實評估計畫的重要階段，其主要任務需要成立評估組織與依據評估計畫執行，對人員、財物進行健全有效的管理。主要包括蒐集政策資料訊息、進行統計分析，以及形成政策初步結論三個部分。就具體實施過程而言，詳言之，此階段任務：（一）運用調查法、觀察法、訪談法、實地訪視、文件分析、個案研究法等蒐集政策過程的相關訊息；（二）將運用各種方法蒐集的政策相關訊息，進行系統性的整理、歸類、統計及分析；（三）依據量與質量方面完整的政策信息進行科學分析，獲得客觀與公正的政策初步發現與結論。

三、結果與運用

此階段是教育政策評估結束階段,需要處理評估結果並提出報告,評估報告對教育政策的延續、調整、終結或創新會產生影響。此階段首先,要檢視研究結論的可信度與效度;其次,教育政策評估者必須與決策者、被評估者,以及其他相關人討論評估的結果。最後,報告內容除對政策效果進行客觀陳述和價值分析之外,還應包括對於政策建議,以及說明評估過程中受到爭議的議題,對於提升評估品質的評論,有助於蒐集進一步資訊的方法,以及改善組織評估能力等。

第三節　回應性的教育政策評估

Stufflebeam et al.主編(2000)的《評鑑模式:教育及人力服務的評鑑觀點》(*Evaluation Models: Viewpoints on Educational and Human Services Evaluation*)書中,提出了二十種合理方案評估模式。在應用上,各種模式彼此間不應被視為是分別獨立的,應用在設計評估架構時,需要瞭解如何選取或甚至結合不同的模式,俾適合各種評估情境的不同需求(蘇錦麗等人譯,2005)。

過去政策評估的研究常被束諸高閣,或是僅供參考使用,未能發揮積極的效果。其主要原因在於忽略政策的應用面向,以及行政機關認為評估會帶來負面的否定與責難。因此有些評估學者(丘昌泰,2022;林鍾沂,1994;羅清俊,2020;Abma, 2005; Guba & Lincolon, 1989; Mark & Shotland, 1985)倡議從利害關係人的立場進行政策評估,促進決策者、執行者、使用者及被評估者之間的信賴,讓評估報告得以建議性和支持性地被使用。限於篇幅,本文僅對教育政策評估發展第四代—利害關係人(stakeholder-based)的回應性評估(responsive evaluation)進行探討。

壹、回應性政策評估的意義

回應性評估最早是由教育學者 Robert Stake 於 1960 年代所提出,應用於教育研究方面,Guba 與 Lincoln 兩位學者則再加以建構出一套完整的理論體系。Guba與Lincoln（1989）認為,回應性評估是與相關利害關係人一種互動、協商的過程,並在有限的資源與時間下,決定評估的要素與界限。根據此項定義,回應性評估有下列幾項特質（丘昌泰,1998;胡至沛,1998;羅清俊,2020）：

一、回應性評估係以利害關係人為基礎的評估：包括政府官員、民意代表、政策評估者、利益團體、民眾等。

二、回應性評估係一種互動與協商的建構過程：透過實地觀察與訪問,評估者與當地的人事物產生互動,交換彼此的想法與意見,共同產生一個政策建議。

三、回應性評估係在有限資源與時間下的運作：進行回應性評估將會耗費評估者許多資源與時間在資料的蒐集與分析上,並且評估的範圍也會隨著研究的進行而改變,因此評估者必須在有限的資源與時間內,進行評估的工作。

四、回應性評估必須決定評估的項目與界限：回應性評估的評估者,在進行評估之前,對於評估的重點、目的與範圍,事先要釐清界限,以免投入實地進行評估時,失去評估的重心與方向。

貳、回應性政策評估的利害關係人類別與理由

一、政策利害關係人的類別

任何公共政策都必然涉及或多或少的利害關係,這些與政策有密切關係的人,通稱為政策利害關係人。然而政策利害關係人會產生他們對於政策不同的看法,使政策決策者、執行人員考量不同利害觀點。政策利害關係人可以分為三大類（丘昌泰,1995;Guba & Lincoln, 1989）：

（一）政策制定者、評估者：制定、運用與執行、評估政策的個人或團體。

（二）政策受益者：直接或間接接受到利益的個人或團體，直接受益者通常是標的團體，間接受益者是基於直接受益者的關係而得到利益。

（三）政策受害者：喪失應得或是既有的利益，或是政策對其產生的負面影響，或是比較下的弱勢團體。

二、採取政策利害關係人作為評估觀點的理由

政策目標是否有完全的實現，相關的政策利害關係人應該是最瞭解並且感受最直接的群體。因此，採取政策利害關係人的觀點，是檢視政策對於社會影響的最好方式。回應性政策評估之所以將政策利害關係人納入評估研究中，並成為重要的理論核心，其主要有下列理由（Guba & Lincoln, 1989）：（一）政策利害關係人是身處利益風險的群體；（二）政策利害關係人面臨權力被忽視的問題；（三）政策利害關係人是評估結果的使用者，能回應其需求有助於提升政策效果；（四）政策利害關係人擴大評估研究的範圍，並且有助於詮釋辯證的過程；（五）政策利害關係人在進行回應性政策評估的過程中，彼此教育與學習。

參、回應性政策評估的實施程序

回應性政策評估是透過政策利害關係人的要求、關切及疑問與建構典範的方法論，企圖在政策利害關係人不同或相互衝突的建構主張中建立共識，致力於成為彼此共享的社會建構，這樣的過程是充滿價值的判斷，賦予政策利害關係人參與政策的機會，具有高度的學習意義。下面列出詳細的實踐過程，但在運用上可依據評估實際狀況與需求，可以簡化採取適當步驟。以下依照每個步驟分述如下（丘昌泰，2022；林鍾沂，1991；胡至沛，1998；顏國樑，2001；Guba & Lincoln, 1989）。

一、簽訂評估契約

政策評估通常都有特定的人士或團體基於不同需求，委託評估者進行研究。

評估者多半都會與贊助者簽訂契約，詳細訂定雙方應遵守的內容，以免在評估結果上產生造成不必要的誤會，因此評估契約關係著雙方的所享有的權力與義務。一項完整的評估契約應包括以下幾點（Guba & Lincoln, 1989）：如明定評估研究的贊助者、對象、目的、方法、利害關係人、資料取得的保證、資料來源的隱密性、報告形式、經費、可能的結果等。

二、籌備相關事宜

進行政策評估之前，應事先籌備相關事宜，以促進評估能順利進行，進而提升評估的效果。籌備的相關事宜，主要有下列幾項：（一）選擇與訓練評估成員；（二）獲得進行評估活動的許可；（三）有系統的安排相關事宜；（四）注意評估當地的社會、政治、文化因素，評估者才有希望接近屬於當地的真實觀點。

三、界定政策利害關係人

認定各類型的政策利害關係人，包括政策制定者與評估者、受益者及受害者，回應性政策評估者有責任發現這些政策利害關係人，評估者必須透過各種方式找出這些群體，並透過面對面協商的過程，選擇重要的需求及議題進入評估中。

四、發展政策利害關係人之間的共同建構

評估者透過深度訪談的方式，發現回應者對問題的建構形式與需求。可採用滾雪球（snowball sampling）的抽樣方式，由回應者彼此推舉出不同的觀點，評估者從這個過程中，發覺出屬於特定群體的需求及議題，並與其他群體相互比較，進入詮釋辯證的循環程序，一直持續到發生以下的情形才停止：產生大量重複性的資訊、有共識的形成或是不能以現有的資料來檢視不同的建構形式。接下來則是針對這些共同建構確認他們的可信度，最好的方式則是召集相關的回應者討論這些共同的建構，強化本身的可信度。

第十一章　教育政策評估

五、檢定與擴大政策利害關係人的共同建構

評估者經由辯證的程序產生政策利害關係人之間的共同建構形式，而這些共同建構並不能立即成為評估報告的一部分，評估者必須不斷的蒐集相關資訊，針對其內容加以檢視與確認真實性，同時擴大這些共同建構所能涵蓋的範圍。而相關資料的來源，以回應性政策評估的角度而言，有以下五種方式：（一）官方文獻與紀錄；（二）直接參與觀察；（三）專業文獻；（四）其他政策利害關係人的建構；（五）評估者本身的外在建構。由這些方式所產生的資料，配合共同建構的內涵與適用性，適時的加入共同建構，以澄清建構中的疑點，並強化建構本身的說服力。

六、整理已獲得共識的需求及議題

評估者針對政策利害關係人發展出屬於他們的共同建構後，除了檢定與擴大這些共同建構之外，更重要的是將這些共同建構中，彼此已經取得共識的需求及議題加以整理。因為，這些需求及議題經過清楚呈現與考驗，已成為評估當中的一部分，評估者應將這些需求及議題整理分析，撰寫於評估報告中。

七、排列待解決的需求

當然並非所有政策利害關係人的需求及議題都是具共識的，他們會因為彼此的價值觀的差異，對政策產生不同的看法，評估者將會面臨許多彼此相互矛盾與衝突的需求及議題，在這樣的情形下要解決所有這些衝突的需求及議題，所花費的時間與資源相當龐大，因此將這些需求及議題依照重要性加以排列，由評估者與政策利害關係人共同決定處理的優先順序，在有限的時間與資源下，這樣的方式是比較可行的。

八、蒐集相關資訊

針對未解決的需求及議題，評估者則是繼續蒐集相關的資料，瞭解這些需求與議題產生的原因與背景，發現背後所隱含的價值觀為何，甚至再進行一次

的詮釋辯證，如果實在是無法處理這些需求及議題，評估者則是將這些需求及議題相關的資料整理分析，成為接下來協商過程的參考資料。

九、準備協商的議程

　　協商是一種呈現所有政策利害關係人所採取的需求與價值觀的最佳機制。在進行協商之前，評估者宜有以下的準備工作：（一）以政策利害關係人的觀點，仔細的界定與說明每個需求；（二）說明在不同中這些需求不能獲得共識的原因；（三）提供這些未解決的需求相關資訊；（四）提供相關的進行協商技巧上的訓練、說明扮演的角色；（五）事先模擬與測試整個協商過程。

十、協商議程的實現

　　提供可以讓利害關係人自由討論與發言的場所，將這些代表不同立場的政策關係人聚集在一起，面對面的呈現自己的需求，使他們能再次參與評估的過程。而協商的本身的形式與過程也是一個詮釋辯證的過程，評估者在協商中所扮演的角色，是一個協調者與促進者，協助各個政策利害關係人表達自己的意見。而協商的所產生新的共同建構，則是具有較高的共識性，但要達成具有共識的建構誠屬不易，因此針對這些先前未解決的需求，協商的最後結果可能會有三種可能：完全獲得共識、部分獲得共識以及沒有共識。

十一、提出評估報告

　　回應性評估報告不應只是包含在評估當中有關的事實呈現與環境系絡的描述，而更應瞭解這些政策利害關係人對於政策產生需求的原因與代表的意義為何。因此評估者可以針對不同政策利害關係人的需求形式，以他們所熟悉的語言，撰寫出屬於他們的評估報告，這不但可以使他們更清楚知道自己的主張，更能瞭解其他關係人對政策所持的意見。這種以政策利害關係人為導向的評估報告，不但充分展現回應性政策評估的回應性，並且政策利害關係人藉由閱讀評估報告，能夠同時達到相互學習與成長的效果。

十二、循環

回應性政策評估的本質是在於發現問題，而多於解決問題，評估中總是存在著許多未能解決相互衝突的需求，評估者與政策利害關係人所浮現的共同建構也只能暫時性的應用，因為隨著不斷新資料的進入共同建構之中，既有的共同建構將不再具有說服力，評估者必須重新進行建構的程序，所以回應性政策評估是永遠不會停止，而只是暫時的結束。

肆、回應性評估對教育政策評估的啟示

回應性政策評估理論的內涵重視政策利害關係人的需求，政策評估是一種不斷重新建構的過程，是評估者與受評者共同的責任，以及是互相學習成長的過程。以下說明回應性評估對教育政策評估的啟示（顏國樑，2001）。

一、重視教育政策利害關係人的問題與需求

目前教育政策歷程中，常缺乏政策利害關係人的參與及回應，而致使無法掌握教育問題的核心、政策規劃缺乏周延性、執行與評估產生抗拒。黃乃熒（1999）指出：「要揭露教育政策假定，必須與教育政策利害關係人，進行充分的溝通」。因此，教育政策評估應透過利害關係人的參與及溝通，確實掌握利害關係人的問題與需求，才能瞭解教育政策的脈絡意義與問題，使政策評估能順利與有效進行。回應性評估的靈活性和對參與者需求的重視，使其在面對複雜和動態的環境時，能夠更有效地提供實用的評估結果。

二、提供受評者參與教育政策評估的管道

回應性政策評估強調被評估者地位的優越性，尊重每一位政策利害關係人的主張與看法，積極主動的投入評估活動之中。目前教育政策評估大多是教育行政機關來評估學校執行政策的成效，採取的是由上而下的溝通方式來進行評估，學校鮮少參與教育政策評估的活動，僅是提供相關資料接受評估，使教育

行政機關與學校之間無法產生政策評估的共識。因此，進行教育政策評估該讓受評學校參與政策評估活動與管道，透過互動、協商產生教育改革的共識。

三、教育政策評估應妥慎運用利害關係人的研究途徑

回應性政策評估的優點在於承認不同團體與個人觀點的正當存在，並對不同意見，能夠加以融合，期望以一種較完整圓融的角度來瞭解社會現況，以及對政策問題較能產生立即的回應。雖然回應性政策評估有諸多優點，但是若干研究者（林鍾沂，1994；曾冠球，1998；Mark & Shotland, 1985; Rossi et al., 2019）對以利害關係人作為政策評估的基礎之作法，提出擔心的意見，諸如如何篩選參與評估作業的利益團體；如何整合不同利害關係者的需求並排列其優先順序，如何維持並確保公平的參與機會、弱勢團體的意見是否能進入評估活動中；身為政策評估者如何把持學術客觀與道德堅持，不為脅迫利誘。由上所述，教育政策評估時，雖然應採取利害關係人的觀點，但過程應把握教育的本質與目的，能夠共同協作，促進公平，以及互相學習等原則，妥慎運用利害關係人的觀點來進行評估。

第四節　教育政策評估的展望

任何教育政策需要透過政策評估，才能瞭解教育政策的問題、規劃、執行的情形與效果，以作為教育政策決策者制定未來政策發展的方向，才能讓政策持續調整與創新，以符合社會時代進步發展的需求。以下提出幾項闡述教育政策評估的展望。

壹、建立教育政策評估制度，以利系統性與長期性發展

教育政策評估能夠有效實施，是教育行政機關與學校提升教育品質，達成教育目標的重要關鍵。但目前政策評估產生一些問題，例如：教育評估人員專

業知能不足、教育政策目標難以量化、教育評估標準難以建立、偏重短期政策評估較忽略中長期政策目標、忽略政策關係人參與政策評估過程、不重視政策評估結果與運用等（郭昭佑，2015；顏國樑，2001，2016；謝美慧 2002；Stufflebeam et al., 2000）。因此，有必要建立教育政策評估制度，包括成立專業的政策評估組織、探討教育政策評估理論、培養政策評估專業人才、發展各類評估標準、精進評估技術與方法、建立長期資料庫、強化評估結果的分析與運用、建立政策知識管理制度等。

貳、教育政策評估宜運用回應性評估途徑，重視政策利害關係人的需求與參與

　　政策評估重視如何使政策關係人直接參與評估研究，是未來發展的重要趨勢，應該多採用回應性評估的途經（李夢楚，2020；劉華宗、林美玲，2016；謝佩樺，2024；Guba & Lincoln, 1989）。回應性評估重視利害關係人共同協作，促進公平、互相學習，以及關切的問題與需求。在進行需求評估、執行評估等過程，營造理想合適的溝通環境，採用適當的溝通策略，讓利害關係人參與，增進決策者、執行者、使用者與被評估者之間的信任，有助於獲得利害關係人提供真實的意見，如果能夠確認政策利害關係人的問題與需求，再進行政策評估，則可提升政策評估的效果。

參、建構教育政策評估指標，以衡量教育政策績效

　　教育發展良窳有賴具體數據做為衡量的標準。衡量工具與標準則需要指標的建立與選擇。透過教育指標是衡量教育發展一個很好的方式，而教育政策指標更是作為教育理論驗證及對教育實務評估的工具。透過教育政策指標，可提供學理建立、教育政策監控、教育量預估、教育品質掌握，乃至作為政府與民間或學校的溝通工具，對教育理論與實務都有其價值（張芳全，2006b）。因此，應加強教育政策指標的研究，建構明確可用的教育政策評估指標。

肆、建立自我評估的機制，提升教育品質與績效

在民主開放的社會，人民所得水準日增、教育程度提高之後，人民參與公共政策意願提升，對於政府政策的需求與期許也愈來與高，由於人民對教育政策的制定與實施，以及漸增的教育經費使用，希望政府提出教育政策實施之後的績效或效果的證明。因此教育行政機關應定期進行教育政策實施成效評估，並提出績效報告並對社會大眾公告，以便能夠提升政府推動教育革新的績效。另外，教育行政機關與學校皆應發展自我評估的機制，平時檢視相關政策實施的情形與成效，以求及時自我改進，提升教育品質與績效（顏國樑，2001，2016）。

伍、加強教育政策評估的理論探究與相關研究

在國內教育政策研究尚屬新興領域，目前國內政策評估的理論與研究大多集中於一般公共行政，教育領域中常探討的評估研究大多為校務評鑑、校長評鑑、教師評鑑、課程評鑑，對於教育政策評估的理論與研究較少，仍有待努力之處。其作法包括（張鈿富，1995；楊振昇、林松柏，2020；陳美如、郭昭佑、曾莉婷，2023；謝美慧，2002；羅清水，2000）：（一）鼓勵教育相關系所進行教育政策評估理論建構與相關研究；（二）針對教育政策的實施成效進行長期的縱貫評估，以瞭解政府在推動教育政策的績效與影響；（三）兼顧實證或自然典範的政策評估模式，適當的整合其優點並加以應用；（四）運用多元教育政策評估標準，應用在教育政策的可行性與如何精準使用的問題。

第十一章 教育政策評估

問題討論

一、請說明目前教育政策評估有哪些功能？有何問題？如何改善？

二、美國教育評估聯合委員會於 2011 年提教育政策評估標準包含效用性、可行性、適切性、正確性、績效性等五項，請舉例說明此五項標準的內涵與如何應用？

三、請以第四代回應性評估的觀點說明雙語教育政策的利害關係人有那些？他們的要求（claims）、關切（concerns）及問題（issues）為何？

四、請說明回應性評估的意義？並說明回應性評估對教育政策評估的啟示？

五、請舉出一項教育政策為例，說明如何進行回應性政策評估的實施程序？

六、從政策運作過程觀點分析，將教育政策評估分成預評估、執行評估、結果評估三種類型，請說明此三項類型的主要內涵？

七、教育政策評估實施要遵循一定的步驟，以便評估者能夠依序完成教育政策評估的工作，請舉出一項教育政策為例，說明教育政策評估實施的步驟？

八、如果要評估校長數位學習領導發展，請你提出評估的方式？

第十二章
教育政策變遷

本章摘要

　　教育政策變遷的意義係指某項教育政策經過制定、執行及評估之後，因應政治、經濟、社會、文化、時間、人員等因素的改變，教育政策發展產生維持、賡續、終結及創新的現象。

　　教育政策變遷發生的原因有教育政策環境、教育政策本身、教育政策人員方面。教育政策變遷的類型有：政策創新、政策賡續、政策維持、政策終結等四種方式。

　　教育政策模變遷理論模式：1.多元流程模式所指的是問題流、政治流與政策流三個流程。當三個流程皆出現並匯聚在一起時，政策議程才會被建立，成為合法正式的政策執行；2.倡導聯盟架構認為政策發展過程是動態且複雜的活動，而政策的改變主要發生在政策次級系統內，並受到外在事件與相對穩定變數的影響。

　　教育政策終結係指教育政策決策者因應政治、經濟、社會、文化、國際等環境變化，對於政策經過評估之後，針對教育機關組織進行裁併、政策修正，以滿足社會大眾的需求並維持施政的穩定。

　　教育政策終結的類型政策終結有四種不同的類型，包括功能終結、組織終結、政策廢止、計畫終結四種類型。政策終結是非常難以實現，常受到利益受損、心理障礙、組織不易調整、法律程序繁複、政策終結成本高、意識型態改變不易六方面的影響。教育政策終結的策略：1.事先妥善規劃，以利政策終結順利進行；2.積極爭取支持力量，形塑政策終結合法性；3.選擇有利的政策終結時

機和重大事件焦點；4.依據政治情境，選擇適當的終結方式；5.提供政策終結誘因，增取對政策認同；6.正確處理政策終結與政策穩定、政策發展的相互關係。

政策創新的意義係指足以解決公共問題，獲得人民認同，並產生經濟、社會與政府效益的新計畫、新方法或新方案。影響政策創新的因素包括個人激勵、組織文化創新、挑戰的幅度。教育政策創新的過程：1.政策提出階段；2.政策發展與採納階段；3.政策執行與試辦階段；4.調整修正與整合階段。

所謂教育政策擴散的意義係指某項教育政策創新的方案、計畫，在某段時間，透過傳播管道行銷，被教育機構或教育人員所接受採納的過程。影響政策創新的採納與擴散來自五方面：1.政府對政策創新特性的理解；2.創新決策的類型；3.交流與溝通管道；4.社會制度的性質；5.執行人員努力嘗試改變的範圍。教育政策創新擴散的步驟：1.認知階段；2.說服階段；3.決策階段；4.執行階段；5.確認階段。

教育政策學習的意義係指對國內外、其他組織或某項政策方案產生認知與行為改變的學習過程，包括教育政策的目的、制定過程、執行與評估，以及各項能力資本的發展與建立、成功策略、解決問題策略等經驗，以提供政策決策者與行動者進行類似政策的借鏡，以促進教育的進步發展。

影響教育政策學習的因素有：1.動機因素；2.資源因素；3.資本因素；4.環境因素。教育政策學習的步驟：1.尋找其地區實施的方案；2.產生新方案的概念化模式；3.比較上述的模式與國內引起不滿的模式；4.設計新方案，稱為經驗汲取有五種方式：複製、模仿、混合、整合、激發；5.比較原始與新方案的時間與空間的因素，以預測新方案成功的機率，並整理在第四步驟中設計的五種方式。

第十二章 教育政策變遷

第一節 教育政策變遷的意義與內涵

壹、教育政策變遷的意義

Hogwood 與 Peters（1983）在其《政策的動態性》（*Policy Dynamics*）書中，認為所有的政策都是政策變遷，如同所有的事物都是流動的，沒有任何一個事物是靜止的，它隨時都在不斷的改變。Chen（1990）認為，政策變遷係由政策本身與系絡相互激盪所形成的結果。

范國睿與杜成憲（主編）（2011）認為，政策變遷是指教育政策執行過程中，通過監測和評估，發現教育政策環境發生變化、教育政策措施偏離教育問題，或政策實施效果偏離政策預期目標，從而對原有政策方案與執行措施進行局部修正、調適、補充、完善和發展。

蔡進雄（2021）認為，教育政策變遷係指以一個或一個以上的教育政策取代現有的政策，有可能是舊教育政策的修正調整，也有可能是新教育政策的引入或舊政策的停止。

丘昌泰（2022）認為，政策變遷係指一項或多項當前的政策被其他政策所取代的現象，這意味著舊政策的修改與新政策的採納。基本上，政策變遷採取政策創新、政策賡續、政策維持或政策終結等現象。

綜合上述專家學者的看法，教育政策變遷（education policy change）的意義係指某項教育政策經過制定、執行及評估之後，因應政治、經濟、社會、文化、時間、人員等因素的改變，教育政策發展產生維持、賡續、終結及創新的現象。

貳、教育政策變遷發生的原因

莊文忠（2003）認為，政策變遷受到外在環境與政策本身兩方面的影響。外在環境包括政經情勢的流變、執政權的輪替、政策學習的效應、價值信念的轉變、焦點事件的衝擊。政策本身包括政策問題的重構、政策偏好的改變、政

策成本的考量、政策工具的創新。

范國睿與杜成憲（主編）（2011）認為，教育政策變遷的原因有教育政策的環境變化、資源變化、效能不佳及組織與個人變化。

顏國樑（2014a）認為，《師資培育法》合法化過程受到環境因素與參與者因素的影響。環境因素包括政治、經濟、文化、社會及教育。參與者因素包括行政機關、利益團體、政黨、立法機關、學術團體、大眾傳播媒體、利害關係人。

陳恆鈞與許曼慧（2015）指出，技職教育政策的變遷主要影響因素有政治、經濟、文化及社會。

林思騏（2017）認為，教師專業發展評鑑政策變遷受到政治、經濟、社會、文化的影響。

姜姿安（2019）指出，我國實施幼兒教育券政策變遷受到相對穩定因素、外在因素和內在因素的影響。相對穩定因素包括政治、經濟、資源分配、社會結構與文化、法律上長時間的發展趨勢。外在因素包括社會經濟條件的改變、民意的改變、選舉活動、治理聯盟的改變、來自於其他次級系統的衝擊與政策決定。內在因素包括行動者、焦點事件、政策形象與政策可行性。

綜合上述的看法，教育政策變遷發生的原因可分成教育政策環境、教育政策本身及教育政策參與者三個方面的影響。以下分別說明之。

一、教育政策環境方面

教育政策環境包括政治、經濟、文化、社會、國際。首先為政治層面：當國家政治情勢發生變化時，例如：政黨輪替，政策可能隨之產生變遷。其次為社會層面：工業技術改變、科技的進步或社會大眾的輿論使原有政策顯得不合時宜，因而產生政策變遷。再來為經濟層面：長久以來一國之經濟與政策的關係是密不可分息息相關，當經濟蕭條時，對於政策之預算就會有所緊縮，反之當經濟繁榮時，就會增加對政策預算之編列。文化層面：文化存在於社會中的

各種價值觀念，它形成這些觀念的歷史背景，潛移默化地影響國家教育政策制定。最後，國際教育潮流層面：如聯合國國際組織提出學習權的理念對於教育政策變遷產生影響。

二、教育政策本身方面

教育政策本身包括政策問題的重構、政策成本的考量及政策工具的選擇。首先，政策問題的重構改變因果關係的聯結度，政策問題本質的精確掌握是形成有效解決方案的前提，也是政策得以維持不變的原因，一旦政策問題的界定發生變化，社會大眾對問題和政策的意象也會隨著改變，甚至造成政策管轄權限的重行分配。其次、政策成本的考量促成了無效率和無效能政策的汰舊換新，往往成為政策行動者倡導政策變革的正當理由。最後政策工具方面，包括科技與觀念的創新。科技的創新幫助人類對宇宙的本體有深一層的瞭解，更精確地掌握問題的本質和因果關係，同時也直接或間接地促成新式政策工具的產生；觀念的創新知識被創造出來，便可能導致治理觀念的改變，可供選擇的政策工具範疇提供更多的選擇機會。

三、教育政策人員方面

教育政策運作過程中，教育政策的參與人員如果產生更換，則對教育政策變遷產生影響，例如教育部長的更換，因新任教育部長的價值觀不同，選擇教育政策優先次序也隨之改變，則對教育政策變遷將會產生影響，例如：利益團體對於師資培育政策的積極參與，一元化的師範教育轉變為多元化培育的師資培育政策，有其相當大的影響。又如：立法委員對教育政策的質詢與建議，學術團體參與教育政策研究發現、大眾傳播媒體對教育事件的關注與報導等，對於教育政策變遷皆有相當大的影響。

至於如何理解教育政策變遷發生的原因，以及如何因應。由於我們社會身處於全球化與工業4.0的時代，科技日新月異、資訊傳播發達，知識創新促使國

際交流與國際競爭加速成長。教育政策的制定需要與時俱進，保持在國際競爭間之優勢。因此教育政策制定者應該體認，教育政策的變遷是一種常態，而不是特例，無論是外在環境的變化或政策本身屬性的質變，都可能是導致教育政策變遷的因素。同時，教育政策分析者也應該認知，教育政策變遷的意義與內涵必須置於當時的環境脈絡之下，並掌握政策的內在本質，才能獲致完整而清晰的輪廓。

參、教育政策變遷的類型

Hogwood 與 Peters（1983）依據政策變遷幅度的不同將政策變遷區分為：一、政策創新：指在特定政策領域上制定一項全新的法律或計畫，以取代舊的法律或計畫；二、政策賡續：指在現行政策基礎上做漸進改進，基本變動幅度不大；三、政策維持：指公共政策維持不變；四、政策終結：指舊的公共政策被予以終結。

Howlett 等人（2020）依據變遷幅度的不同將政策變遷區分為：一、一般式的變遷（normal pattern）：是指基於經驗汲取，政策以漸進、小幅度的方式變遷；二、典範式的變遷（paradigmatic pattern）：是指基於社會學習，政策出現根本性的變遷，而該變遷涉及理念、制度、利益和過程等層次。

吳定（2013a）認為，政策變遷依改變程度的不同可分為以下三種類型：一、漸進修正繼續實施；二、以新的政策取代原來的政策；三、政策因窒礙難行或其他原因而宣告終結，不再實施。

丘昌泰（2022）認為，政策變遷類型採取政策創新、政策賡續、政策維持或政策終結等現象四種方式。

上述專家學者對於政策變遷的類型有不同的看法，參考丘昌泰（2022）以及 Hogwood 與 Peter（1983）從計畫、組織、法律、預算等四種觀察指標來分析政策變遷之類型，以下根據其見解加以說明。

一、政策創新

政策創新（policy innovation）係指，政府機關針對公共政策問題，制定全新、創意的計畫，以取代舊計畫。由於此政策活動領域是前所未有的，在計畫上是有意圖的，因此在政府組織、法律條文與經費支出上都必須重新設立。通常教育政策創新的例子較少，例如：因應少子女化衝擊，維護學生受教及教職員工權益，教育部訂定《私立高級中等以上學校退場條例》，以全新方式建立私立高級中等以上學校的退場機制。又如：實施《實驗教育三法》，開啟教育嶄新的里程碑，提供更多元與自由發展的機會與空間，實是台灣教育歷史上的重大創舉。

二、政策賡續

政策賡續（policy succession）也可稱為政策繼續，係指針對現行政策問題與政策標的群體，做小幅度的逐漸改進，以取代現行方案與計畫。政策賡續與政策創新相同之處在於，二者皆以新方案與新計畫處理政策問題；二者不同之處在於，政策創新政府過去未處理類似的政策問題，係以全新的方式呈現，而政策賡續則針對現有的標的群體，以新方案或新計畫，期能更公正、有效地解決既定問題。這樣的變遷本質，在計畫上是有意圖的去取代現行的政策；在政府組織方面會有所改變；在法律條文上會有所修改或取代；在經費預算方面會有增減的情形發生。通常教育政策賡續的例子最多見。

教育政策變遷賡續可再細分下列的型態（丘昌泰，2022；吳定，2013a；Hogwood & Peters, 1983; Peter, 1986）：

（一）線性賡續（linear succession）：這是直線型的型態，是指終止現在的政策，現行的政策被其他政策直接加以取代，例如：台灣省政府精簡方案通過後，設立教育部國民及學前教育署取代台灣省政府教育廳，成為其教育部的分支機構。

（二）政策整併（policy consolidation）：將某些過去的舊政策併入新政策

當中，以強化新政策的內涵，例如：針對學生學習困難的學習，教育部訂定攜手計畫、補救教學計畫至學習扶助方案，大都採取此種政策整併型態

（三）政策分割（policy splitting）：將某項政策或計畫分成兩種多種以上的內涵，例如：因應社會各界希望成立部會層級之體育行政機關，於1997成立行政院體育委員會，統籌國家體育事務的全國體育行政主管機關。行政院體育委員會與教育部體育司為兩個機關，政策與經費各自獨立（教育部體育署，2024）。

（四）政策部分終止（policy termination）：這是非直線型的型態，即具體的縮減某項政策或計畫的規模、資源承諾，使該政策或計畫得以繼續存在下去，這是比較複雜的改變模式，可能成立新的行政機構，可能在許多舊的政策或計畫中訂定另外一套新的政策或計畫，例如：2017年訂定《教育部辦理教師專業發展實踐方案》，此方案是修正2000年《教育部辦理教師專業發展評鑑實施要點》，屬於政策部分終止，政策改變重點強調專業發展不是評鑑，以及主辦單位改由師資培育及藝術教育司辦理、規模縮小、認證方式改變等。

三、政策維持

政策維持（policy maintenance）係指，以現行政策、方案及組織持續處理相同的任務。政策維持的原因或因現有政策未經評估或挑戰，而以慣性的結果呈現；或經政策評估後，因缺乏更妥適的替選方案而以現行組織繼續執行現行方案或計畫；或因在政策終結相關之議程設定或決策階段失利，而仍維持現行政策；或因未能順利以新方案替代現有方案，而仍維持現行政策。在計畫上只做調適性的改變，並無新的目的或是取代現行政策的情況發生；在政府組織方面沒有政策取向（policy-oriented）的組織改變；在法律條文上並沒有被修改；在經費預算上也繼續維持。

四、政策終結

政策終結（policy termination）係指，廢止現行政策、方案，裁撤現有組織，且未以新方案、新組織替代。換言之，將原來政策領域之問題不再由政府部門處理，而回歸到私部門解決。這種情形相當罕見，即使某些法律訂定日落條款，有時也未能順利終結政策，為使政策終結過程順暢，有時以終結部分政策內容代之。這樣的變遷本質，在計畫上是有意圖的；在政府組織方面，其結構會逐漸被終結；在法律條文上會被全部取代；在經費預算方面會被全部終止。

綜上所述，以下運用「計畫」、「組織」、「法律」及「預算」四項指標來分析政策變遷類型的特徵，茲將上述內容整理如表 12-1 所示。

表 12-1
創新、賡續、維持及終結的特徵

比較面向	政策創新	政策賡續	政策維持	政策終結
計畫	具意圖的	具意圖的	調適性的	具意圖的
組織	沒有既存組織	至少涉及一個組織主體的改變	無意圖的組織改變	現存組織可能被終結
法律	沒有既存法律條文	某些法律條文的增修或取代	無法律條文的改變	所有相關法律條文的終止
預算	沒有預算的編列	某些預算項目的增減	預算項目的持續存在	所有預算支出的刪除

註：引自 *Policy dynamics* (p. 27), B. W. Hogwood & B. G. Peters, 1983, St. Martin's Press。

第二節　教育政策變遷理論模式

Sabatier 與 Weible（2007）在其所主編的《政策過程理論》（*Theories of the Policy Process*）書中探討多元流程模式、倡導聯盟架構二種理論，此二種理論

分別針對政策過程中的政策變遷進行不同程度的描述。以下說明對這二種理論模式的內涵（丘昌泰，2022；廖佐富，2017；廖佐富、顏國樑，2016；謝育爭，2020；Kingdon, 1995; Sabatier & Weible, 2007）。

壹、多元流程模式

多元流程模式（Multiple Streams Model [MSM]）所指的是問題流、政治流與政策流三個流程。當三個流程皆出現並匯聚在一起時，政策議程才會被建立，成為合法正式的政策執行。三個流程在平時是以平行的方式來發展，彼此之間是相互獨立的關係。當此三個流程在關鍵的時刻匯集在一起的時候，議題就很容易進入政策議程，政策議程才會被建立，成為合法正式的政策執行。此關鍵時刻稱之為政策窗（policy windows）（丘昌泰，2022；Kingdon, 1995）。其概念模式圖如圖 12-1 所示。

圖 12-1
Kingdon 多元流程模式

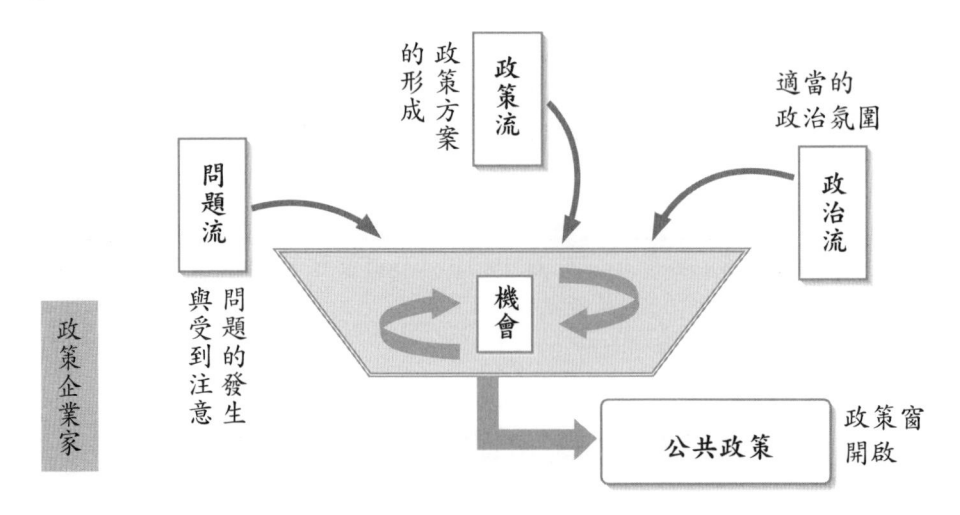

註：引自台灣實驗教育政策變遷之研究〔未出版之碩士論文〕（頁 27），謝育爭，2020，國立清華大學。

以下分別說明多元流程模式中問題流、政治流和政策流三個流程,以及連接、政策窗的內涵。

一、問題流

問題流(problem stream)是指吸引決策者注意的問題組合,問題流關切的重點是:為何決策者會特別注意某些問題?又為何會忽略另外的問題?如何使問題受到決策者的注意(丘昌泰,2022)?問題流的形成常取決於下列機制。

(一)政策指標

意旨用來反映政府施政成果與發展的測量指標,例如:教育部的教育統計資料指標、中華民國教育年報,或內政部戶政司的人口統計資料等,皆提供政府和民間瞭解教育政策現況與問題,可以作為教育政策問題的形成,以及教育政策制定的參考依據。例如新住民人口數逐漸增多,引起教育部對新住民教育的重視。

(二)重大事件

重大的事件會引起社會的關注、大量的媒體報導,並促使政治人物與行政機關視其為需要被研究處理的問題,例如:1994年4月10日的推動教改大遊行,除了凸顯「落實小班小校」、「廣設高中大學」、「推動教育現代化」與「制定教育基本法」四大訴求,並讓政府願意著手進行教育改革,以回應民意要求。

(三)社會大眾對公共政策的回饋意見

政府在政策執行時,常會發現或監測到執行狀況與規劃之間有落差,或者會接受到民意代表或民眾對於政策執行的回應。政府的相關決策者便會透過接收到政策執行的相關資訊,來分析並評估是否進一步修正,例如:1999年《國民教育法》第4條和《教育基本法》第13條修正後,雖然讓非學校型態實驗教育取得法源,但在授權各地方政府自訂規則來執行時,則產生許多問題。這些問題皆回饋到教育主管機關來進行下一個階段的政策規劃。

二、政治流

政治流（political stream）是指政策的推動與政治條件的配合有密切的關係。綜合羅清俊（2020）以及丘昌泰（2022）的看法有下列幾點。

（一）行政結構的改變

選舉結束後產生新的行政結構，而新的行政結構想要解決這項問題。也就是在新的政府組成，以及新的決策者願意重視原先不被關注或不被排入議程的政策，例如：在2022年地方縣市長選舉中將代理教師全年敘薪權益列入競選政見中，使代理教師全年敘薪的推動在新的行政結構獲得更多的支持。

（二）議會結構的改變

選舉結束後產生新的議會民意結構，而新的議會民意結構想要解決這項問題。議會結構即立法機關，立法機關可賦予行政機關推行的政策合法化，並且掌控政策執行預算的授權。因此，當政治局勢出現立法機關朝小野大、分立政府的情形時，往往政策法案的推行十分遲緩。唯有當政治協商意見一致或有共識時，法案才容易通過。

（三）利益團體的要求

係指利益團體對於政府處理該項公共問題殷切的需求。主要運用遊說政府官員或議員，以及採取媒體傳播的方式來影響政策推行。而中央或地方民意代表也會依照政策支持或反對的勢力作為政策支持或反對的考量。

（四）政治氣氛的改變

政治氣氛的改變有可能是因為選舉結束之後行政、立法結構改變所造成；也有可能是因為發生突發事件而造成，或者亦可理解為是一種全國思考的心境（national mode），即某時期內占多數的人對於某項政策有著相同的思考模式，例如：利用民意調查十二年國教執行的意見，以提供教育主管機關的政策推行。

三、政策流

政策流（policy stream）係指一組對應於所要解決問題的替選方案。可能是

行政官員將過去曾有過的類似方案加以修改後所提出；也可能是專家學者基於學理所建議的概念與想法；亦或者可能是經由公聽會、說明會等審議式民主的模式協力產生的折衷方案。而這些方案皆需要符合決策者或民眾的價值與目標才有可能被接納推動。

四、連接

連接（coupling）指的是問題的產生、政策的替選方案，以及政治條件必須能串連結合才有機會進入政府議程，並進一步完成合法化成為正式執行的政府政策。這是說產生的問題必須是當時的行政結構所能處理，而且必須獲得議會結構與多數民意的支持，這樣的政策推動才有可能成功。

五、政策窗

政策窗（policy windows）指的是問題流、政策流與政治流三者恰當連接的時間點。也就是在具有充分的政策工具來解決政策問題，搭配上合適的政治條件，此時行政結構所提出解決問題的政策，就像打開政治條件所阻擋的天窗，在特定的時間點順利推出。政策櫥窗式稍縱即逝的短暫機會，經常是被政治流程內的重大事件所揭開，政策企業家（policy entrepreneurs）必須抓緊政策櫥窗開啟的機會，積極參與。否則一旦失去機會，就必須等待下一次政策櫥窗開啟的機會（丘昌泰，2022）。

貳、倡導聯盟架構

倡導聯盟架構（Advocacy Coalition Framework [ACF]）由 Sabatier（1988）所提出，認為政策發展過程是動態且複雜的活動，而政策的改變主要發生在政策次級系統內。在不同的次級系統，例如：教育次級系統、國防次級系統等皆有許多不同的倡導聯盟，每個聯盟可能包括了國會議員、利益團體、行政機關、政策學者、媒體，以及其他認同聯盟共同理念的政策行動者。以下分析倡導聯盟架構核心概念，如圖 12-2 所示。

圖 12-2
Sabatier 與 Weible 倡導聯盟架構

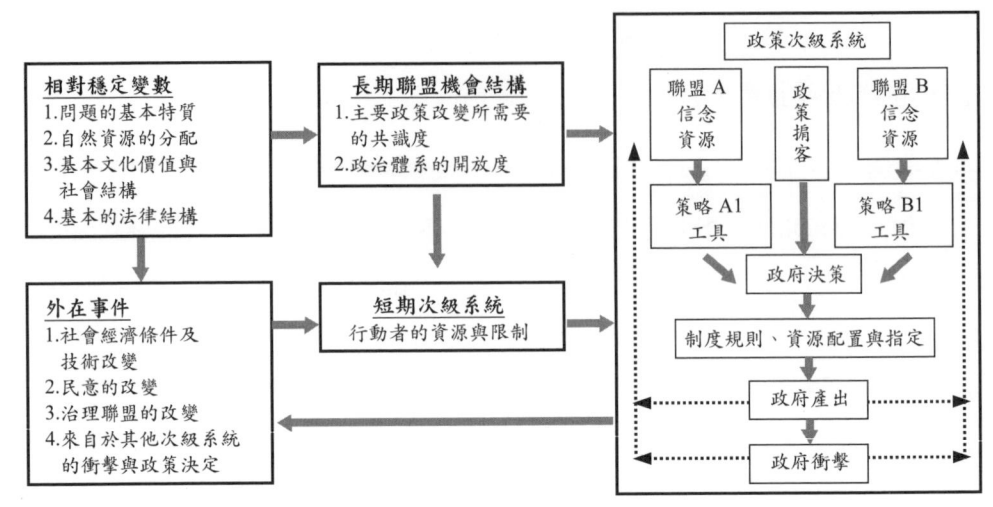

相對穩定變數
1. 問題的基本特質
2. 自然資源的分配
3. 基本文化價值與社會結構
4. 基本的法律結構

長期聯盟機會結構
1. 主要政策改變所需要的共識度
2. 政治體系的開放度

外在事件
1. 社會經濟條件及技術改變
2. 民意的改變
3. 治理聯盟的改變
4. 來自於其他次級系統的衝擊與政策決定

短期次級系統
行動者的資源與限制

政策次級系統
聯盟 A 信念資源 — 政策掮客 — 聯盟 B 信念資源
策略 A1 工具 — 策略 B1 工具
政府決策
制度規則、資源配置與指定
政府產出
政府衝擊

註：修正自 *Theories of the policy process*, P. A. Sabatier & C. M. Weible, 2007, Westview Press。

一、架構基本命題

這個架構建立在下列三項基本命題上（李允傑、丘昌泰，2009）：（一）對政策變遷過程的瞭解至少必須花費十年以上的時間來長期觀察；（二）必須透過政策次級系統來掌握長期的政策變遷過程；（三）公共政策必須涵蓋如何實現目標的信仰體系的變化。

二、倡導聯盟的運作

（一）政策次級系統運作分析

Sabatier 所提出的倡導聯盟架構，如圖 12-2 右邊，認為要理解政策發展過程，必須將焦點置於政策次級系統。具體來說，倡導聯盟是指成員彼此有共同理念與信仰體系，在政府某一個特定政策議題出現時，同聯盟成員大家會彼此協調各自的行為與活動，透過擁有的資源，善用合適的策略，指導工具的使用，與其他倡導聯盟相互競爭，希望能夠影響政策內容。倡導聯盟通常由議員、利

益團體、行政機關、政策研究者、媒體等所組成,他們在政策形成過程中企圖施展影響力(羅清俊,2020)。

聯盟行動者的資源則包含了職位、民意、資訊、財力、成員與領導者等。職位是指有比其他聯盟擁有更多位居政策制定法定職位的成員,如官員、議員、法官。民意支持度越高,聯盟掌握的籌碼越多,推動政策所能掌握的政策資訊越充分,對民眾的說服力越高。如果擁有的財力可挹注智庫、政治獻金和廣告,便更能增加其他個人或團體支持的力量。參與的行動者越多,在遊行活動、資金募集會較占優勢。領導者則是整體行動的核心,擁有宏觀眼光的領導者有利於資源的統籌運用(楊武勳,2015)。

倡導聯盟基於理念與信仰,在本身所擁有的相關資源條件下,進行推動公共政策,而這些工具包含透過修法、法院裁判、行政或立法的預算改變、介入官員任命、公聽會、統計資料,以及實驗結果來影響政策執行與評估等。倡導聯盟架構有一個政策學習的重要,政策次級系統內的聯盟行動者從互動過程中修正自己的想法或行為,累積互動的經驗,從而形成新的信仰體系,這就是一種相互學習的動態過程(李允傑、丘昌泰,2009)。

(二)相對穩定變數與外在事件分析

由於Sabatier認為政策制定時常發生在政策次級系統,行政機關相關穩定特性與不穩定的外在事件對政策次級系統產生影響。如圖12-2左邊。「相對穩定變數」方面在整個系統是相對穩定,例如:政策問題的基本特質、自然資源的分配、社會文化基本價值與社會結構,以及基本憲政結構等。任何政策會改變,其實都是發生在政策次級系統內的行政機關所做的決策。「外在事件」是相對變化較大者,包含社會經濟條件的好壞與技術改變、民意對於該項政策的支持度是否改變、經由選舉產生的治理與執政聯盟對該項政策態度的改變,以及來自於不同意見政策次級系統的衝擊等(羅清俊,2020)。

短期次級系統行動者的資源與限制係指次級系統行動者或聯盟基於前述的相對穩定變數、外在事件,以及長期聯盟機會結構的影響,在當下所能運用的

資源與限制，例如：像經費預算、或憲法、法律的規定。長期聯盟機會結構係指當改變政策所需要凝聚的共識程度，以及政治體系和環境是否鼓勵或較為限制聯盟的發展，例如像解嚴前與解嚴後對於教育改革發展的影響有很大的差異。

第三節　教育政策終結

　　從教育政策過程來看，政策終結發生在評估之後，是政策決策者所採取的一種政策行為，也是一種政治行為。過去政策終結常有給人負面的意涵，所以政策終結研究並不多見（舒緒緯，2018；Daniels, 1977）。

　　政策終結是一種政策取向的學習過程，其目的是在尋找和實現公共利益的政策信念；政策終結是政策行動者策略互動和政策資源重新配置的過程；不僅是代表舊政策的結束，而且意味著新政策的開始（范紹慶，2014）。以下針對教育政策終結的意義、類型、困境、策略分別敘述。

壹、教育政策終結的意義

　　吳定（2013a）提出政策終結係指機關組織的終止、基本政策的轉向、計畫的失敗，或財政的緊縮，而導致政策被全部或部分的終止。范紹慶（2014）認為，公共政策終結就是指公共政策決策者根據政策環境變化的要求，在公共政策評估的基礎上，採取一定的策略和方法，對於無效、多餘或負面效果的公共政策予以取消或廢止的有意識行為。舒緒緯（2018）認為，政策終結係指組織的裁併、政策的轉向或修正，其目的在於因應變遷所導致的政經環境改變，以滿足社會大眾的需求並維持施政的穩定。而政治意識型態的考量，則是影響政策終結的最重要因素。

　　綜合以上專家學者的看法，教育政策終結係指教育政策決策者因應政治、經濟、社會、文化、國際等環境變化，政策經過評估之後，針對教育機關組織進行裁併、政策廢止，以滿足社會大眾的需求並維持施政的穩定。

貳、教育政策終結的類型

廣義的政策終結（policy termination）有四種不同的類型，包括：功能終結、組織終結、政策廢止、計畫終結。通常功能與組織終結類型，因涉及權益組織與人員範圍較廣，較不容易被終結。政策與計畫終結類型因涉及權益較小，較容易被終結。以下對四種政策終結說明如下（丘昌泰，2022；范紹慶，2014；陳振明，2003；蘇緒緯，2018；deLeon, 1978）。

一、功能終結

功能終結（functional termination）係指，終止政府所提供的服務或所承擔的責任。此種功能終結是政策終結類型中最難的，這是因為功能的承擔是政府滿足人民需要的結果，若取消，常會引起各方面的反對，例如：公教人員的年金改革。

二、組織終結

組織終結（organizational termination）係指，行政機關組織裁撤或縮減。有些組織是專門為政策設立，伴隨政策終止，組織也隨之撤銷或縮小組織規模，例如：「教育部國民及學前教育署」的設立，是教育部為配合中央政府組織改造，整併中教司、技職司、國教司、訓委會、特教小組、環保教育小組及中部辦公室等單位的相關業務。

三、政策廢止

避免與標題名稱一樣，產生範圍的混淆，採用政策廢止名稱。所謂政策廢止（policy termination）是狹義的概念，係指終結行政機關用來解決問題的政策或方法。當某項政策的理論或方法無法實現政策目標，且產生新問題，引發政策體系不堪負荷，將會面臨政策廢止的結果，例如：《大學法》公布之後，教育部從過去管制性政策轉變朝向自我管制政策。

四、計畫終結

計畫終結（program termination）係指終結用以執行某一項政策具體的特定項目，此為最常見的終結方式，這是因為涉及的利害關係人較少、負面效應較小、成本較低，因此計畫也最容易終結，例如：教育部委託辦理某項教育計畫完成則終結計畫的執行。

參、教育政策終結的困境

政策終結常難以實現，因為必須承認過去政策的錯誤或失敗，容易遭到既得利益者串連反對勢力，以爭取政策的賡續。例如，公教年金的改革會產生利益、心理、法律程序繁複等的困境。以下針對政策終結的困境說明如下（丘昌泰，2022；林水波，2005；范紹慶，2014；蘇緒緯，2018；deLeon, 1983, 1987）。

一、利益受損

主要體現在政策利益者維護既得利益，以及利益團體組成反對聯盟。這是由於政策涉及權利與價值的分配，既得利益者權利受損，必然反對政策終結。

二、心理障礙

心理障礙因素主要有二方面：一是面對政策終結難免引起心理的不確定感與恐懼；二是缺乏驅動政策終結的有效誘因，沒有人願意承認政策的錯誤，以及新政策所帶來的邊際利益太少。

三、組織不易調整

政策的制定與執行都是由組織來負責運作，通常組織具有持久穩定性、適應性及成長性，這些特性會影響政策終結。尤其，當政策終結威脅組織自身的存在時，組織會自發地聚集力量抵制政策終結的過程，例如：教育部組織的整併。

四、法律程序繁複

要終結政府機關或攸關人民權利義務,一定要依法行政,有法律法源的依據才可發動。但法律修正要經過繁複的三讀程序,致使政策終結的啟動與過程受到阻礙。另外政策終結也是一種行政處分,因政策終結而權益受損,依法可以提出訴願與行政訴訟,是政策終結反對者所運用的主要手段或策略之一。

五、政策終結成本高

政策終結的成本有二種:(一)政策終結行為本身需要資源的投入,要付出高昂的成本;(二)現有政策的沉澱成本(sunk cost),既有投入的累積損失。在政策終結面臨巨大的啟動成本,且不確定與風險高,可能政策終結尚未啟動,就已宣告結束。

六、意識型態改變不易

意識型態對政策終結的阻礙主要表現在兩方面:(一)意識型態改變困難,不是一蹴而成,而是一個潛移默化長期的過程;(二)對於一項教育政策的終結,不同的意識型態政策行動者會提出不同的解釋,同時也會做出截然不同的政策建議。在政策終結過程中,意識型態會延緩或阻止政策終結的開啟。

肆、教育政策終結的策略

教育政策終結過程中難免遭受各方面的抗拒而受到阻礙,惟政策終結具有解決政策失靈、提升政府效能、杜絕浪費的正面意義。因此教育政策行動者需要採取適當的回應策略,以促使政策終結能夠順利推動。以下提出政策終結的策略(丘昌泰,2022;范國睿、杜成憲主編,2011;范紹慶,2014;陳振明,2003;蘇緒緯,2018)。

一、事先妥善規劃,以利政策終結順利進行

在政策終結啟動階段,應事先周詳規劃政策終結的準備工作,以利後續政策終結的順利執行。其作法有:(一)進行政策終結前,政策終結決策者,應利用時間與方法,形塑良好的改革氣氛改革,讓利害關係人心理有所準備;(二)成立任務小組執行終結任務;(三)建立自動終結的機制,例如:落日立法(sunset legislation)。

二、積極爭取支持力量,形塑政策終結合法性

政策終結過程是贊同終結聯盟與反對聯盟進行策略互動的過程,因此首先提出政策終結的原因與正面效益,運用政策行銷方式,針對不同型態的支持者與反對者,採取不同的因應策略,以降低反對者的聲音,爭取多數人贊同。其次,聚集政策終結的支持者,並爭取立法、司法、行政,以及利用終結者個人或組織的權威,或者特定場域中較高威望與影響力的人,爭取這些組織或人的支持,以獲取政策行動者較高的信任,促使政策終結順利推動。

三、選擇有利的政策終結時機和重大事件焦點

政策終結的發生往往難以有效與合理行分析,並非問題本身,所以想要成功政策終結,掌握時機和重大事件是一項重要的因應策略,例如:可以利用政黨輪替、政府背後的意識型態崩解、社會各界期待政府將進行重大變革等。

四、依據政治情境,選擇適當的終結方式

所謂政策終結的政治情境,即是在瞭解贊成或反對終結的團體的力量虛實、支持程度、所持的立論基礎、可使用的資源等。如果是重大政策,避免政策消息走漏,引起反對者集結,可採取突然終結型(big bang)。以教育政策終結來看,大部分採取漸進式自然終結型(long whimper),透過長期縮減政策所需的資源而逐漸終結的方式。

五、提供政策終結誘因，爭取對政策認同

政策終結過程中，總會遭受持有相同利益或價值組織或個人，形成反對終結聯盟，試圖抵制或延緩政策終結的進行。因此，終結者可以運用掌握的資源，利用積極或消極的誘因，給予因為政策終結而喪失利益的利害關係人利益上的補救措施，以減緩反對力量，以獲得認同或接受政策終結行動。

六、正確處理政策終結與政策穩定、政策發展的相互關係

無論是政策決策者還是政策執行者，都會擔心政策終結與新政策產生的影響，因此正確處理政策終結與政策穩定、政策發展的相互關係，對於促進政策終結具有重要意義。其作法：（一）應避免政令朝令夕改；同時政策應當適應形勢的需要，政策要因地、因時制宜；（二）應同時處理好被終結的舊政策與其他相關政策的調整，以及新政策應訂定輔助政策實施的配套措施；（三）保留舊政策具有合理的、成效的部分，以保持政策穩定與發展。

第四節　教育政策創新、擴散及學習

壹、教育政策創新

一、教育政策創新的意義與條件

教育政策創新是教育政策變遷類型之一，政策創新的意義係指足以解決公共問題，獲得人民認同，並產生經濟、社會與政府效益的新計畫、新方法或新方案。至於政策創新的成立應具有下列條件（丘昌泰，2022）：

（一）政策創新係指進入政府議程討論或已經進入政策規劃與執行階段有具體的新計畫、新方法或新方案，但不包括新觀念，例如：《推動中小學數位學習精進方案》。

（二）政策創新必須是被民眾認可的新計畫、新方法或新方案，同時應透過政策行銷加以傳播，但不包括機關內部作業的創新，例如：推動閱讀計畫。

（三）政策創新必須是具有解決公共問題的能力。換言之，政策創新方案必須是有效可行的，且能透過政策合法化程序，付諸實施，並能創造一定的成果，例如：《學校型態實驗教育條例》。

（四）政策創新必須產生多元效益，讓政府獲取「財政受益」，全民得到「經濟效益」，甚至弱勢團體得到「社會效益」，例如：《十二年國民基本教育計畫》。

二、影響教育政策創新的因素

因應時代不斷的進步發展，政策需要創新，才能適應與引領社會發展。影響政策創新有下列幾項關鍵因素（朱亞鵬，2013；Glor, 2010）：

（一）個人激勵（individual motivation）：分成內在激勵與外在激勵，內在激勵主要是出自個人價值與外在激勵；外在激勵是透過管理控制、風險迴避、獎懲方式來實現。另外，個人目標與組織目標的相關性愈高，較能產生政策創新。

（二）組織文化（organizational culture）：分成由上而下，強調工作權責劃分、中央控制與權力、工具理性的文化；另外一類是由下而上，強調分散決策機制、資訊信息溝通及公民行文化。由下而上的組織文化較能產生政策創新。另外，如果組織有訂定政策創新制度則有助於成員願意提出創新的政策。

（三）挑戰的幅度：政策創新挑戰的幅度按照程度分成大小兩種，是指政策創新對既有的組織與人員在權力、資源、地位、價值、認同等方面所造成的衝擊。挑戰的幅度如果過大，政策創新較不易產生。

三、教育政策創新的過程

某項政策理念與建議的政策創新的過程包括下列階段，這些階段並非是線性的過程，是循環與跨越的過程，這些過程與政策議程設定、政策決策、政策

執行的過程類似（朱亞鵬，2013；Lucas, 1983）：

（一）政策提出階段：此階段政策主體討論某項政策理念與建議，並清楚瞭解採納與執行這些理念與建議對組織可能帶來的變化。

（二）政策發展與採納階段：依據某項政策理念與建議再進一步詳細規劃，以形成具體計畫或方案。從傳統的政策過程理論來看，採納階段就是做決策的過程，即是政府做出採納某項政策的決策。

（三）政策執行與試辦階段：將具體的創新政策方案付之實施，如果創新的政策涉及未來要全國實施，避免政策實施影響對象的權益，應將具體方案選擇適當地區進行試辦，以作為創新政策擴大實施的依據。

（四）調整修正與整合階段：將政策試辦階段的情形加以調整修正，並整合相關計畫，進行方案的合法化，再將政策創新的方案推動執行。

貳、教育政策擴散

教育政策創新有助於教育的進步，提升教育品質，因此對於教育創新的方案應該擴大宣導，讓教育行政機關與人員明瞭方案的目的與內容，並付諸執行。

一、教育政策擴散的意義與影響因素

阮孝齊（2017）認為，政策擴散（policy diffusion）定義應包含創新傳播的過程、決策者的模仿行為、整體交互影響的現象，亦即決策者透過模仿行為達成創新傳播，並彼此交互影響的過程。所謂教育政策擴散的意義係指某項教育政策創新的方案、計畫，在某段時間，透過傳播管道行銷，被教育機構或教育人員所接受採納的過程。依據 Rogers（1995）在其專書《創新的擴散》（*Diffusion of Innovations*）指出，影響政策創新的採納與擴散來自五方面：

（一）政府對政策創新特性的理解：政府對創新項目的複雜性、可行性、優點方面的認知。

（二）創新決策的類型：主要決策模式有選擇性的、集體的和權威的，不

同的決策類型會影響創新政策的採納與擴散。

（三）交流與溝通管道：交流與溝通管道順暢與否，影響創新政策的採納與擴散。

（四）社會制度的性質：社會制度中的基本規範、政策網絡聯結成與開放程度。

（五）執行人員努力嘗試改變的範圍，會影響創新政策的採納與擴散。

二、教育政策創新擴散的步驟

教育政策創新的方案是否獲得教育行政機關與教育人員的認同與採納，取決於創新散播的五個階段（Rogers, 1995）：

（一）認知階段：認知指的是個人或組織知道創新政策的存在，並且在某種程度上瞭解它的效用。在認知的期間，個人試圖取得資訊，用來逐漸降低對創新的不確定性。大眾傳播媒體在此時常常能發揮其作用，將這些創新事物所蘊含的相關資訊散播出去。

（二）說服階段：個人或組織透過管道接收更多創新政策的知識，並建立偏好的過程，對創新政策形成認同或不認同的態度。

（三）決策階段：組織或個人根據創新政策有利或不利的條件做出接受或拒絕的過程。

（四）執行階段：個人或組織接受創新政策，開始付諸執行的過程。

（五）確認階段：個人或組織就先前所做的決定，再次確定其效益是否符合期待，如果現實與期望二者出現相衝突，重新抉擇也可能會是選項之一。

參、教育政策學習

現在是資訊流通快速與便利及全球化的時代，政府能透過各種方式來交流、學習、參訪來吸取各國政策執行成功的經驗，正所謂「他山之石，可以攻錯」，吸取前人經驗有助於制定有效的教育政策、降低決策成本，即是教育政策學習

第十二章　教育政策變遷

的效果。

一、教育政策學習的意義與影響因素

　　政策學習（policy learning）的概念源自於組織學習理論，但兩者不同之處在於標的物之差異，組織學習以標竿組織為學習對象，效仿績效較高的組織，來提升本身組織的生產力與品質；政策學習則是以別的國家或城市為學習對象，透過各種方式進行知識交換、經驗分享，將他人的政策做修正或完全複製政策，再移植在自己的國家或城市推行與發展（丘昌泰，2022；Bennett & Howlett, 1992）。吳定（2013b）認為，政策學習係指涉入政策過程的行為個體、團體、或機關組織對各種相關事項的瞭解、學習與調適狀況。因此，政策學習牽涉三個重要的問題，誰要學習、學習什麼、學習所造成的影響。蔡進雄（2021）認為，教育政策學習係指透過對他國或其他組織的學習過程，作為研擬教育政策方案或行政措施的參考或依據。換言之，教育政策學習的對象是他國或其他組織的政策，經由學習與取經的過程，以促進教育政策發展品質與執行成效。

　　綜合上述專家學者的看法，所謂教育政策學習的意義係指對國內外、其他組織或某項政策方案產生認知與行為改變的學習過程，包括：教育政策的目的、制定過程、執行與評估，以及各項能力資本的發展與建立、成功策略、解決問題策略等經驗，以提供政策決策者與行動者進行類似政策的借鏡，以促進教育的進步發展。

　　陳姵英與柯喬元（2023）認為，一個有效能的革新模式必須與政策學習發生關聯，且須在具體的實踐經驗中探究，並透過持續滾動修正，及政策扣合，才能持續掌握未來的教育政策動脈。教育政策學習有助於教育政策問題的改善，提升教育教育執行的品質與效能。但個人或機關的教育政策學習會受到諸多因素的影響，降低新政策的實施。影響政策學習的因素如下（陳姵英，2023；蔡進雄，2021）：

　　（一）動機因素：政策學習的發生分為自發性與強制性，前者是基於學習

的動機或政政策制定者本身，對於政策缺失的反省而參考其他國家成功的經驗。後者是導因於外部壓力，如國際之間的合作或國際組織的壓力。

（二）資源因素：政策學習涉及資訊蒐集的過程，資訊不足就進行政策移植，將影響政策學習的成效。另外，政策企業家願意投注資源亦可提升政策被採行的機率。

（三）資本因素：政策學習受到政策過程各項政策資本是否能夠發展的影響，包括組織、社會、文化、專業、網路、智慧資本等，這些是政策學習的文化DNA，這些政策學習累積而來的集體智慧，是面對變革敏捷調適的重要能力資產，能夠生生不息的原動力。

（四）環境因素：需求是創新之母，在承平時期，領導者通常寧願選擇小幅度的修正，故政策學習的需求較低；但遇到重大問題時，領導者就被迫去尋找更好的解決方式來改善現況，故而產生較大政策學習的需求。

二、教育政策學習的步驟

教育政策學習的步驟如下（黃羽薇，2019；Rose, 1991）：

（一）尋找其地區實施的方案：廣泛蒐集處理相似問題的機關資訊，檢視其經驗以獲得新理念。

（二）產生新方案的概念化模式：新方案模式應包括方案的基本元素，不用詳述，而是言簡意賅的表達。

（三）比較上述的模式與國內引起不滿的模式。

（四）設計新方案，稱為經驗汲取（lesson-drawing），有五種方式：

1.複製：指採用某一國家或地區已推動完整方案作為政策制定的藍圖，完全加以複製。

2.模仿：指根據某一方案，提供自身政策設計的標準，但在接受方案時，需考量彼此不同國情、文化、社會結構背景，並非完全採用。

3.混合：結合來自兩個或以上不同的國家或地區的方案作為實施政策的範

本;或者將值得學習的新政與某項舊政策予以結合,同時並存,形成一個組合性的新政策。

4.整合:將不同地方類似的政策經驗加以整合形成一個新政策。

5.激發:透過研究其他國家或城市推動政策的經驗,刺激並發揮本身的創造力,建構具有創新性的政策方案。

(五)比較原始與新方案的時間與空間的因素,以預測新方案成功的機率,並整理在第四步驟中設計的五種方式。

問題討論

一、政府常透過各種方式來交流、參訪等方式來吸取各國政策執行成功的經驗，即是所謂「他山之石，可以攻錯」。如果教育行政機關學習他國或地區的教育政策，如何避免移植他國經驗產生的缺失，請分析你的看法？

二、請應用 Kingdon 多元流程模式分析台灣實驗教育政策的變遷？

三、在教育改革及變遷的過程中，教師對於多數教育政策的參與度與認同度都不高，普遍存有疑慮、不信任、不理解等，請分析其原因何在？

四、請分析十二年國教入學方式政策變遷的類型？

五、請以倡導聯盟架構的觀點分析學生學習扶助教育政策？

六、請說明教育政策終結的困境與解決策略？

七、請舉出教育政策實例說明如何擴散教育政策創新的步驟？

第三篇
教育政策議題與趨勢及展望

第十三章　教育政策工具

第十四章　教育政策網絡

第十五章　教育政策行銷

第十六章　教育政策的趨勢與展望

第十三章
教育政策工具

本章摘要

　　教育政策工具是指教育行政機關為解決某項教育問題，或達成某項教育政策的理想目標，在盱衡政策環境與參與者各種因素後，所採取的單一或多種具體策略與手段，以促進政策有效執行，達成教育政策的目標。

　　教育政策要實現政策目標，需要採取政策工具為媒介與橋梁。教育政策工具的特性有：1.目標性；2.客體性；3.活動性；4.多樣性；5.連結性；6.干預性。

　　教育政策工具有六項類型：1.法令工具：關鍵因素為「法規」，強調政府權威，通常制定法令管制個人或機關；2.財物工具的教育政策的關鍵因素為「資源」。提供資源補助個人或機關，以利執行某項政策；3.資訊工具最首要的關鍵前提要素為「資訊互動」；4.組織工具即所謂的組織系統的改變。組織式教育政策工具的關鍵前提要素是「權力」，強調權力的下放；5.增能工具即所謂的能力建立，其關鍵前提要素是執行者的能力；6.自願工具的關鍵前提要素為「自主」。

　　教育政策決策者如何判斷選擇較適當的政策工具，以下幾項可以作為選擇的規準：1.政策目標相關；2.依據權責劃分標；3.符合標的團體認知；4.強調技術可行性；5.選擇整合性工具；6.兼重效率與效能。

　　教育政策工具如何決定選擇：1.考量教育政策外在環境；2.釐清教育政策問題本身；3.設立教育政策目標；4.訂定教育政策與釐清其目標性質；5.決定教育政策工具；6.整體縱向與橫向的系統性思考。

　　教育政策工具的展望：1.教育政策工具成效評估應符合教育的本質；2.教育政策工具的選擇宜考量其他政策執行影響的因素；3.掌握不同政策工具使用於教育領域的特性與限制；4.強調兼具縱向與橫向教育政策脈絡的連結與系統性規劃；5.鼓勵教育政策工具的研究。

第一節　教育政策工具的意義與特性

壹、教育政策工具的意義

對於政策工具（policy instruments 或稱 policy tools）的定義，學者見解不一，以下將國內外學者的看法羅列如下：

國外學者方面，Elmore（1987）認為，政策工具是一種權威性的手段選擇，是用以達成所設定的目標。Vedung（1998）認為，政策工具是政府當局運用權力以確保支持和實現社會變革的一套技術。Howlett（2011）認為，政策工具是政策制定者在實踐政策目標時所使用的技術或手段。

國內學者方面，馬鎔曼（2015）認為，政策工具是連結、達成政策目標的手段或方法，用以解決政策問題，政策工具也是公共政策的基礎，沒有政策工具，政策無法達成。曾小軍與蘇美權（2016）認為，政策工具是政策制定與政策執行之間的橋梁，是政策制定走向政策執行的關鍵所在，是政府得以推行政策的手段和方式。謝卓君（2017）認為，政策工具是政府為確實有效地執行政策方案，規劃一系列正式的活動，運用特定的手段來解決眼前的政策問題，或透過某種方式以達成預期的政策目與效果。林雨蓁（2019）認為，政策工具是政府依據最合乎經濟效益的原則，對不同標的團體採取不同形式的策略及手段。孫志麟（2019）認為，政策工具是政策執行過程中，政府用於達成政策目標所使用的一系列措施、機制、方法、策略與手段等。王辭維（2020）指出，政策工具係指治理單位為達成特定政策或方案目標而採取的策略或行為，並能夠轉換抽象政策目標為具體行動。

綜合以上國內外學者的觀點，所謂教育政策工具（education policy instruments）是指教育行政機關為解決某項教育問題，或達成某項教育政策的理想目標，在盱衡政策環境與參與者各種因素後，所採取的單一或多種的具體策略與手段，以促進政策有效執行，達成教育政策的目標。

貳、教育政策工具的特性

教育政策要實現政策目標，需要採取政策工具為媒介與橋梁。因此，教育政策工具的適當運用，有助達成教育政策的目標，是政策執行成功的關鍵。教育政策工具的特性分析如下（馬湘萍，2022；翁興利，2014；Howlett, 2018; Howlett et al., 2009; Linder & Peters, 1989; Weaver, 2015）：

一、目標性：政策工具是政策設計與政策執行的連結，是政府用來達成教育政策目標的策略與方式。

二、客體性：政策工具是政府為達成教育政策目標，經過權威性程序選擇後所採用的一系列技術的統稱，例如：法規、經費、資訊等。

三、活動性：政策工具是政府為解決特定教育政策問題所採取的行動，是政策活動的總合。

四、多樣性：政策工具的選擇與使用會受到環境的影響，是一項系統性的思考設計。因此，必須針對政策問題的因果關係予以評量。

五、連結性：政策工具是政府達到社會控制的手段與途徑，是政策目標與效果之間的橋梁。

六、干預性：政策工具是政府企圖獲得對社會變遷的支持與影響，或是避免政策變遷的一套權利運用工具，所以政策工具是一種社會干預。

第二節　教育政策工具的類型與關鍵要素

壹、教育政策工具的類型

過去針對政策工具進行分類研究，主要是以公共政策為主軸的政策工具分類上。其就不同分類角度、不同焦點側重，以及部分影響因素的排除而提出其論點。過去重要研究的分類著重公共政策普遍性的解釋原則，有助於理解教育政策工具。以下羅列國內外學者的看法，並提出教育政策工具分類的方式。

Hood（1983）依據政府使用資源的不同提出政策工具的四種類型：一、樞紐工具（nodality）；二、權威工具；三、財政工具；四、組織工具等。

McDonnell 與 Elmore（1987）將政策工具依據政府介入策略，欲達成預期之政策目標所需的條件，分為四類：一、法令強制；二、因勢利導；三、增能；四、系統改變，並於1994年進一步修正為五類，加入勸告說服。孫志麟（2019）的研究即採取此分類觀點探究中小學教師評鑑政策工具分析。

Schneider 與 Ingram（1990）依據政策方案型式將政策工具分為五種類型：一、權威型工具；二、誘因型工具；三、增能型工具；四、象徵勸勉型工具（symbolic and hortatory tools）；五、學習型工具。曾小軍與蘇美權（2016）亦採取此分類觀點探究自費生出國留學仲介監管的政策工具選擇。

Howlett 等人（2009）以政府介入程度為光譜，提出三種政策工具的分類：一、強制性工具；二、混和性工具；三、自願性工具。丘昌泰（2022）亦提出相同概念。

陳映伶（2001）於台北市國民小學資訊教育政策執行策略之研究中，將政策工具分成：一、強制；二、提供獎勵；三、建立能力；四、系統改變；五、建立共識；六、學習。

周仁尹（2008）在我國中小學校長培育政策工具之研究中，將政策工具分為：一、市場化工具；二、能力建立工具；三、系統改變工具；四、社會化工具。

Howlett（2011）將政策工具以執行所需之資源屬性劃分提出四種分類：一、權威式；二、財政式；三、資訊式；四、組織式。謝卓君（2017）採取此分類觀點探究台灣高等教育治理。

Capano 等人（2020）將政策工具分為規則、支出、稅收資訊，以探討西歐國家的大學政府的政策工具組合和高等教育的績效表現。

賴怡樺（2021）將政策工具分為法律與規制、經濟與財政、資訊與溝通、系統變遷、能力建立與學習，用來探討我國文憑主義。

第十三章　教育政策工具

綜合歸納上述學者對政策工具分類，提出在教育政策工具上的六項類型。

一、法令工具

法令工具（mandates instruments）的關鍵因素為「法規」，強調政府權威，通常制定法令管制個人或機關，其目的在於產生服從與一致的要求等。通常此類教育政策工具在「全國法規資料庫」或「教育部主管法規查詢系統」網站中皆能搜尋到其相關規定。

法令工具目的不是在於威嚇教育政策標的團體與利害關係人遵守法令，而是期望透過法令工具保障，規範教育發展的基本原則，提供教育政策標的團體與相關利害關係人的教育行動有所依據，共同創建我國教育的蓬勃發展。

二、財物工具

財物工具（property instruments）的關鍵因素為「資源」。提供資源補助個人或機關，以利執行某項政策。資源的種類屬社會資源的範疇，例如：財力、物力、人力皆屬之。

財物工具是一種因勢利導的策略，通常在個人和機關之執行能力有差別，必須補助額外的經費或人力，以激發工作績效，達成政策目標。

三、資訊工具

資訊工具（information instruments）的關鍵要素為「資訊互動」。掌握教育政策需要行銷、推廣、傳遞、對話的特性，藉由資訊互動與反饋的過程中，讓教育政策標的團體與利害關係人瞭解和參與，使教育政策的規劃更周全，支持度可以最大化，例如：教育部在《大學法》規定大學資訊應主動公開，以及透過經費補助大學建立校務研究系統與高教教育深耕計畫，是一種大學自主和政府管制間衝突，使政府較低程度的介入與促進大學改善教育品質的政策工具（馬湘萍，2022）。

隨著時代進步，網路科技發達，資訊政策工具的種類日益進步且逐漸多元

化、便民化。資訊工具出現各式各樣的形式有：書面紙本文宣、電話訪問、電視媒體、數位媒體、網路社群、多媒體、官方文件、會議、活動等，能夠讓訊息交換、互動的形式。政府透過資訊工具，使得人民參與教育政策的互動方式變得更加多元與便利。

四、組織工具

組織工具（organization instruments）即所謂的組織系統的改變。組織式教育政策工具的關鍵要素是「權力」。我國過去教育事務由教育部主管與督導，隨著《教育基本法》與《地方制度法》的公布實施，整個地方教育文化事業已經成為地方自治事項的一部分，中央政府的教育權限勢必要有所調整（顏國樑，2022）。地方分權之後，代表著權力的轉移、任務的移交，亦可視為教育系統的變革。

組織工具包含：（一）授權地方政府執行教育事務，如《教育基本法》規定授權地方成立教育審議委員會，負責主管教育事務之審議、諮詢、協調及評鑑等事宜；（二）成立任務小組或委員會執行教育事務，例如教育部為建立協調、溝通、諮詢與審議功能的平台，成立專責業務的任務編組，訂定《教育部非常設性任務編組設置及運作須知》。任務編組通常具有以下特性（林水波，2011）：暫時性、議題性、對話性、非正式、諮詢性、執行性；（三）教育部委託大學辦理原住民族實驗學校課程協作；（四）將教育的選擇權下放到政策相關利害關係人學生或家長身上，如2005年實施的幼兒教育券、在家自學方案。

五、增能工具

增能工具（capacity building instruments）即所謂的能力建立，其關鍵要素是「執行者的能力」。推動教育政策涉及相關利害關係人在知識、技能、態度上的漸進調整與轉變，需要提高其知能才能順利執行教育政策。

增能工具比軟硬體建設等設備、技術升級困難許多，耗時也會更長。涉及人才能力的培植，是教育政策工具中最不容易掌握成效的一種，但卻也是最能

為教育政策目標帶來持續實踐動力與動能的一類教育政策工具。舉凡：各種校內外校長、教師、教育人員等之專業成長研習、增能活動、工作坊、教師在職進修、學分班等皆屬之。

六、自願工具

自願工具（voluntary instruments）的關鍵要素為「自主」。自願式教育政策工具係指民間團體或組織、社區、企業、個人等與政府教育政策的目標一致或響應政府政策目標，在政府不完全介入干涉或完全不介入干涉的情況下，自主且更有彈性地從旁輔助教育政策的推進，為實踐教育政策目標而採用的政策工具。

通常自願工具，政府會以邀請合作或期盼共同參與的軟性措辭與態度，希望民間、社會一同來為教育政策共盡心力。其中比較常見的包含：（一）非營利組織：如財團法人基金會、慈善機構、宗教組織、教育學會等；（二）社區家庭：如社區協會、家長協會；（三）市場化：如BOT、學校退場機制等。

貳、教育政策工具的關鍵要素

上述教育政策工具六大類型，突顯政策工具要能有效執行時所需條件的本質，主要在於六項關鍵要素：法令、資源、資訊互動、權力、執行者的能力、自主。但並非每項政策執行時上述六項所需的條件都需要全部具備，而是視各項政策目標、屬性、外在條件等差異，至少一個、數個或全部，但最重要的是會有一個最為關鍵且核心的要素，是決定該教育政策工具的後續行動是否可以開展與執行的關鍵影響要素。

隨著時代的變遷，教育政策執行模式由權威走向市場，再走向整合，即使教育政策工具迄今仍脫離不了國家機器掌控的本質。但近年來，教育政策工具亦開始出現民間自主勢力，並在教育政策工具本身特性上發展因應時代需求不同，而出現的新興教育政策工具之內涵。以下針對教育政策工具類型、關鍵要素、運作單位進行分析，如表13-1所示，以利進行教育政策工具的分類。

表 13-1
教育政策工具類型、關鍵要素、運作單位

政策工具類型	關鍵要素	運作單位
法令工具	法規	政府
財物工具	資源	政府、民間
資訊工具	資訊互動	政府、民間
組織工具	權力	政府、民間
增能工具	執行者的能力	政府、民間
自願工具	自主	政府、民間

註：作者自行繪製。

第三節　教育政策工具選擇的規準與過程

壹、教育政策工具選擇的規準

　　教育政策要達成目標有賴運用政策工具來實現，教育政策決策者如何判斷選擇較適當的政策工具，以下幾項可以做為選擇的規準（丘昌泰，2005；楊擎，2020；劉名峯，2020；Linder & Peters, 1989; Howlett, 2009）。

一、政策目標相關

　　政策工具的選擇與政策目標應具有因果關係，換言之，政策工具是手段，手段與政策目標要有高程度緊密的相關，此種關係並不是機械式與固定的關係，仍須考量環境的影響。決策者宜避免因循舊例，造成選擇不合時宜的政策工具，導致工具失靈的現象。

二、依據權責劃分

　　教育行政機關常因為政策工具的選擇未依循中央與地方事務的權責劃分，以致政策工具本身所隱含的偏差，導致政策過程與結果的扭曲，例如：地方與

學校因經費不足,教育部長期以補助款介入地方政府行政事務的管轄權,可能導致教育部侵權而地方過度依賴的情形,有違地方自治的精神。

三、符合標的團體認知

政策工具的選用宜符合與標的團體的認知相契合,若兩者差距愈大,標的團體對政策工具的認知愈低,往往教育政策不可能有效執行,產生教育政策失靈的效果。

四、強調技術可行性

政策工具選擇強調實用性及便利性,政策工具如果缺乏技術可行性,教育政策目標則難以達成,例如:教育部提出《國中畢業生自願就學輔導方案》,因為計分方式、分發方式、教師評量公平性等問題,導致此項政策終止試辦(顏國樑,1997)。

五、因應環境彈性化

政策工具需要因應環境變遷隨時變動和修正,這是因為不同的工具在不同的組織和政治系絡中所受到的支持程度不同,而有不同的執行模式和效果,所以政策工具所採用的幅度,應視環境發展情勢、問題演變及工具之時宜性而定,不斷調整內涵與執行細節,才能長期提供教育政策決策者使用。

六、選擇整合性工具

每項政策工具都有其優缺點,執行教育政策不用侷限單一的政策工具,政策工具的選擇可以相互搭配混合運用,只要依政策問題的屬性、可資運用的財政資源、體制環境的限制、執行人員的意願與能力,以及政府能力等因素作綜合考量並避免衝突,即可發揮政策工具的加倍效應。

七、兼重效率與效能

教育政策工具的選擇,在資源有限的情況下,常考慮經濟層面的效率,講

求工具所需耗費的執行成本、監測成本等。但教育政策工具同時要重視效能，追求人本、公平、多元、永續等教育政策價值的實現。

貳、教育政策工具決定的過程

決定教育政策工具是教育政策設計過程中關鍵的一環。教育政策工具在政策設計的過程中，被期望能夠支持政策執行與目標實踐的具體策略。而在政策設計的歷程，除了政策本身性質外，更必須考量環境與參與者因素的影響。因此，教育政策工具的決定是經由審慎系統思考後而確定的。

教育政策工具的決定與教育政策外在環境（政治、經濟、社會、文化、國際等），以及教育政策問題本身、教育政策目標、教育政策及其目標性質等有密切的關係，其關係可理解為圖 13-1 所示之概念。以下並依據圖 13-1，進一步分析決定所要採取之教育政策工具的理想模式。

圖 13-1
教育政策工具決定的流程

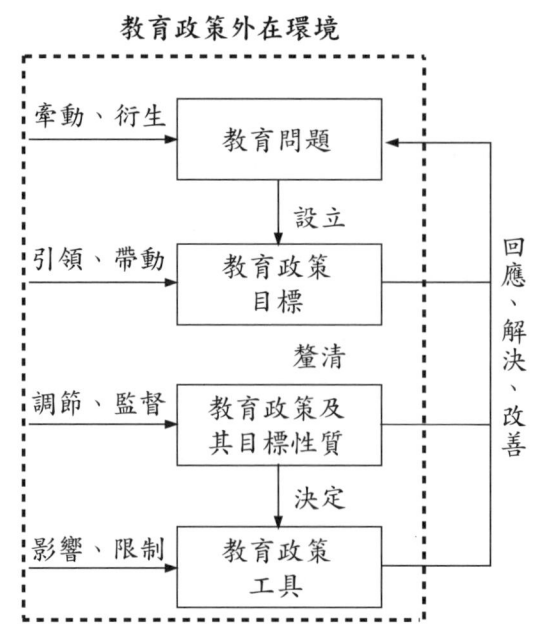

```
                       教育政策外在環境
         ┌─────────────────────────────────────┐
牽動、衍生 │         ┌────────┐                  │
         │         │ 教育問題 │ ◄─────┐         │
         │         └────┬───┘       │         │
         │              │設立        │         │
引領、帶動 │         ┌────▼───┐       │ 回       │
         │         │ 教育政策│       │ 應       │
         │         │  目標  │───────┤ 、       │
         │         └────┬───┘       │ 解       │
         │              │釐清        │ 決       │
調節、監督 │         ┌────▼─────┐     │ 、       │
         │         │ 教育政策及│     │ 改       │
         │         │ 其目標性質│─────┤ 善       │
         │         └────┬─────┘     │         │
         │              │決定        │         │
影響、限制 │         ┌────▼───┐       │         │
         │         │ 教育政策│───────┘         │
         │         │  工具  │                  │
         │         └────────┘                  │
         └─────────────────────────────────────┘
```

註：作者自行繪製。

一、考量教育政策外在環境

教育政策外在環境係指該教育政策本身以外的所有現實既存條件的總稱，涵蓋政治、經濟、社會、文化、國際等環境因素（Howlett, 2011; Salamon, 2002），以及受到政府能力、教育政策標的團體，以及教育政策相關利害關係人等人為因素所影響。

教育政策外在環境對教育問題、教育政策目標、教育政策目標性質，以及教育政策工具皆能產生不同程度的影響，是足以影響整個教育系統的必然條件。因此，在分析如何決定教育政策工具時，是不可忽視且至關重要，能促使教育與時俱進，符合時代教育的需求。

二、釐清教育問題

教育問題的出現，可能是過去教育政策執行後所積累造成，亦可能是時代變遷的影響所導致。而教育政策外在環境的影響是持續、動態且難以預測的，因此不同時期可能會衍生出不同的教育問題。而這樣的教育問題，是形成教育政策的首要步驟，亦即是所謂的教育問題形成的過程，是教育政策的根本。教育問題往往會在經由縝密的認定後，制定教育政策以作為該教育問題的解決方式，使之原本可能較為負向的教育問題，能夠轉化為正向、積極的教育政策並加以執行。

三、設立教育政策目標

通常同時期裡的教育問題並不會只有一個，甚至多個皆有可能，且各教育問題涉及的問題範疇也可能並不一致或有相互衝突之情形。此時，政府單位便盱衡教育問題改善的急迫與嚴重程度，與政府當時能力所及程度來加以取捨，以較為重大與急迫且目前有能力解決的教育問題優先處理，環繞在如何解決該教育問題，亦即是設定出能解決該教育問題或需求的方法，並進一步使之成為教育政策執行的目標。

四、訂定教育政策與釐清其目標性質

針對欲改善教育問題與需求的教育目標,用適當、正向之教育政策認定的階段。此時重要的任務是釐清達成該教育政策目標所需的資源,以及釐清該教育政策目標的具體行動。亦即辨別出該教育政策目標的達成重要的關鍵要素是什麼,以及該教育政策目標應轉化為哪些具體作為。

五、決定教育政策工具

教育政策工具的決定,是依據教育政策工具分類與關鍵要素,經過通盤地系統性思考與審議後,進入教育政策工具決定的階段。此階段,最重要的是精確地且系統性地將具體行動與目標扣合,以產生教育政策執行的策略、方案。而每項教育政策所採納的教育政策工具和數量可能都不盡相同,是依據該特定教育問題與外在情境而選擇的,不同的教育政策都要採取此種流程不斷循環來決定政策工具。

六、整體縱向與橫向的系統性思考

教育政策應該把握縱向與橫向系統思考的原則,由於每項教育政策與其目標、工具都是獨立且具有個別差異的。因此,在教育政策工具決定上更需要政策制定者跳脫單一教育政策制定的縱向思考,嘗試橫向思考,以確實掌握當前執行中的各項教育政策的脈絡,並系統性地思考多種教育政策、目標與目標、工具與工具之間有無相互牴觸?有無整合的可能?以避免相互牴觸,能整合政策工具,以獲得相輔相成的效果。

第四節　教育政策工具的展望

教育政策工具的研究有助於減少政策執行理論與實務的差距,促進政策目標的實現。目前台灣對教育政策工具的研究仍不多,需要加以重視。以下提出數項敘述教育政策工具的展望。

第十三章　教育政策工具

壹、教育政策工具成效評估應符合教育的本質

教育政策工具是手段不是目的，能提升教學實施的品質和效果，讓學生學習成效達成政策目標才是目的。換言之，教育政策工具不能凌駕教育目的，任何教育施政計畫的成果必然要能真實顯現在學生身上才有真正的意義和價值。舉凡補助計畫、校務評鑑、教師專業研習、行政管理等都只是為學生改變的政策工具而非直接影響。教育政策工具衡量能否達成教育目標，都應以教育本質為評估的規準。

貳、教育政策工具的選擇宜考量其他政策執行影響的因素

教育政策工具僅是影響政策執行因素之一，教育政策執行影響因素包括有（顏國樑，1977）：一、政策內容：政策的明確性、政策資源、標的團體行為需要改變的程度、理論的適切性與技術有效性、政策類型；二、政策系絡：執行機關的特性、執行人員的能力及意願、執行人員與標的團體的溝通、執行策略、外在環境因素的影響。因此，要執行教育政策工具與評估政策工具執行成效，仍需要通盤考量其他政策執行影響因素，避免過於狹隘，僅單純運用政策工具，影響執行的成效。

參、掌握不同政策工具使用於教育領域的特性與限制

政策工具的類型包括：法令、財物、資訊、組織、增能、自願六項政策工具，每項政策工具都有適用範圍。過去政府在教育政策工具的決定上，時常以慣性使用的偏好來決定教育政策工具，且多以權威型（法令）政策工具作為改革教育的手段（呂武，2016；馬湘萍，2022；賴怡樺，2021；謝卓君，2017）。因此，教育政策決策者應瞭解與掌握解不同政策工具使用於教育領域的特性與限制，以利適當運用，並透過長期研究，探究台灣中央與地方治理結構面與制度面的特性，進而協助政府適切地依據在地特性，除了法令工具之外，並運用多元的政策工具組合，以提升教育改革的成效。

肆、強調兼具縱向與橫向教育政策脈絡的連結與系統性規劃

我國教育政策工具的決定較為偏重在特定教育政策上的單一縱向思考模式，較少在各項教育政策之間的整合思維，致使教育政策之間較難成為彼此的助力。教育政策工具之間的重疊、排斥現象，徒增資源成本卻難見教育政策執行成效。據此，若能在教育政策執行過程中注意教育政策之間的橫向連結與該教育政策的縱向系統規劃，應該較能彌補教育政策工具在運作上的阻礙與降低問題產生的可能性。

伍、鼓勵教育政策工具的研究

目前教育政策工具的研究尚待加強，至於研究可朝幾種方向努力（朱亞鵬，2013；謝卓君，2017；Birkland, 2019; Capano et al., 2020; Howlett, 2011; Villalobos et al., 2024）：一、政策工具與治理取向互相結合，對政府政策工具進行反思，除了政府責任之外，強調多方參與者合作的重要性，如社區、利益團體、非營利組織、NGO等。換句話說，政府在治理的過程不再是唯一的行動者，透過多元的權力流向，公部門、私部門與第三部門等多元行動者將串連在一起，共同參與公共事務的處理；二、政策工具選擇從單一工具選擇轉向政策工具的組合，探討如何依據政策類型採取適當政策工具，以及如何組合政策工具進行有效的政策執行；三、政策工具的選擇宜考量受到環境與參與者因素的影響；四、政策工具是手段，應依循教育本質執行，最終目的在提升學生學習成效，學生能夠自我實現為最終目的。教育政策的價值包括教育的人本、公平、效益、永續等；五、以政策網絡探討政策工具與參與者互動之間的影響。

第十三章　教育政策工具

問題討論

一、教育政策要達成目標有賴運用政策工具來實現，教育政策決策者如何判斷選擇較適當的政策工具，請說明有哪些規準可以選擇？

二、分析教育部「班班有網路，生生用平板」的政策用了哪些政策工具？與目標之間的連結如何？可以採用何種政策工具使政策執行效果更好？

三、分析教育部推展「雙語政策」用了哪些政策工具？與目標之間的連結如何？可以採用那些政策工具使政策執行效果更好？

四、教育部 2021 年實施《推動中小學數位學習精進方案》，請問教育部與地方教育局／處運用那些政策工具？對學生學習與教師專業成長有何助益？

五、教育政策執行影響因素包括教育政策設計、教育政策本身的條件、教育政策外在的條件，教育政策工具僅是影響政策執行因素之一。請問教育政策工具應與其他執行影響因素如何運用，讓教育政策目標能夠實現？

第十四章
教育政策網路

本章摘要

　　教育政策網絡的意義係指政府單位、非政府單位、非營利組織、公民社會等多元教育政策行動者，彼此基於對教育政策發展，在政策運作過程中，由於所具備之權力、利益、資源等不同，於是透過正式或非正式之協商、交換、分享、聯繫、建立共識等方式進行互動，溝通各教育政策機構組織的立場與需求，試圖使各教育政策機構組織取得內部平衡，並形塑互賴、互信、互助的關係，進而願意共同協力實踐教育政策目標。

　　教育政策網絡的特性：1.政策網絡涉及多元行動者與共同目標；2.政策網絡行動者之間相互依賴與互信；3.強調行動者之間合作與資源共享；4.強調行動者持續溝通的過程；5.政策網絡受到制度的影響；6.有效管理政策網絡以創造公共價值。

　　教育政策網絡形成原因有：1.交流信息和意見的需要；2.交換資源的需要；3.結盟的需要；4.權力的需要；5.協調的需要；6.對於某項政策共同的興趣與相互之間的義務；7.對某個政策問題產生的原因有一致的看法與形成統一的解決方案。

　　因應台灣社會開放多元、地方分權的發展，教育政策網絡分析宜兼顧以政府機關與公民社會為中心的政策網絡分析。教育政策網絡的類型有：1.政策網絡；2.府際網絡；3.專業網絡；4.教育業者網絡；5.議題網絡；6.學校網絡。

　　教育政策網絡的優點有：1.落實教育政策決策民主化的精神；2.促進行動者達成共享的理解，提升教育政策認同度；3.強化教育政策資訊交流的透明性，發

揮教育政策資源整合綜效；4.強調各行動者的權力應是相互平等及共享；5.提高教育政策的回應性，提升教育政策品質；6.發揮教育政策學習效果，促進教育政策創新。

　　教育政策網絡的困境有：1.參與教育政策行動者的權力與資源條件存在差異；2.行動者對於教育政策認知產生分歧；3.行動者的政策角色定位不明確；4.行動者擁有的治理權力與資源不均等；5.非政府部門資源可能存在永續性與教育專業性不足；6.受到政策時效性壓力的影響；7.產生權責歸屬爭議難以具體課責。

　　教育政策網絡的展望有：1.運用教育政策網路治理以提升政策執行效能；2.教育政策決策應與政策利害關係人或團體建立良好的互動模式；3.教育行政機關應協助確保非政府資源的穩定與教育專業性；4.運用公共政策網路參與機制回應民眾教育需求；5.加強教育政策網絡的研究。

第一節　教育政策網絡的意義與特性

壹、教育政策網絡的意義

在社會學中對「網絡」賦予多元的概念，「政策網絡」（policy network）被用以詮釋多元政策行動者在某政策中，彼此之間所存在的各種關聯與互動關係。這種觀點有別於傳統科層體制下，因層級節制而產生的政策行動者間上下或下上之從屬縱向治理關係。以下羅列過去國內外對於政策網絡的定義，再提出教育政策網絡的定義。

O'Riordan 與 Jordan（1996）指出，政策網絡是通過資源依賴關係連接組織的複合體，是由利益團體聚集在政府部門周圍以影響政策而建立的，政府促使他們能夠參與決策，以利用其資源來達到政策目的。

Sorensen 與 Torfing（2009）認為，公共政策經由多元行動者基於共識、慎思熟慮、共擔責任等特性，共同參與決策的制度性過程及結果，期能順暢公共政策的執行與管理，形成政策網絡治理。

謝百傑與史美強（2011）主張，政策網絡過程係指中央、地方、利益團體、社會機構、公民社會、個人等彼此權力及資源的互動及互賴，但政府仍是治理資源運用的核心，同時也必須承擔創造公共利益之責任。

莊文忠（2013）認為，政策網路治理係透過制度性之安排，讓不同政策行動者得以建立資源互賴與權力共享的夥伴關係，或進一步策略聯盟，以促成行動的產生以及政策目標的實現。

Sotarauta（2014）指出，政策網絡具有多重目標、多種身分之特性，在政策網絡中，個體行動者並不會單獨存在，而總是與其他行動者或單位有關。因此，提升了複雜度與不確定性。

陳盈宏（2015）將政策網絡定義為公共政策場域中，由各個行動者建構而成的互動系統與彼此間關係的緊密程度，在政策網絡中，有政府、學校、非營

利組織等多元行動者。

陳無邪（2017）認為，在跨域治理中，夥伴為確保政策特定利益、目的與目標得以貫徹實施，彼此共用權利與義務，透過參與者之間的連結以實現共同利益，形成多元且複雜交錯的政策網絡。

Ratinen（2019）主張，政策網絡為政府代表和多元政策行動者互動，以促成政策形成的決策過程。而政府是過程中的要角，其可影響過程中的目標設定、參與者的加入以及資源的提供。

上述學者對於政策網絡意義的看法，強調政策網絡是資源相互依賴的組織、多元利害關係人的持續溝通，以及特定利益團體與特定政府部門的互動等，共同合作實現達成目標。綜合上述觀點，教育政策網絡（education policy network）的意義係指政府單位（教育部、教育局／處、學校）、非政府單位（企業、民間）、非營利組織、公民社會等多元教育政策行動者，彼此基於對教育政策發展，在政策運作過程中，由於所具備之權力、利益、資源等不同，於是透過正式或非正式之協商、交換、分享、聯繫、建立共識等方式進行互動，溝通各教育政策機構組織的立場與需求，試圖使各教育政策機構組織取得內部平衡，並形塑互賴、互信、互助的關係，進而願意共同協力實踐教育政策目標。

貳、教育政策網絡的特性

雖然政策網路的定義有不同的解釋，但仍有一些顯著的特性。以下列舉幾項特性加以說明（陳盈宏，2023；陳斐卿，2021；劉怡華，2020；Amiel et al., 2024; Klijn, 1996; Shiroma, 2014）。

一、涉及多元行動者與共同目標

政策網絡具有多元的行動者，包括：中央與地方教育行政機關、學校、利益團體、學術團體、專家學者、大眾媒體、基金會、社區等。多元行動者之間具有共同目標，但多元行動者有不同的政策立場，彼此的互動溝通才能形成政

策網絡。

二、重視行動者之間相互依賴與互信

行動者互信的程度是影響各行動者協力過程中參與的動機與意願，互信不足會降低行動者參與的意願與動機。此外，政策網絡行動者需要依賴其他利害關係的團體或個人，以獲得實現自己目標的手段。行動者之間相互依賴不是靜態的，而是隨著彼此之間的互動而變化。

三、強調行動者之間的合作與資源共享

政策網絡係由多元的行動者組成，具有共同的目標，強調經費、人力及資訊等資源共享，透過攜手合作，努力達成目標。政策參與者之間可以交流最佳實踐、研究成果及政策經驗。這種合作不僅增強政策制定、執行及評估過程的透明度，還提高政策的有效性和可持續性。

四、強調行動者持續溝通的過程

政策網絡係由各種擁有一定資源和不同利益與目標的行動者所組成，政策網絡的形成，參與者之間要有持續地互動，所謂的互動方式包括面對面、電子郵件、視訊等，對相同的議題表達意見、溝通想法。政策網絡是各種行動者運用各自的資源，尋求實現各自目標的相互溝通影響的動態過程。

五、政策網絡受到制度的影響

政策網絡行動者因為相互依賴、相互作用而形成各種不同類型的關係和規則。這些關係和規則會反過來影響和制約行動者之間的互動與作用，促使行動者之間的互動方式得以持續，使資源分配的方式得以形成，並在彼此之間的相互影響和互動中逐漸發生變化。

六、有效管理政策網絡以創造公共價值

政策網絡行動者可視為夥伴，形成政府之間與組織之間多元互動關係，且

認為主要互動基礎不在權威而在資訊、知識及技術交流，藉由不同的網絡發展型態與互動模式，有效管理網絡與創造公共價值。

第二節　教育政策網絡形成的原因與類型

壹、教育政策網絡形成原因

教育政策網絡形成原因有（朱亞鵬，2013；Weible & Sabatier, 2005）：一、交流信息和意見的需要；二、交換資源的需要，包括經費、人員及服務；三、結盟的需要：參與政策主體尋求擁有共同利益者結合成利益同盟；四、權力的需要：政策主體尋求有影響力的參與者建立關係，以期控制資源，建立權力網路，擴大自己的影響力；五、協調的需要：相關主體透過網絡來協調溝通彼此之間在觀念、利益方面的分歧，期使在政策過程中採取一致行動；六、對於某項政策共同的興趣與相互之間的義務而參與網絡，如議題網絡；七、對某個政策問題產生的原因有一致的看法，並形成統一的解決方案，如倡導聯盟。

貳、教育政策網絡的類型

回顧過去歷年的文獻，國內較少有學者實際針對教育政策網絡進行分類探討，大部分以過去國外公共行政學者對於政策網絡類型的論點加以描述、闡釋。教育政策在本質上，與公共政策、經濟產業政策等屬性、功能上具有差異，儘管國外學者的政策網絡分類並不全然能一體適用在教育政策網絡，但卻有相當程度的啟示。據此，先擇取國外重要學者對於政策網絡分類的依據，比較分析其歸納模式，嘗試建構教育政策網絡的分類，並進一步帶入教育政策概念加以論述分析。

一、Rhodes 與 Marsh 以政府機關為中心的網絡類型

Rhodes 與 Marsh（1992）提出以政府機關為中心的政策網絡，此種網絡類型強調中央與地方政府之間的結構互動關係，以及聚焦在高決策部門的利益結合。此類型主要內涵以成員組成、成員之間的相互依存度，以及成員之間的資源分配與權力等因素作為區分標準，試圖將政策網絡以連續性光譜來解釋由高至低整合之政策網絡類型依序為：政策社群、專業網絡、府際網絡、製造者網絡、議題網絡等五類。依序政策社群是最高整合程度，議題社群整合最低。

二、Wilks 與 Wright 以公民社會為中心的網路類型

Wilks 與 Wright（1987）提出以公民社會為中心的政策網絡，將政策網絡類型分成政策領域、政策部門、政策次級部門、政策議題。此種政策網絡類型強調人際互動、重視公民社會的關鍵角色、專業化組織與政府機關相互的影響、以政策次級部門為網絡分析焦點等。

三、教育政策網絡的類型

因應台灣社會開放多元、地方分權的發展，教育政策網絡分析宜兼顧以政府機關與公民社會為中心的政策網絡分析。參考上述兩種政策網絡類型，以及考量教育政策的特性，提出教育政策網絡的類型的概念與分類途徑。以下分別說明教育政策網絡各類型的內涵。

（一）政策網絡

政策網絡探討中央機關之間的互動關係，涉及教育決策，通常指我國總統府、行政院、教育部、國教署、國教院行政單位之間的互動關係。決策網絡具有高度穩定性，多以垂直依存關係進行互動，例如：總統府對行政院、教育部、國教署；行政院對教育部、國教署、國教院；教育部對國教署、國教院等的垂直互動。雖存在水平互動，但不具密切關係，例如：院對院、部對部、署對署等．但彼此關係建立在合作上，無從干涉各自的職權與所屬事務，故實際上水平並不具有依存關係。

（二）府際網絡

府際網絡探討地方政府之間的互動關係，同樣具有高度穩定性，自我國地方分權後，地方政府對於自身地方區域內所有事務得以行使自治的權利與訂定區域內的規則。由於地方分權，使得各地方政府有一定平等的地位，促成得以平等互動的合作關係，是為府際網絡一種形式。垂直的依存關係侷限在自己縣（市）內，例如：縣市政府、教育局／處、所屬管轄學校形成垂直依存關係。

（三）專業網絡

專業網絡有一定程度的穩定性，網絡具有社團性質，成員資格通常有篩選機制。在教育政策中專業網絡可細分為：1.以職業利益聚合：通常以職業為維護共同利益而組成，例如：全國教師工會總聯合會、全國教育產業總工會等；2.以專業聚合：教育相關的學會或協會組織，例如：中華民國學校行政研究學會、中華民國中小學校長協會等；3.以理念聚合：舉凡因各種教育相關理念而成立的基金會，例如：至善基金會、台積電文教基金會等。

專業網絡具備有限的水平互動與垂直依存關係。有限的水平互動體現在彼此雖是平等地位，但由於各專業網絡的職業、專業或理念不同，實際上在水平互動的合作較少，因此形成有限的水平互動關係。而有限的垂直依存關係，則是指存在於個別專業網絡的內部，雖是社團性質，但仍有一定的組織結構，如理事長、執行長等不同位階，受限於自身專業網絡內。因此，是為有限的垂直依存關係。

（四）教育業者網絡

教育業者網絡最大的特徵在於營利取向。由於教育在本質上經濟利益的成分較低，因而涉及教育政策中的教育業者網絡，通常是提供教育服務的民營企業或教育機構所形塑的互動關係，例如：教科書編印書商之間；補習班教育機構間等，雖無位階上的差異，但由於彼此皆屬營利導向，易因彼此之經濟利益而產生的衝突，使得競爭意味較為濃厚，形成有限的水平互動，而個別教育業者因自身組織結構亦形成了有限垂直依存關係。

（五）議題網絡

議題網絡的形成是一個動態且非正式的過程，涉及對特定政策議題感興趣的多元行動者之間的聯合。由於彼此沒有共同要遵守的制度和規則，因此不具垂直依存關係，而是寬泛的水平互動，通常這樣鬆散結構即是公民社會參與的概念。由於成員數過於龐雜，彼此之間的意見、觀點得以有抒發出口，但意見整合難度大。而在教育政策中，凡涉及公民個體本身或群眾屬之，例如：我國公民（社區、一般民眾群、學生家長群、學生群）或大眾媒體（匯集民眾、群眾等的意見的角色）。

（六）學校網絡

學校網絡是指各級學校之間的互動關係，例如：大專院校、高中職、國中、國小之間的互動。彼此都是學校單位，僅是學習階段的不同，並無地位上的差異。通常具有高度的水平互動關係，像學校策略聯盟、跨校共備課程、研究等合作互動關係。這也體現在大專院校、高中職、國中、國小之間的互動，例如：台灣各大學成立系統聯盟、締結姊妹校等。在我國教育系統中，地方教育局／處與學校受到教育部依法管轄，與教育部、國教署的關係相當密切，受到其推動的教育政策影響大，也是執行教育政策的主要場域。而我國學校都有其各自的組織結構，在高級中等學校以下置有校長、主任、組長、教師；在大學置有校長、副校長、一級主管、二級系所主任、研究中心等，各階段學校網絡有一定的垂直依存關係，是為有限的垂直依存現象。

第三節　教育政策網絡的優點與困境

壹、教育政策網絡的優點

政策網絡強調多元與民主治理，打破政策運作過程的封閉性。教育政策網絡有以下優點（丘昌泰，2022；朱亞鵬，2013；陳盈宏，2015；Rincon-Gallardo

& Fullan, 2016）。

一、落實教育政策決策民主化的精神

教育政策網絡強調多元行動者的共同參與及互動，對政策制定帶來充足的資訊，採納多方的利益和價值，增進社會對政策的理解與支持，提升政策執行成效等，例如：教育行政機關、基金會與學術團體、學校及公民社會等一起共同討論教育政策，可以擴大教育政策的參與決策，進而落實民主化的教育政策治理精神。

二、促進行動者達成共享的理解，提升教育政策認同度

教育政策網絡強調多元行動者的共同參與及自主互動，所以，可以創造一種互相對話的情境，透過各行動者之間的相互溝通，理解對方的思維模式及需求，在進行教育決策時，更能夠站在對方立場進行考量，做出符合大多數人利益的教育決策。

三、強化教育政策資訊交流的透明性，發揮教育政策資源整合效益

教育政策網絡可讓各行動者依據本身專業知能，發揮個別所長及協力合作，發展互信關係，以維持教育政策網絡的順暢進行，進而達成教育政策目標及實踐教育政策理念。此外，也重視各行動者擁有不同的治理資源，基於充分理解後產生的政策共識，借由彼此的協力合作，進行治理資源互補及政策資訊交流，可發揮資源共享與整合的效益。

四、強調各行動者的權力應是相互平等及共享

基於教育政策網絡過程各行動者的權力是相互平等及共享，教育行政機關不再是發號施令的上位者，非政府部門的行動者也不是下位的受命者，而是彼此透過正式與非正式的溝通協調機制進行互動，針對特定教育問題的解決，謀求彼此間資源分享與責任的共同負擔，以實踐最大化的公共利益。

五、提高教育政策的回應性，提升教育政策品質

教育政策網絡的決策模式傾向扁平化和快速集結各行動者的資源，據此產生的教育政策相關措施更具靈活性，以迅速回應各種新的挑戰與解決教育問題。另外，教育政策網絡可以有效減少科層治理模式所產生的有限理性的缺點，也可以強化教育政策溝通的完整性，適時提出改善策略，有助於提升教育政策執行的效能。

六、發揮教育政策學習效果，促進教育政策創新

教育政策網絡強調各行動者平等自主的互動，並進行彼此資源的互換互補，創造出一種互相學習的情境條件；而且重視對於各行動者需求的回應性，對政府政策透過管道互相分享政策執行的經驗與問題討論，謀求解決策略。所以有助於學習如何改善執行的問題與執行較有效果等，進而促進教育政策創新。

貳、教育政策網絡的困境

政策網絡為新興的公共政策治理模式，可以提供公共政策治理的嶄新思考方向及運作模式，但是也衍生諸多困境。以下提出教育政策網絡可能產生的困境（張倍安等人，2015；張榮華，2011；張淵菘，2005；陳盈宏，2015；曾兆興，2017；Ball et al., 2012）。

一、行動者對於教育政策認知產生分歧

由於教育政策網絡涉及多元行動者的自主互動，各行動者會根據本身的政策偏好及認知，進行政策選擇及產生政治行為，並不會完全受到特定行動者的控制，例如：教育部、教育局／處，以及學校等，各行動者可能因為自己利益動機的考量，而產生行動者的政策認知分歧。此外，瞭解政策是如何在校園中校長、教師被理解、詮釋、批判、實踐，是一項複雜的動態過程，也與學校環境脈絡息息相關（Ball et al., 2012），對教育政策的認知與上級機關教育部與教育局／處的認知不同。

二、行動者的政策角色定位不明確

由於教育政策網絡涉及多元行動者的參與互動，各行動者的政策角色定位常有不明確的情形，而產生政策執行工作項目不瞭解，以及如何進行的問題，例如：教育部、教育局／處，以及學校等，且加上教育政策網絡具有開放性，所以可能產生各行動者之間的角色定位不明確及代表性不足等困境，進而形成教育政策網絡的阻礙。

三、行動者擁有的治理權力與資源不均等

參與教育政策網絡的各行動者具有互賴互換的資源特性，教育政策發展是各行動者資源互動的過程及結果；然而，由於各行動者所擁有的治理權力與資源並不相等，例如：教育部關擁有督導的公權力，若未建立協力關係，則將會產生各行動者難以形成政策共識、缺乏互信基礎等困境。其次，行政機關也是主要的經費補助來源，存在具有壟斷性地位的優勢行動者，將導致地方教育行政機關、學校可能過度依賴教育部的經費補助，進而妨礙地方教育行政機關、學校的自主性，在經費減少或停止之下，形成教育政策網絡治理的困境。

四、非政府部門資源可能存在永續性與教育專業性不足

近年來政府重視協力合作，引進非政府部門的資源共同推動教育政策，與政府部門與學校產生互補效果，但是也可能產生非政府部門資源的永續性不足、專業性不足等，例如：為台灣而教（Teach For Taiwan [TFT]）是非營利組織，與政府教育體制不同，其師資來源與薪資有其限制與經費不足，對教師教學效果產生負面的影響（Thomas & Xu, 2022）。

五、受到政策時效性壓力的影響

當教育政策網絡內的行動者越多元時，代表互動關係越複雜，所以各行動者雖然同意建立協力夥伴關係的理念，但在實務運作中卻往往出現「知易行難」的落差。由於各行動者建立協力關係及產生協力行動，可能需要經過長時間的

互動及對話,當「政策時效性」的壓力出現,在教育政策網絡治理過程中,影響各行動者產生協力關係及協力行動。

六、產生權責歸屬爭議難以具體課責

由於教育政策網絡涉及多元行動者的共同參與,產生權責歸屬爭議,如果事先未討論與確認應該負責的工作項目與成果要求,則將可能產生無法確實釐清誰應該為最後的政策結果負起責任,例如:政府委託私人辦理學校,涉及教育行政機關、學校、非營利的私法人或民間機構、團體等,可能產生學校校務經營責任分散的特性,進而導致難以具體課責的困境。

第四節　教育政策網絡的展望

教育政策網絡期望在多元主體參與政策過程尋求理解誰決策,如何改善決策,進而推動多元民主的決策機制。以下提出數項敘述教育網絡的展望。

壹、運用教育政策網路治理以提升政策執行效能

教育政策網路治理企圖建立教育行政機關政府部門、非營利與民間組織的聯合機制,強調合作協力的結構,共享決策權及共同治理,一同攜手促進教育發展(阮孝齊、潘慧玲,2022;Thomas & Xu, 2022)。政策網路治理可以改善科層體制講求科層化組織,由上而下的權威結構,對服務對象施予管制,以及改善市場模式強調實施分權的公共組織,教育政策以市場治理發生的問題,期盼未來我國教育政策運用政策網路治理,例如:鬆綁教育法令的限制、設計公民參與、開放討論機制、擴大資訊公開等,透過多元平等的共同合作,促進教育政策有效達成目標,例如:在原住民族教育政策中,教育部與教育局/處、縣市政府與鄉鎮公所、學校、部落耆老、基金會、學術團體的參與等,持續實施多元網絡群體的參與,促發並聆聽更多不同政策網絡群體的意見與聲音,尊

重並尋求最大共識及需求,以共築原住民族教育美好藍圖。

貳、教育政策決策應與政策利害關係人或團體建立良好的互動模式

教育政策網絡強調政府各部門與政策利害關係人或團體,建立制度化的互動模式,對關心的議題進行溝通與協商,使得參與者的政策偏好被滿足或是政策訴求獲得重視,以增進彼此的政策利益。通常教育政策網絡內的行動者,包括:教育行政機關與人員、民意代表、學者專家、利益團體、學校與教育人員、學生、家長等與該政策有利害關係的個人或團體,這些個別行動者或團體因為法定權威、資金、資訊、專業技術與知識等資源的相互依賴,而結合成行動聯盟或是利益共同體(洪雯柔,2023;張輝山,2003;謝卓君,2021b)。因此教育政策決策應建立教育行政機關與利益團體制度化的互動方式及規範,使得教育政策的網絡能夠建立在明確的規範與基於維護公共利益的基礎之上。這些規範的內容應該包含教育行政機關的角色、利益團體的代表性、政策網絡過程資訊的公開化、行政資源的分配結果,以及政策成敗責任歸屬等問題,以建立良好的互動模式,讓政策執行順利與有成效。

參、教育行政機關應協助確保非政府資源的穩定與教育專業性

由於教育政策網絡存在各行動者互賴互換治理資源的現況,亦存在引入民間資源,進行公私協力之現況,但民間資源缺乏穩定性與教育專業性為目前困境之一,例如:非學校型態實驗教育包括個人、團體、機構實驗教育三種,常產生校務運作與財務不穩定、教師流動率高、學生學習權需要保障(林芳仔,2021;鄭同僚、徐永康,2021)。所以建議教育行政機關應建立教育政策資源整合機制,建置民間教育資源資料庫。另外,可以建立教育政策資源評估機制,

以協助各校確保民間資源的教育專業性。

肆、運用公共政策網路參與機制回應民眾教育需求

由於我國科技、資訊與網路發展蓬勃，社會大眾普遍運用網際網路表達教育政策議題的看法。因此，政府建立公共政策網路平台，提供民眾在網路平台提出意見，是擴大公眾參與、快速與公開透明的回應民眾教育需求的良好管道。教育行政機關可以運用 2015 年建立的「公共政策網路參與平台」（https://join.gov.tw），蒐集與回應民眾的教育需求。另外，教育行政機關同時在網路平台提供政策規劃與實施反映信箱，除了可以瞭解民眾對教育需求，亦可彙整對教育政策運作過程的意見，針對問題加以改善，提升教育行政機關為民眾服務的功能。再者，應透過制度變革，促發教師與學校投入網路運作，要如何吸引教師及非營利組織的動力之機制，值得探究。

伍、加強教育政策網絡的研究

政策網絡的研究強調參與者互動之間的關係，跳脫傳統政策過程的探究，對於政策研究發展有重大的意義。目前政策網絡研究大多是非教育領域，針對教育政策網絡的研究尚不多，需要積極擴展。如何加強教育政策網絡的研究有下列幾個方向（王光旭，2004；阮孝齊、潘慧玲，2022；陳盈宏，2015；劉怡華，2020；Ball, 2022; Rowe, 2022; Stacey & Mockler, 2024）：一、探討教育政策網絡的理論與內涵，以作為實務分析的依據；二、進行政策網絡個案研究，歸納成果，厚實教育政策網絡理論與應用；三、國內在教育政策網絡研究大多是個案研究，宜進行量化研究方法，建立客觀量化數據，以作為教育政策決策的依據；四、進行教育部、地方教育局／處、學校不同層級的教育政策網絡研究，以獲得不同層級的研究發現，有助於實務的正確運用；五、探討教育政策網絡結構與內部互動對政策過程，以及教育政策結果的動態關係，期能建立互動與影響因素模式；六、運用量化社會網絡分析、網絡民族誌及行動網絡方法進行

教育政策網絡研究；七、以教育治理觀點探究政策網絡，並與政策工具結合運用進行研究；八、運用網絡民族誌方法，關注人和政策的關係與運作，探究政策如何累積政策網絡資本，從引發政策網絡行動者到組織面的生態文化改變，進而產生有效共同參與的政策學習的過程與策略；九、從社會網絡角度進行多元關係網絡（multiplex networks）、多重模式網絡（multimode networks）、長期縱貫網絡（longitudinal network）研究。

第十四章 教育政策網路

問題討論

一、請說明教育政策網絡治理的優點與困境？

二、請以教育政策網絡之概念分析學習扶助方案推動現況？

三、請運用教育政策網絡分析現行的某一教育政策的網絡組成行動者？

四、教育政策制定與實際執行過程中需要多方利害關係人的參與，才能兼顧各方觀點，如何保證多方面參與的同時，使教育政策網絡產生最大效益？

五、請以教育政策網路視角分析偏鄉學校數位學習政策執行的困境？並提出解決策略？

六、請以教育政策網路視角分析雙語教育政策執行的困境？並提出解決策略？

七、教育政策網絡的理論可以和哪些主題結合，形成研究新取向？對教育政策實際運作有何影響或效用？

第十五章
教育政策行銷

本章摘要

　　教育政策行銷係指教育部或縣市教育行政機關為讓教育政策能順利推動，進行內部、外部、互動的行銷，運用有效與系統性的教育行銷策略，與政策利害關係人溝通互動的價值交換的過程。其目的在降低教育政策執行的阻礙，獲得政策利害關係人對教育政策的認同，並依據政策利害關係人的意見調整教育政策內容與執行方式，以達成教育政策的目標，是一種教育行政機關與政策利害關係人動態的雙向過程。

　　教育政策行銷的特性有：1.教育政策行銷是政府整體政策行銷的一環；2.教育政策行銷兼具教育本質與公共政策特性；3.教育政策行銷是一種教育服務的行銷；4.教育政策行銷受到不同政策利害關係對象的影響；5.教育政策是自然獨占的事業，缺乏市場競爭的行銷環境；6.教育政策行銷的對象是需求多元的社會大眾，而非特定的群體；7.教育政策行銷策略與行銷目標之間的因果關係不甚明確。

　　教育政策行銷的功能：1.促進教育政策順利推動；2.建立教育行政良好的公共形象與公共關係；3.強化教育政策的競爭力與民眾教育需求。

　　教育政策行銷策略的組合分成兩種：一是，教育政策行銷6P策略的組合—以政府為中心：1.政策策略；2.產品策略；3.價格策略；4.通路策略；5.推廣策略；6.夥伴策略。二是，Snavely的行銷策略組合—以民眾服務為中心：1.服務；2.成本；3.政策分析；4.合法權威；5.人員；6.告知資訊／教育。

　　王湘栗的教育政策行銷模式依教育政策之發展過程，將教育政策行銷分為：

1.教育政策行銷規劃階段；2.教育政策行銷執行階段；3.教育政策行銷評鑑階段。

　　教育政策行銷的展望包括：1.規劃周詳的教育政策行銷計畫與方案；2.強調並重的內部、外部與互動教育政策行銷；3.以服務取向的教育政策行銷理念；4.增強組織成員教育政策行銷的專業能力；5.運用社群媒體進行教育政策行銷；6.建構具體客觀的教育政策行銷成效檢核規準；7.加強教育政策行銷的研究。

第十五章　教育政策行銷

第一節　教育政策行銷的意義、特性及功能

壹、教育政策行銷的意義

　　教育行政機關為使提倡的教育政策能順利推動與被接納，有必要透過全面性且系統化的行銷策略，來擴大民眾對其教育政策資訊的接收、瞭解以及觀念再造，進而凝聚民眾共識，減少政策執行的阻礙，獲取政策利害關係人的支持、認同與合作，增進政策執行的績效並達成公眾教育福祉之目的。

　　針對教育政策行銷的意義方面，以下舉出幾位學者的看法，再加以綜合歸納。

　　王嬿淑（2006）認為，教育政策行銷係指教育機關為使所欲推行的教育政策能獲得利害關係人之認同與支持，並能推廣與提倡，而進行一連串的內部與外部的行銷，包含從政策之形成乃至於行銷策略運用的過程，最終期使教育政策能有成效的順利推動。

　　劉衿華（2007）認為，教育政策行銷係指政府機關為能推動其教育政策，並獲得大眾的支持與肯定，運用行銷策略，且以多元管道評估政策推行成效，瞭解民眾反應，進而調整或修正策略。

　　王湘栗（2010）認為，教育政策行銷係指教育行政機關有效運用行銷相關理論與策略，以促進教育政策利害關係人與政府進行交換的所有計畫和執行之過程。教育行政機關基於教育本質和理念，提供政策關係人滿意的教育政策，並期望政策利害關係人對於政府所制訂之教育政策，表現支持、認同與合作等行為，以達致雙方目標的歷程。

　　何卉芳（2015）認為，教育政策行銷係指教育行政機關為能順利推動其教育政策，透過系統性的行銷策略，促成社會大眾的價值交換行為，以達成教育目標之動態過程。

　　陳玉娟（2017）認為，係以教育產業為範疇，藉由各種活動、策略、溝通

與交換的過程，使社會大眾與相關機構能夠瞭解，並且支持教育組織的產品、服務、經營理念或政策，提高其對組織的滿意或認同度，進而提升教育組織的競爭力。

綜合上述學者看法，所謂教育政策行銷（educational policy marketing）係指教育部或縣市教育行政機關為讓教育政策能順利推動，進行內部、外部、互動的行銷，運用有效與系統性的教育行銷策略，與政策利害關係人溝通互動的價值交換的過程。其目的在降低教育政策執行的阻礙，獲得政策利害關係人對教育政策的認同，並依據政策利害關係人的意見調整教育政策內容與執行方式，以達成教育政策的目標，是一種教育行政機關與政策利害關係人動態的雙向過程。原則上，當教育政策問題形成，進入政府議程後，教育政策行銷工作就需要展開。

貳、教育政策行銷的特性

講求行銷是源自商業或企業界，後來逐漸應用在教育政策行銷，但教育政策行銷雖然是屬於公共政策的範疇，但與公共政策、企業界、商界有其不同的特性。教育政策行銷的特性有下列幾種（王湘栗，2010；何卉芳，2015；吳清山，2024；陳泱如，2012；Kotler & Fox, 1995）。

一、教育政策行銷是政府整體政策行銷的一環

教育政策行銷是教育領域中的政策行銷，可視為是政府教育行政機關為主體的政策行銷，由於教育政策為政府公共政策之一環，因此教育政策行銷是政府公共政策行銷的一環。

二、教育政策行銷兼具教育本質與公共政策特性

政府的教育政策以教育服務為目標，是非營利性質，強調公共利益、全民共享，基於服務全民、公平正義、不強調競爭，發展潛能的教育本質，重視長遠目標，教育政策行銷兼具教育本質與公共政策特性。

三、教育政策行銷是一種教育服務的行銷

教育與教育政策承擔社會的根本功能，以服務為宗旨，期望讓個人得以自我實現、社會得以運作與成長。因此，教育政策行銷的產品是無形的教育政策，將教育政策制定的教育制度、理念與社會行為，例如：108課綱、永續校園、終身學習理念與行動、生命教育等傳遞給民眾。

四、教育政策行銷受到不同政策利害關係對象的影響

教育議題牽涉到許多民眾的人的需求與利益，許多利害關係對象，例如：行政人員、民意代表、家長、學生、各類利益團體、媒體、學術單位等，各有不同的意見，對教育政策形成多方的拉扯力量，也使教育政策行銷受到相關利害對象的影響。

五、教育政策是自然獨占的事業，缺乏市場競爭的行銷環境

教育行政機關在教育政策的問題形成、規劃、合法化、執行、評估等過程，有公權力的強制性做為後盾，基本上是一自然獨占的過程，並沒有足與之互相抗衡的團體或組織。此點與私部門企業的市場機制、自由競爭環境，差異極大，因此教育政策行銷是在缺乏市場競爭的行銷環境中進行的。

六、教育政策行銷的對象是需求多元的社會大眾，而非特定的群體

政府的教育施政與作為，是為社會大眾謀求教育福祉，並非針對特定團體。教育行政機關的存在需有正當性，因此其作為必須符合社會大眾公益，政府教育部門被期許為全民服務，教育政策行銷的對象不僅限於有服務需求者或直接受服務者，同時涵蓋全體的社會大眾。

七、教育政策行銷策略與行銷目標之間的因果關係不甚明確

企業行銷可以根據消費者對產品的接受度或業績，來判斷產品在消費者心中的份量，很容易分析判斷來加以調整。但教育政策的行銷不容易確定因果關

係，因為影響民眾接受教育政策的因素相當多且複雜，很少是單一因素，難以確定影響行銷效果的因素為何。

參、教育政策行銷的功能

民主多元發展的社會，有必要進行教育政策行銷，讓教育政策順利執行與達成目標。教育政策行銷具有下列功能（何卉芳，2015；翁興利，2004；陳泱如，2012）。

一、促進教育政策順利推動

教育政策往往涉及不同利益團體與利害關係人的參與配合，可能引起衝突，或對社會影響深遠。教育行政機關可以透過行銷策略，增進社會大眾對教育政策的瞭解與參與，政府也可借由政策影響對象在參與政策過程中所反映的意見，檢討教育政策缺失之處並加以修正，讓教育政策順利執行。

二、建立教育行政良好的公共形象與公共關係

教育行政機關必須確實做好教育政策相關工作，形塑建立其本身特有的形象，也可稱為品牌形象，並透過行銷廣告、電腦網路、電視與數位媒體等資訊來推廣運作，可以樹立政府的良好形象。另外，教育政策透過行銷的方式，可以促進政府與社會大眾、傳播媒體及政府其他部門維持良好互動，建立良好的公共關係，以利教育政策目標的達成。對於推動教育政策有相當的助益。

三、強化教育政策的競爭力與民眾教育需求

教育政策擬定並行銷之後，就會面對外在的批判，如各級政府間、相關利益團體、學者專家或民眾的反對意見，因此可以促使教育政策本身的優越性增強，進而強化其競爭力。同時，教育政策行銷可以刺激民眾的教育需求，例如：透過教育政策行銷，創造一般社會大眾對閱讀教育的重視與需求。

第二節　教育政策行銷策略的組合

壹、政策行銷 6P 策略的組合—以政府為中心

McCarthy（1960）於 1960 年首先提出產品、價格、通路、推廣等四要素，為行銷的「4P」。而後，伴隨著行銷概念運用的擴張與散布，教育政策的推動亦納入了行銷的要素與概念，並由政策推動者或政策本身轉換到以標的市場（顧客）為中心的角度來思考整體教育行銷之策略擬定。因此，傳統行銷「4P」的概念在不同組織、領域中有了新的詮釋與組合。其中，丘昌泰（2022）年指出的政策行銷「6P」，即融合了傳統行銷「4P」與夥伴（partnership）、政策（policy）兩項新要素，是一種較為貼近且聚焦於教育政策行銷的關鍵要素。

以下闡述政策行銷「6P」的內涵，如圖 15-1 所示，並以十二年國教政策行銷的策略加以說明（何卉芳，2015；孫本初、傅岳邦，2009；梁迦翔，2006；顏國樑、閔詩紜，2018）。

一、政策策略

政策策略（policy strategy）強調，教育政策內涵的形成必須由教育行政機關，針對教育政策進行診斷、分析、執行及評估，是推動教育政策行銷的重要環節，可以運用量化或質化的工具或資訊檢視政策，例如：推動十二年國教，為達成政策目標，教育行政機關可運用本身權威要求地方教育局／處、學校配合政策之執行。另外也要運用教師會、家長會、基金會、學術團體等協助教育政策的推展，適當運用政府公權力可做為教育政策宣導的推廣、散布與合作，以利十二年國教政策的執行。

二、產品策略

產品策略（product strategy）係指，一項教育政策受到政策影響的對象接收的並非是實體的物品，而是一項政策背後所隱含的理念以及政策與供給的服務，

圖 15-1
教育政策行銷的 6P 策略—以政府為中心

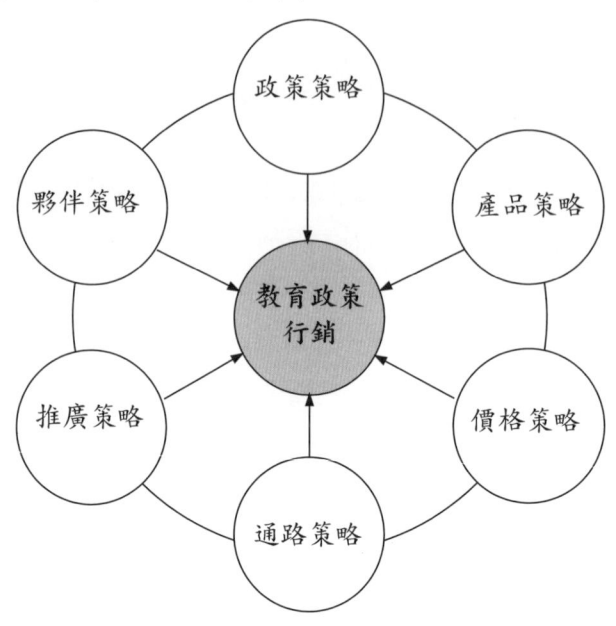

```
           政策策略
    夥伴策略      產品策略
         教育政策
           行銷
    推廣策略      價格策略
           通路策略
```

註：作者自行繪製。

因此政府有必要在政策制定歷程中，確實發展並掌握教育政策之核心理念、價值與目標是能符應民意與需求的政策產品，進而獲取民眾的支持與認同，例如：十二年國教政策產品影響層面甚巨的教育政策，應將其理念、各項配套措施及方案與民眾達成共識、妥善規劃，這項十二年國教政策的產品品質愈加提升，在行銷時才愈能收事半功倍之效。

三、價格策略

價格策略（price strategy）教育政策的推廣與行銷，以降低民眾接收資訊時的阻礙，例如：因社會大眾所花費的有形（錢等）或無形成本（時間、體力等）導致對政策的內容的自願與非自願不熟悉或疏離。因此，政策的宣導應當確實分析可能導致民眾接收資訊不良、不當原因，或使民眾體認到接受該教育政策

的獲益大於自身所付出，則更有利於教育政策的被認同與接受。就十二年國教來看，價格一方面指的是政府在研擬、制定、執行十二年國教政策時所花費的人力、物力等，另一方面也是人民為獲得十二年國教的資訊時所花費的金錢、時間、體力等。因此，應該降低政府和民眾所支付的成本，以產生最大的經濟效益。

四、通路策略

通路策略（place strategy）係指，舉凡各種可以協助宣導與散布有關十二年國教政策方案的管道與途徑皆屬通路策略的範疇，不論是以教育行政等機關、縣市地方教育局／處、各級學校、民間團體等為中心的實體管道，或以數位網絡等作為媒介所帶起的虛擬通路皆屬之。然而在通路多元的情況下，政府則有必要將十二年國教政策方案的資訊做嚴謹的把關，且將多元通路有效地整合，避免資訊的錯誤與重複，使民眾能接受完整的政策資訊，同時又能利用便利且唾手可及的管道取得十二年國教政策相關資源與資訊，增加民眾參與和接受之動機。

五、推廣策略

推廣策略（promotion strategy）強調推廣教育政策之目的在使民眾對政策激發興趣、獲得相關知識與資訊，進而達到政策行銷的目標。推廣有賴行銷工具的使用，此類工具必須兼顧資訊有效地普及化、民眾的高度可觸及性與便利性，例如：十二年國教藉由推廣策略，讓民眾接觸訊息、建立對政策的正面印象，使教育理念之訴求深入人心。十二年國教行銷工具有：（一）廣告：戶外看板、雜誌、報紙、電視、廣播；（二）促銷：免費樣品、贈品、抽獎競賽、遊戲、折價券、模範示範、活動行銷；（三）公共關係與公共報導：以新聞報導、廣播或雜誌刊登的公共報導或透過演說、出版物、宣傳文宣、視聽材料等媒體工具；（四）人員行銷：面對面的接觸互動，包括說明會、座談會、公聽會等方

式;(五)直效行銷:郵件、電話、電視廣告、電子郵件、網路和其他工具直接和特定的消費者迅速而直接的互動等皆是常見的形式。

六、夥伴策略

夥伴策略(partnership strategy)強調,政策的宣導需要很多人力、物力及經費等的支持,其中人力資源是非常關鍵的環節之一。人才能促使政策的推動,而教育政策更是需要團隊夥伴的集結合作,此舉不僅能建構政府機關內外部成員對此教育政策的認同與共識,更能促使內外部夥伴的跨部會合作,例如:推動十二年國教政策時,光靠政府單位的力量是不夠的,政府需要先改變內部人員的觀念並訓練團隊,凝聚政策共識,如中央與地方宣導團的籌組與培訓,協助宣導與行政工作,將人力資源效能做最大的發揮。夥伴關係的有效建立,不僅能在十二年國教政策宣導上為達成政策目標而努力,更可形塑長期穩定的合作關係。

貳、Snavely 的行銷策略組合—以民眾服務為中心

Snavely(1991)的行銷組合策略重視從政策本質去認定相關組合要素,不是移植市場行銷的理念,有別於上述過去常以政府為中心政策行銷 6P。提出創新的六項政策行銷組合策略,係以顧客為中心,採取以「服務」取代「產品」,以「成本」取代「價格」和「通路」,以「告知資訊/教育」取代「促銷」。另外,針對政策行銷的特性,增加「政策分析」、「人員」、「法定權威」三項。以下說明 Snavely 的行銷組合策略,如圖 15-2 所示(王湘栗,2010;丘昌泰,2022;高小筑,2014;彭安麗,2020;Snavely, 1991)。

一、服務

社會大眾對政策行銷最有感覺是服務品質的良窳,因此公共治理應建立以「服務型政府」為施政目標。換言之,教育政策行銷需要良好的政策內涵與教育核心價值,例如:「幼托合一」的政策為例,缺乏整合的教育政策則難以行

圖 15-2
Snavely 的行銷策略組合—以民眾服務為中心

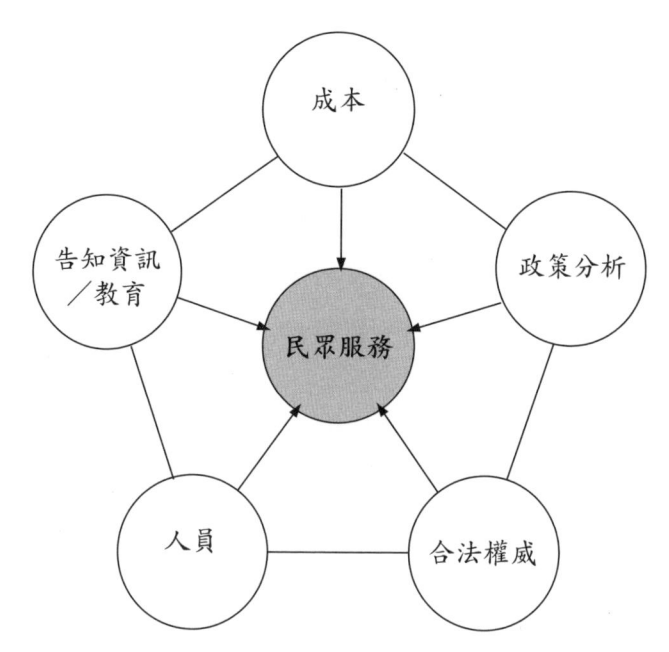

```
            成本
           /  \
    告知資訊    政策分析
    ／教育  \  /
          民眾服務
          /    \
        人員   合法權威
```

註：作者自行繪製。

銷。所以教育政策行銷應保障人民學習及受教育的權利，才能獲得社會大眾的認同。

二、成本

以成本取代價格與通路，不同於企業營利的性質，政策行銷的價格概念對民眾而言，是他在要求或接受此公共服務時所需付出的成本，包括：繳交費用、交通成本、時間成本、個人成本與機會成本等；另外，將通路概念轉換為政府服務傳輸至民眾時所需的成本價值，包括有形的如宣傳品，及無形的如對政府的信賴度。政策行銷必須考慮預算經費的限制，預算多寡影響行銷規模的大小。所謂「巧戶難為無米之炊」，例如：十二年國教學費的政策行銷，應考量政策

經費是否足夠，避免經費負擔過重，導致後來修正為一定條件免學費，讓立意甚佳，受到民眾歡迎的政策無法推動，影響社會大眾對政策的支持。

三、政策分析

政策分析包括診斷、分析、執行與評鑑四個階段。認為若要制定良好的政策，政策分析能力是必要的，而政策分析將是有利的行銷工作。向社會大眾提供具有合理、說服性的政策說帖也是政策行銷的關鍵。教育行政機關應以淺顯易懂，打動社會大眾的心，贏得民眾的信任感。

四、合法權威

政府推動公共政策不同企業行銷是具有強制性，所提供的服務往往需有合法權威為基礎，公權力適當運用來執行政策亦可成為重要的政策行銷工具。教育行政機關在使用強制權力時，必須努力建立正當程序，以合乎正義性、倫理性，來確保民眾完整的法律權益。

五、人員

在政府傳遞服務過程中，服務人員的知能是影響民眾滿意度的重要因素。若欲制定符合民眾所需之政策，建立一個以客為尊的政府，有賴於組織人員觀念、態度與行為能力之改變。因此包括人際溝通技巧、顧客至上觀念、專業服務與能力、終身學習人力資源條件與追求品質的態度均可視為重要行銷工具。

六、告知資訊／教育

Snavely 以「告知資訊／教育」取代「促銷」，因為促銷是對顧客溝通有關產品的知識，而政府更關注的是協助民眾瞭解技術性知識。政府行政者並非教育民眾以銷售其服務，而是以知識賦能增權民眾，使其在被告知以充分資訊的基礎上，有能力與政府互動，而非採取使民眾無知的愚民政策。相同地，決策者是在資訊充足的最佳情況下制定政策，而非僅基於政治訴求。

第三節　教育政策行銷的模式

國內教育政策行銷的模式，大部分是藉由公共政策行銷模式進行教育政策行銷的分析，例如：高小筑（2014）、陳芳玲（2003）、彭安麗（2020），皆以 Snavely（1991）提出的公共政策行銷模式，藉由其行銷模式，探究與瞭解教育政策行銷與實施情形。國內相關研究中以王湘栗（2010）提出教育政策行銷模式較完整與系統性。因此以下說明王湘栗教育政策行銷模式的內涵。

壹、王湘栗的教育政策行銷模式建構方法

王湘栗（2010）透過文獻探討提出「教育政策行銷初步模式」，再藉由訪談法，建構出「教育政策行銷模式雛型」。然後運用模糊德懷術問卷調查法，建構教育政策行銷模式，其模式認為教育政策行銷為政府與教育政策利害關係人的溝通與交換。

貳、王湘栗的教育政策行銷模式之內涵

王湘栗對於教育政策行銷模式之建構，係整合了階段劃分、組成要素與循環回饋三個層面，教育政策行銷評鑑所獲得之成果，透過循環回饋的作用，對教育政策行銷規劃與執行階段各組成要素進行回饋與修正。依教育政策的發展過程，將教育政策行銷分為教育政策行銷規劃、行銷執行及行銷評鑑三個階段，如圖 15-3 所示，以下將模式中的三個階段加以說明。

一、教育政策行銷規劃階段：首先，確立教育政策行銷目標；其次，分析教育政策利害關係人；再者，評估影響教育政策行銷因素、籌措教育政策行銷經費、確定教育政策行銷對象。最後，擬訂教育政策行銷計畫。

二、教育政策行銷執行階段：首先，拓展行銷通路；其次，主動溝通說服；再者，透過適切運用公權力、經營公共關係、區隔行銷市場、蒐集民意回饋、善用媒體行銷。最後，評估成本效益。

圖 15-3
王湘栗的教育政策行銷模式

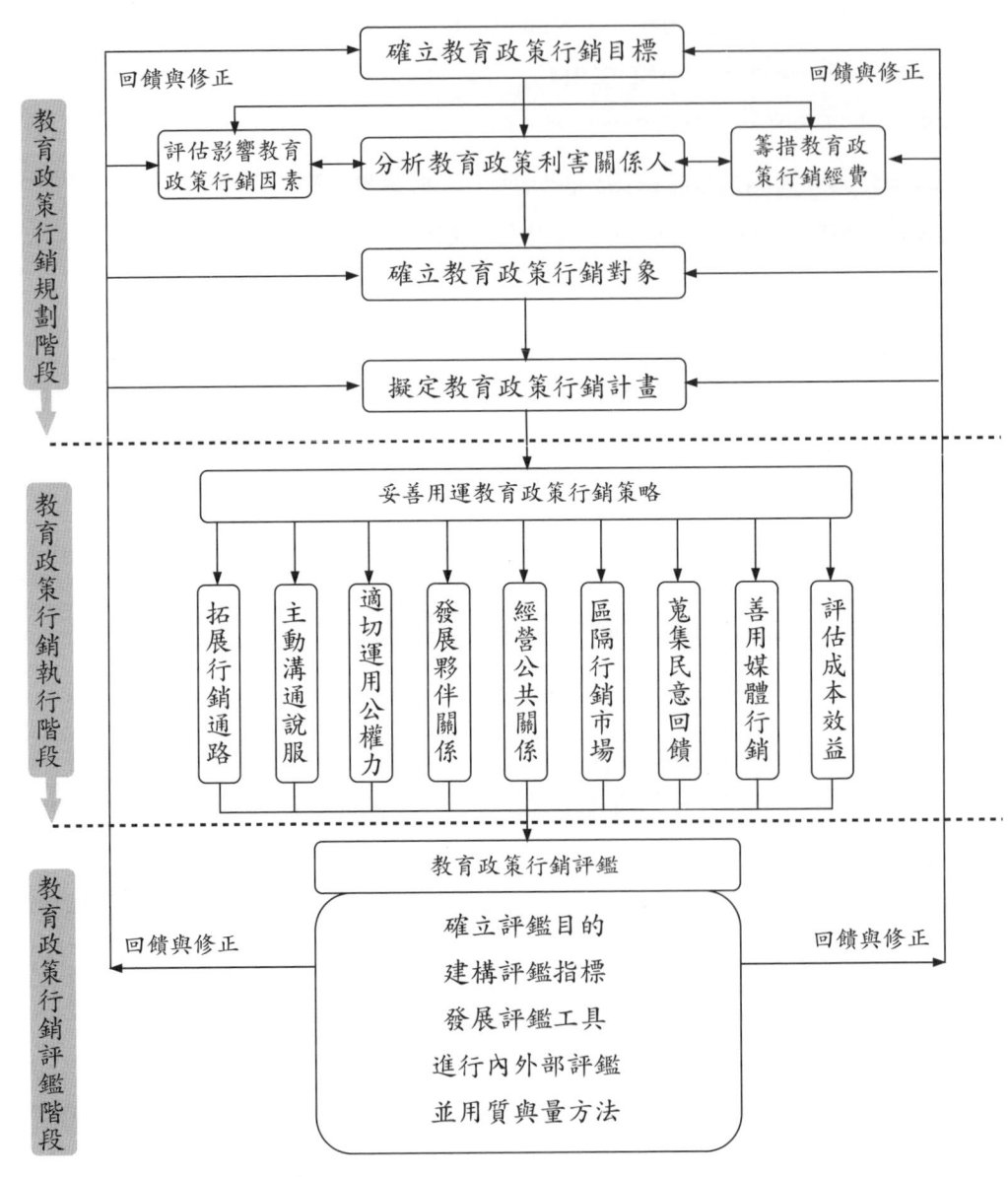

```
教育政策行銷規劃階段:
  確立教育政策行銷目標
    ├─ 評估影響教育政策行銷因素
    ├─ 分析教育政策利害關係人
    └─ 籌措教育政策行銷經費
  確立教育政策行銷對象
  擬定教育政策行銷計畫

教育政策行銷執行階段:
  妥善用運教育政策行銷策略
    ├─ 拓展行銷通路
    ├─ 主動溝通說服
    ├─ 適切運用公權力
    ├─ 發展夥伴關係
    ├─ 經營公共關係
    ├─ 區隔行銷市場
    ├─ 蒐集民意回饋
    ├─ 善用媒體行銷
    └─ 評估成本效益

教育政策行銷評鑑階段:
  教育政策行銷評鑑
    確立評鑑目的
    建構評鑑指標
    發展評鑑工具
    進行內外部評鑑
    並用質與量方法
```

（各階段間有「回饋與修正」之循環）

註：引自教育政策行銷模式建構之研究〔未出版之博士論文〕（頁 222），王湘栗，2010，國立台灣師範大學。

三、教育政策行銷評鑑階段：首先，確立評鑑目的；其次，建構評鑑指標；再者，發展評鑑工具、進行內外部評鑑。最後，並用質與量方法。

第四節　教育政策行銷的展望

由於社會民主多元化的發展，社會大眾對於教育關注與積極參與。因此，教育行政機關對於教育政策需要透過行銷讓利害關係人瞭解，並透過意見反饋修正政策，提升教育政策執行成效。目前台灣對教育政策行銷的研究不多，需要加以重視。以下提出數項敘述教育政策行銷的展望（王瑞慶，2014；何卉芳，2015；林志成，2021；馬湘萍，2022；國家文官學院，2023；陳玉娟，2017；陳泱如，2002；詹妤婕，2014；蘇偉業，2007；Hung & Yen, 2022）。

壹、規劃周詳的教育政策行銷計畫與方案

教育行政機關在規劃教育政策行銷計畫時，應融入與轉化教育政策的核心價值，依序進行內部討論、外部諮詢，致力於凝聚內部共識，傾聽人民的聲音，掌握教育政策行銷的目標，落實教育政策利害關係人的分析工作，從各種層面去評估影響教育政策行銷的因素；同時應寬籌教育政策行銷的經費，除了教育行政部門的預算之外，尚可向企業界或民間機構募款或接受贊助，在確定教育政策行銷的對象後，應擬訂教育政策行銷的計畫，提出具體的行動方案等。

貳、強調並重的內部、外部與互動教育政策行銷

內部行銷（internal marketing）主要在獲取教育行政機關與學校內部的相關人員對教育政策的認同感和支持度。外部行銷（external marketing）則是期望獲得學生、家長和社會大眾等相關利害關係人對教育政策的支持。互動行銷（interactive marketing）強調與利害關係人之間的雙向溝通，增強對教育政策的參與感與認同，並持續改進和調整教育政策。因此，教育政策行銷宜同時強調內部、

外部與互動行銷，透過適當與多元的方法，促進教育政策目標順利達成。

參、重視以服務取向的教育政策行銷理念

教育政策行銷是政府與政策利害關係人理念交換的歷程，是雙方意見的溝通與交換。教育政策行銷的目的在於透過有效率、有意義的溝通，達成理念的共識，使教育行政機關與政策利害關係人，均能夠達成彼此的教育目標，創造雙贏。簡言之，教育政策行銷的理念為堅守教育本質，掌握教育核心價值，為民服務、創造雙贏，增進教育福祉。良善與服務的教育政策，較貼近民眾的需求，就越容易為民眾接受，較容易實踐與推動。透過教育政策行銷，將有如順水推舟、自然而順暢。因此建議中央及地方教育行政機關，應重視服務取向教育政策行銷的理念，以發揮教育政策行銷的功效。

肆、增強組織成員教育政策行銷的專業能力

以政府當前強調組織瘦身、精簡人力的施政取向，較不可能成立專責單位，負責統籌教育政策行銷的各項工作，因而教育行政人員均需要身負某種程度的教育政策行銷任務。然而，教育政策行銷涉及分析政策利害關係人、評估政策環境影響因素與運用教育政策行銷策略等相關事務，內涵變化多端、錯綜複雜。教育政策行銷是一項挑戰性高、專業性強的任務，教育政策行銷能否成功，教育行政人員的專業能力影響甚大。教育行政機關應如何強化組織成員教育政策行銷的專業能力，其作法有：鼓勵組織成員閱讀教育政策行銷相關書籍，或辦理教育政策行銷的相關課程或講座，邀請學術界、公共行政界、企業界或大眾傳播人士現身說法，提供他們寶貴的教育政策行銷實務經驗，以提升成員對教育政策行銷的專業認知，並藉此激盪出更寬廣的教育政策行銷思維。

伍、運用社群媒體進行教育政策行銷

面對數位化浪潮，政策行銷的方式轉向至社群媒體（social media），也被

稱為新媒體。所謂社群媒體係指將當代數位工具應用於傳播媒體所產生的新傳播方式，其特性包括鼓勵參與、協同合作、開放性、自由性、透明化的新時代之網路應用服務及工具，突破傳統媒體（電視、報紙、廣播、雜誌）以單向溝通為主要傳播的限制。社群媒體可分為網路社群媒體（如部落格、入口網站、搜尋引擎、YouTube、Facebook、IG、Twitter）與移動社群媒體（如手機、平板、筆電、個人電腦、APP 等）（國家文官學院，2023）。因為愈來愈多人使用社群媒體，傳統媒體想要掌握輿論走向的難度愈來愈高。因此，教育行政機關進行教育政策行銷時，除了運用傳統媒體之外，更應該運用社群媒體，以提升政策行銷的成效。

陸、建構具體客觀的教育政策行銷成效檢核規準

教育政策要能達到其施政目標，政策行銷方案要能確實落實，則有必要追蹤並瞭解其過程的成效與成果。因此，教育行政機關可行的措施有（何卉芳，2015；陳玉娟，2017）：一、進行政策行銷評估，並藉以建構一套具體客觀檢核規準，以對各縣市學校的辦理績效進行更合理的評估；二、建立教育政策宣導行銷的績效檢核資訊平台，讓承辦人員可以按時填報行銷執行進度與成果，參與宣導活動的教師亦可填寫心得回饋、個人意見與建議，以便教育行政機關隨時檢視各縣市政府和學校的實質辦理績效；三、建構家長對教育政策行銷之可即時回應與答覆的資訊交流平台，以及追蹤家長參與推動的需求與成效。

柒、加強教育政策行銷的研究

教育政策行銷可增進社會大眾對教育政策的瞭解與參與，並彙整民眾教育需求，改善教育政策的規劃與執行，促進教育政策順利推動。目前對於教育政策行銷的研究，大多集中在公共政策研究，針對教育政策行銷的研究仍不多，有待鼓勵更多人投入此領域的研究。其作法包括（何卉芳，2015；孫本初、傅岳邦，2009；陳玉娟，2017；Hung & Yen, 2022）：一、進行量化與質性研究，

量化如問卷調查、德懷術指標建構；質性研究方面如訪談法，以及個案研究，再匯集個案研究變成原則性的教育政策行銷；二、除了借用公共政策的政策行銷理論與模式之外，應依據台灣環境脈絡，建立本土化教育政策行銷模式；三、進行教育行政行銷與政策網路及政策工具整合的研究；四、進行各類教育議題進行探究，如品牌、網路、關係、媒體、內部、外部、互動行銷相關議題；五、擴大教育政策行銷研究的範圍，除了教育行政機關之外，擴及大學、高中職、國中、國小各教育階段的教育行銷。

問題討論

一、請舉出一項教育部重要教育政策,並根據政策行銷 6P 策略的原則分析每一個要素的內涵與作法?

二、請舉出某項教育政策為例,說明如何進行政策行銷規劃、行銷執行及行銷評鑑三個階段的行銷過程?

三、面對數位化浪潮,政策行銷的方式轉向至社群媒體。請提出如何有效運用社群媒體進行教育行銷?

四、教育政策行銷的理念為堅守教育本質,掌握教育核心價值,為民服務、創造雙贏,增進教育福祉。請提出如何進行以服務取向的教育政策行銷的具體作法?

五、教育政策內部行銷、外部行銷和互動行銷三者相輔相成,請舉出如何促進三者行銷的實際作法?

六、請分析目前教育政策行銷的問題?並請你提出問題的改進作法?

第十六章
教育政策的趨勢與展望

本章摘要

　　瞭解教育政策發展的趨勢，可作為改善我國教育政策的參考。教育政策發展有八大趨勢，包括：1.教育政策科學化；2.教育政策民主化；3.教育政策專業化；4.教育政策智慧化；5.教育政策全球化；6.教育政策市場化；7.教育政策均權化；8.教育政策公開化。

　　教育政策革新的展望包括：1.發展以人文為本的創新教育政策；2.建立以學習力為架構的終身教育政策；3.進行教育政策價值分析；4.提升教育政策決策的品質；5.運用 AI 協助教育政策發展並建構智慧化的教育政策架構；6.建立教育政策的專業化制度；7.建立教育政策支援與諮詢系統；8.建立教育政策資訊公開和參與審議制度；9.發展兼具證據為本位與價值本位的教育政策；10.邁向彈性與自主治理的教育政策制定、執行及評估；11.培育優秀的教育政策制定與政策分析人才；12.建立教育行政機關與學校自我評估機制。

　　教育政策研究的展望包括：1.強調跨部門、跨學科和多元專業的科際整合的研究；2.強化教育政策與教育研究理論與實務的關聯性；3.鼓勵針對教育政策較少研究的領域進行探究；4.針對教育政策新興議題進行研究；5.建立教育政策本土化與國際化並重的理論與實務研究；6.建構整合與多元的教育政策研究方法；7.探究教育政策與哲學、倫理及文化的關係與應用；8.加強教育政策指標研究；9.長期評估實驗教育成效與公共化研究；10.加強教育政策研究以建構教育政策學。

教育政策是政府公共政策的一環,探究教育政策的主要目的,在於因應國家與社會發展或滿足社會大眾教育的需求,最終目的在培養國家社會所需的優秀的人才。因此,我們要探討的是教育政策如何達成人才培育之目的,需要運用教育政策的理論與實務來完成。教育政策學仍是一門新興發展的學門領域,需要因應環境變遷與時俱進,提出革新作法,才能發展理論與實務並重的教育政策學。以下闡述教育政策發展的趨勢、教育政策革新的展望,以及教育政策研究的展望。

第一節　教育政策發展的趨勢

瞭解教育政策發展的趨勢，可作為改善我國教育政策的參考。綜觀教育政策理論及教育政策改革的發展，可歸納出教育政策發展的八大趨勢，包括科學化、民主化、專業化、智慧化、全球化、市場化、均權化及公開化（顏國樑，2023；謝文全，2022）。

壹、教育政策科學化

Lasswell 與 Lerner 於 1951 年合編的《政策科學：範圍與方法的新近發展》，被認為是公共政策研究的里程碑。他們認為政策科學之目的不僅是希望對更有效的決策有所貢獻，同時也要提供增進民主政治實務所需的知識。政策科學追求政策的合理性、具有跨學科的特性，以及需要學者與政府人員共同研究的學問（引自吳定，2005；陳振明，2003）。另外，自 Taylor 於 1947 年倡導科學管理之後，也影響政策科學化的發展，教育政策亦不例外。這種趨勢到現在越是明顯，凡事講求研究，以求行政方法客觀，執行之前重視計畫，以提高效果而減少成本；同時並加速運用資訊科技或量化的工具以求精確。近年來強調教育政策制定、執行及評估以證據為基礎作為依據，皆是教育政策科學化的現象。就重視研究而言，各國教育政策機關在推動重大教育興革前，均會先成立專業研究小組進行深入研究，再據以實施革新方案；其次各國為研究工作落實，更紛紛成立教育研究機構，平時就對教育問題作長期而深入的研究（謝文全，2022）。另外，我國 2010 年整併國立編譯館、國立教育資料館成立國家教育研究院，旨在長期從事整體性、系統性的教育研究，促進國家教育的永續發展。

二十一世紀是一個資訊數位化的社會，將會與人類生活緊緊地結合在一起，影響人類生活甚為深遠。同樣的，當然對於教育政策必會產生重大的衝擊。就資訊數位及計量工具之運用而言，電腦與網際網路、人工智慧（Artificial Intelligence [AI]）及教育大數據運用於教育政策上已十分普及；統計學、數學及其他

計量學應用於教育政策決策上亦是同樣的情形；各級學校校務資訊數位化是教育行政機關推動的重點工作，藉由電腦及網路，輔助教育行政工作的處理，使得一些複雜繁瑣的工作，能得到更精確、迅捷、有效的處理。由上述理論的發展、對教育政策研究的重視、資訊科技及計量工具的運用及學校校務電腦化的說明，均顯示教育政策科學化的發展趨勢。

貳、教育政策民主化

目前的社會是民主開放的環境，僅強調法令規章的管制性教育政策是難以改善教育問題，引領社會的進步發展。教育政策的制定、執行及評估皆需要與相關利害關係人溝通協調，重視他們的需求與意見，創造更多元與自由選擇的機會，從而建立教育的自主性。

就世界各國教育政策民主化措施方面，例如：美國強調家長教育權，實施學校本位管理，各地方學區將作決定的主要權力和績效責任賦予各校，並以學校為教育改革單位，校長、教師、家長和學生皆是改革的參與者。在英國亦加強地方教育局（Local Education Authority [LEA]）對學校的授權，允許成立自我管理的學校，並擴大學校董事會的職權；日本亦加強對地方教育委員會的授權等（張明輝，1999）。我國近年來受到社會開放、政治民主化的影響，對教育政策已走向鬆綁與自由化，例如：《大學法》強調大學自主；《教育基本法》規定各地方應設「教育審議員會」，負責地方教育事務之審議、諮詢、協調及評鑑等事宜；又如：《國民教育法》將中小學校長的聘任制改成遴選制；《教師法》規定在中小學成立「教師專業審查會」、「學校教師評審委員會」及「教師會」；《國民教育法》、《教育基本法》、《實驗教育三法》皆賦予家長參與教育事務的權利，確立家長參與教育事務的法源依據，都顯示教育政策民主化的發展趨勢。

在民主化概念之下，講求權力鬆綁、重視分權負責、強調全民參與及多元化、要求過程的民主化等。如以此觀念來看教育環境的轉變或對教育的影響，

不難發現，地方分權主義取代了極權主義與科層體制，導致中央教育政策權的鬆綁、地方教育權限的增加及重視學校為本位的自我管理模式；政治環境的重組促成教育政策體制的鬆綁；多元化與自由化則提醒我們必須重視教育評鑑，以提升教育的品質；家長教育選擇權與參與學校事務權的提升；教師、家長及學校行政人員的利益團體權力與權限提高，其對於教育決策與學校經營具有重大的影響。因此，教育政策要因應社會開放與政治民主化的趨勢，重視決策的透明公開，積極與利害關係人溝通協調，審慎規劃各項措施，促進未來教育政策的革新與發展（顏國樑，2023）。

參、教育政策專業化

一般來說，專業的認定，應具備有以下五項條件：提供獨特的服務、接受較長時間的養成教育、不斷接受在職教育、享有相當的自主權、遵守倫理信條等（Campbell et al., 1977）。由此項標準的認定，目前教育政策的發展，確有日趨專業化的趨勢。

就教育政策人員專業化而言，近年來各國已逐漸重視教育政策人員的專業訓練與在職進修，亦設立相關教育政策研究系所：

一、在學術研究機構方面：美國在教育政策專業發展比較成熟，在一般綜合性大學大多會開設教育政策或相關專業。黃忠敬與王湖濱（2012）針對美國教育政策專業排名前十名的大學為研究對象，分析美國教育政策專業的培育目標、學位授予、課程設置、教學與學生評量、教師狀況、學生實習、學術規範等特點進行研究。在我國方面，例如：師資培育校院因應在職進修，於1998年設立「教育行政碩士班」、「學校行政碩士班」。後來在高教政策之下，開始新設或獨立或系所合一方式設立教育政策相關系所，例如：國立暨南國際大學成立教育政策與行政研究所（1997年）、國立嘉義大學成立教育行政與政策發展研究所（2001）、國立台灣師範大學成立教育政策與行政研究所（2003年）、台北市立師範學院成立教育行政與評鑑研究所（2003年）、國立台北師範學院

成立教育政策與管理碩士班（2003年）、國立政治大學成立教育政策與行政研究所（2005年）、國立清華大學2005年系所合一下設立教育行政與評鑑碩士組、國立花蓮教育大學成立教育行政與管理學系（2007年）、國立屏東教育大學成立教育行政研究所（2011年）。

二、在教育政策專業組織方面：近年來各國皆設立專業組織，例如：美國1865成立「全美學校行政人員協會」、日本於1967年成立「日本教育行政人員學會」。我國在1998年成立「中華民國學校行政研究學會」與「中華民國教育行政研究學會」，於2000年成立「台灣教育政策與評鑑學會」，於2009年成立「中華民國教育政策研究學會」，皆顯示教育政策專業化的發展趨勢。

三、在學術期刊方面：在國外，例如：英國的教育政策期刊（*Journal of Education Policy*）、美國教育評估與政策分析（*Educational Evaluation and Policy Analysis*）、教育行政季刊（*Educational Administration Quarterly*）、教育政策期刊（*Educational Policy: Sage Journals*）。在國內，國立暨南國際大學出刊的《教育政策論壇》、中華民國中小學校長學會出刊的《學校行政雙月刊》、中華民國教育行政學會出刊的《教育行政研究》等，刊登文章大部分部是有關教育政策、教育行政、學校行政類的文章。上述情形顯示教育政策專業化的趨勢。

肆、教育政策智慧化

二十一世紀已發展至工業4.0的時代，第四次工業4.0主要在建立虛實整合系統（Cyber-Physical System [CPS]），即是運用物聯網的通訊系統，將實體智慧機械、工廠乃至客戶，連結成一體進行智慧化生產（汪建南、馬雲龍，2016）。工業4.0的特徵包括生產智能化、客製化、大數據決策、運用網際網路（吳清山、王令宜，2018；顏國樑、閔詩紜，2019；Sendler, 2016），這些特徵影響21世紀時代的發展。

教育政策受到工業4.0的發展影響而產生「教育4.0」。教育4.0的內涵是智慧化，教育政策需以學習為核心，強調個別化服務，並具科技與跨領域的學

習的能力,是持續學習的終身學習,最終能成就智慧化的能力。所謂智慧教育就是要透過科技的運用來發揮教學的智慧,幫助學生改善學習的一種創新教育方式(黃國禎,2021)。教師角色宜從知識傳播者轉為知識管理者和知識學習者;而學生宜從被動學習者轉變為透過網路成為自主學習者;並提供良好的資訊與數位的學習環境,探究如何教育學生具備知識管理的能力,學習資訊蒐集、儲存、分類、轉化、分享及創新,將龐雜的資訊轉化系統知識;同時如何運用資訊化的高科技,提供更好與更有效率與效能的行政服務品質,將是我們應該重視的課題(吳清基,2018;陳東園,2016;顏國樑、葉佐倫,2021)。因此,那一個國家的教育能夠第一個躍升到教育 4.0,就會成為人力發展的領頭羊,並創造二十一世紀新經濟模式(Harkins, 2018)。

面對智慧教育時代的來臨,應避免人工智慧產生不公平與倫理的問題,歐盟在 2024 年制定全球首部針對人工智慧之全面性法規的《人工智慧法》,規範教育系統中高風險 AI 的使用,包括入學錄取、學術評估、個性化教學、學習成績預測、行為監控等,值得我們參考(EU AI Act, 2024)。聯合國文教組織發布「教師與學生人工智慧能力架構」(AI competency framework for students and teachers),在教師方面強調五項關鍵領域能力(UNESCO, 2024a):以人為本的思維方式、AI 的倫理、AI 的基礎及應用、AI 的教學方法、AI 的專業發展。在學生方面,重視四項核心領域能力(UNESCO, 2024b):以人為本的思維方式、AI 的倫理、AI 技術及應用、AI 的系統設計。因此教育行政機關本身應轉變成智慧化的政策環境,因應 AI 時代,訂定前瞻適當的政策,以符合學生學習與教師專業發展的需求,培育社會發展的人才,是未來教育政策智慧化努力的課題。

伍、教育政策全球化

二十一世紀是全球化時代,地球村觀念興起,人們體認到應加強國際互動,增進人類福祉。在現今全球變遷與資訊、交通便利的時刻,各國教育均不能一成不變的堅持區域文化傳統及個別國家意志,必須跨越語言及文化的藩籬,才

能跟隨世界脈動，站上世界舞台。在全球化發展趨勢影響下，世界各國的教育政策將全球性的瞭解與教育融入教育改革方向（Gu, 2021）。在此全球文化的倡導與全球瞭解的需求，重新檢視教育的內涵、原則及傳輸的策略與方法，乃成為許多國家的重點研究課題。在此全球化趨勢的需求之下，教育內涵往往增加討論多元文化、國際瞭解及全球教育等學科內容，因而重視外國語文的學習。全球化目標包括：世界公民素養的養成、全球問題的解決、瞭解世界議題系統性與互為依賴的特質、尊重文化差異、促進和平的能力、本土關懷與全球課題關係的平衡（顏珮如，2010）。

目前教育政策研究與實務常受到全球化脈絡的衝擊，例如：新自由主義與新管理主義提出的績效責任、競爭、民營化、市場化等對世界各國教育政策產生影響，已是全球化現象（陳榮政、劉品萱，2016；Clarke, 2012）。另外，國際組織對世界教育政策也會產生重大影響，如聯合國組織所倡議的終身學習與永續發展目標（Sustainable Development Goals [SDGs]），對各國永續教育教育政策同樣也產生的影響，我國教育部（2020b）因應聯合國組織對永續發展目標的倡議，編輯出版《永續發展目標教育手冊：台灣指南》，作為台灣推動永續發展教育的依據，也彰顯國際組織對台灣教育的影響。

另外，如OECD對教育政策建議，廣受政策制定和學術研究人員的重視，影響世界各國教育政策的制定（Volante, 2017）。國際學生能力評量計畫（PISA）是由經濟合作暨發展組織（OECD）主辦的全球性學生評量。PISA自2000年起，每三年舉辦一次，其評量對象為15歲學生，評量內容涵蓋閱讀、數學和科學三個領域的基本素養程度，2023年共81個參與計畫的國家及經濟體。OECD透過PISA對歐盟與世界各國的教育政策造成實質的影響，例如：芬蘭藉由學生PISA的優異表現，持續在受到肯定的學習機會均等與教師自主的政策下精益求精。德國一開始表現不如理想，藉由PISA震撼的壓力，策略性的進行各項教育改革，希望兼顧中央監控與地方自主的平衡。英國則依據PISA資料，進一步探討英格蘭與蘇格蘭學生應試比率差異的緣由。在台灣則參考PISA的發現

而訂定閱讀教育、學習扶助方案等（洪碧霞主編，2021）。

陸、教育政策市場化

1990時代，「教育的市場導向」是教育經濟學領域的一項新課題，自從人力資本概念的興起，教育被視為一種有利的投資，能促進國家社會的進步與發展。「市場化導向」的教改理念，即視教育制度及學校為整體經濟的一部分。學校本身即是一事業單位，在可獲得的資源內，以最有效率的方式，達成最可能的產出。在此市場內，顧客的需求須予以滿足，而教育服務的提供最終也是由顧客所決定（沈姍姍，1998）。

「教育市場化導向」理念影響各國教育政策的發展。政府教育市場化的途徑通常採取解除管制、消除壟斷、私有化（戴曉霞，1999），例如：2004年日本通過國立大學法人化政策，產生文科省勢力將更加介入國立大學的營運，進而妨礙大學的自治。另外，政府補助經費大幅削減，以及大學是否因此能提升學術研究成果等，對日本高等教育與國立大學的發展造成重大影響（楊思偉，2005）。如美國1990年發展特許學校（charter school）制度，具有教育鬆綁、教育選擇、分權及績效責任的特性，以提升學生表現與家長滿意度（賴志峰，2020）。在台灣方面，《教育基本法》賦予家長在國民教育階段內，依法律選擇受教育之方式、內容及參與學校教育事務之權利。為因應少子女化衝擊，維護學生受教及教職員工權益，制定《私立高級中等以上學校退場條例》（2022）。實驗三法的公布實施也是提供不一定要進入體制內公立與私立學校，家長可以選擇學校型態、非學校型態及公辦民營的類型入學，選擇最適合其子女的教育方式（顏國樑，2022）。

「教育市場化導向」受到重視，如家長與學生的自由選擇學校、高等教育的招生與課程提供的開放、學校的公辦民營、增加私立學校辦學的自由、去除國家對教育的各種支配壟斷等方面的變革，都不難看出市場化教育政策改革的導向。但教育的革新並不能完全以市場化為導向，仍需維持理想的教育目的。

因此，教育制度或學校在不斷追求績效與卓越，教育行政機關提供學生、家長、教師、社區滿意的教育服務品質，亦是未來教育政策改革的發展趨勢。

柒、教育政策均權化

教育政策與教育行政體制有密切的關係，教育行政體制如果是偏向中央集權，則教育政策則也是偏向中央集權。反之，則教育政策傾向地方分權。世界國家的教育行政體制，大致可區分為中央集權及地方分權兩種制度，近年來的發展趨勢大致朝向中央集權與地方分權間擺盪，其中英國、美國、澳洲、日本等的教育行政制度由地方分權轉向增加中央對地方的控制權，而台灣、法國、新加坡等則將中央教育行政權下放給地方，可見世界各國教育政策朝向均權化發展（江芳盛、鍾宜興，2006；謝文全，2022；Judith, 1990; Hanson, 1996）。

在增加中央對地方的控制權方面，例如英國於 1988 年實施國定課程與全國性測驗。澳洲於 1989 年訂定國家教育目標，追求全國中小學教育的齊一性。美國於 2001 年實施《沒有落後的孩子法案》，講求學校績效責任，提升學生在閱讀、數學、科學的學習效果。中央教育行政權下放給地方方面，例如：法國原是高度中央集權的國家，於 1982 年公布《地方分權法》，賦予地方較大的自主性（王曉輝主編，2009；姜添輝，1999；梁福鎮，2012；楊思偉，2007）。在我國中央教育行政權已漸朝向鬆綁的方向改革，將決策權下放給地方，例如：行政院教育改革審議委員會（1996）在其《教育改革諮議報告書》提出「教育鬆綁」的建議；《地方制度法》的公布，賦予地方更多教育自主權。教科書已開放，不再由中央統編；又如：《教育基本法》第九條具體條列式明確規定中央政府的教育權限有八項，未列舉者改由地方主管，以及地方應設置「教育審議委員會」。2013 年發布的《教育部組織法》已趨向均權方向，這表示教育部的教育權將鬆綁，下放給地方，中央不再獨攬教育權，世界許多國家與我國中央集權的教育政策逐漸走向均權化（顏國樑，2013；謝文全，2022）。由上述可知，極端的中央集權或分權的教育行政制度並不是最佳的教育行政管理型態，

因此教育政策均權化將是追求較佳行政效能與品質的管理型態，亦是未來教育行政制度發展的趨勢。

捌、教育政策公開化

社會開放與民主化的國家，都希望國民能參與公共事務的決策，提供意見，讓政策能符合國民的需求。教育政策是公共領域事務的範疇，有必要提供國民教育相關資訊，讓不同利益團體參與教育事務的討論，促使教育政策制定的過程更公開與民主，讓國民能夠做出最佳的教育選擇，也顯示對國民負起教育績效責任（顏國樑，2023）。

美國《不讓一位孩子落後法》（No Child Left Behind Act [NCLB]）於2002年1月8日由小布希總統簽署公布。該法旨在加強中小學教育改革，強調透過教育卓越與教育公平的途徑，以提升學生成就，並為全球競爭做準備。NCLB法案為提高教育績效，規定學校每學年要將每位學生的成績報告卡送交家長審視，同時學校也設立網頁，家長可以透過授權進入網頁看到自己小孩的成績與學習情況，一方面可以讓學生家長及時瞭解自己小孩在學校的學習情形，另一方面也促進家長參與並承擔子女教育責任（顏國樑，2013）。

我國《行政程序法》於1999年公布，代表行政法法律化的具體落實，進而對於行政機關所作行政行為，建構一套公正、公開及民主行政程序，同時藉由程序規定，使人民在行政機關作成行政行為時得以參與、表達意見與溝通，而使人民權益獲得保障，並增進人民對國家行政信賴的一種制度。因此，教育行政機關除重視權利救濟制度實體之外，更要先強調正當法律程序（行政程序法，2021；李惠宗，2002）。另外，《政府資訊公開法》（2005）於2005年公布實施。其立法目的在於建立政府資訊公開制度，便利人民共享及公平利用政府資訊，保障人民知的權利，增進人民對公共事務之瞭解、信賴及監督，並促進民主參與。因此，教育行政機關應該依據規定採取適當方式主動公開教育政策相關資訊。

第二節　教育政策革新的展望

數位科技 AI 時代來臨，對社會發展有深遠的影響。教育政策必須持續革新，才能培養二十一世紀需要的人才，促進社會進步發展。在本書各章的探討已提出一些作法，以下提出對我國教育政策革新的展望，期盼能繼續探究，制定優質的教育政策，以培養我國優秀的人才。

壹、制定以人文為本的創新教育政策

教育政策研究與服務對象主要是學生與教育人員，其主要目的在配合國家與社會發展的需要，解決或滿足社會大眾教育的需求。在科技數位與 AI 蓬勃發展環境下，教育政策目的與未來教育政策發展，更需要以人文為本（human-based）的教育政策創新發展，強調人文精神的引導，由人文精神驅動教育的創新因應社會環境變遷，找到人類實踐幸福生活的人生目的（吳清基，1990；吳思華，2022；郭為藩，1986）。在教育政策制定與實踐過程中，仍應強調本於發揚教育者與學生的人性正面力量，創建新的教育共同美好的生態系統，結合公私部門，運用科技賦能，所有參與教育成員，能夠一起協力合作，喚醒人生命價值的自覺，並發揮社會的關懷，達成兼顧個人、經濟及社會的目的，培養兼具人文與科技的人才。

貳、建立以學習力為架構的終身教育政策

終身學習的推動是當前世界各先進國家教育發展的方向，其最終的目的是要建立一個終身學習的社會。教育部於 2019 年實施的課綱核心素養的三面向九項目，是以終身學習者為中心的核心理念向外擴展。教育部（2021）發布《學習社會白皮書》，其目的在打造台灣成為一個全民熱愛學習的學習型社會。OECD 於 2018 年提出《學習架構 2030》，闡述需要培育學生何種的素養才能適應未來社會發展，提供教育政策制定一個明確的教育改革方向（Education Commission, 2016; OECD, 2018; UNESCO, 2018)。由上述說明，面對複雜急遽多變的世界，個人與組織是否具有競爭力的關鍵已不再於能儲存多少知識量，而在於是否具有學習力，學習力是把知識資源轉化為知識資本的能力。學習力包括學習動力、學習毅力和學習能力，每位成功者或組織的學習，都從具備這三種能力開始（韓明媚，2010）。我們需要的是從外在目的為本質的教育觀轉變為內在成長與變化的學習觀（曾正宜，2015；Biesta, 2012）。教育政策設計應提出培育具有學習力的終身學習人才的實施途徑與策略，以因應社會不斷的發展。

參、進行教育政策價值分析

教育政策制定是一種價值觀點的互動歷程，對教育政策的公共價值追求。教育政策制定若能有明確的價值規準，運用科學研究的方法，對教育政策活動的價值系統進行分析，則政策制定及執行較不易迷思方向，或在政治角力下失去原本善的教育價值或教育理想。教育政策價值有人本、公平、效能、品質、自由及永續六個面向。教育政策制定宜先確立教育政策的核心價值（楊國賜等人，2011；顏國樑、宋美瑤，2013；Fowler, 2013）。因此，教育政策人員應培養價值溝通與論證能力，對重要教育政策探究與驗證其價值取向，並建立多元與公開的對話機制，與政策關係人或團體進行溝通與對話。

肆、提升教育政策決策的品質

教育政策決策（education policy decisions 或 policy-making in education）品質關注所做的決策，強調其教育價值性與政策目標的實現。具有優質的教育政策決策，是有效教育治理的關鍵條件，有助於政策順利推動。因此，未來應強化教育政策決策品質，其作法如下（吳清山，2022c；張慶勳、2022；顏國樑、葉佐倫，2022）：健全教育政策決策機制以提升教育決策效果；依據教育政策環境條件選擇適當決策模式；教育政策決策宜進行教育政策問題認定與重認定；兼具證據與結果導向的教育政策決策以作為決策判斷依據；建立適當的教育政

策決策模式與程序並強調公民參與決策；進行政策規劃可行性分析；提升決策人員專業素養與價值判斷以強化教育政策決策效能；加強與政策利害關係人的溝通以建立決策共識，以作為教育政策決策的參考。

伍、運用 AI 協助教育政策發展並建構智慧化的教育政策架構

人工智慧又稱為機器智能，係指是由人類製造出來的機器所表現出來的智能，通常是透過電腦程式來呈現人類智慧的技術，以解決與人類智慧相關的常見認知問題。在教育應用上，例如學生學習診斷與個別化學習、引導學生活用 AI 來解決問題等，以及結合大數據、資料庫平台等，可提供教育政策的制定與執行及評估（黃國禎，2021；蔡明學，2020）。至於如何建立智慧化的教育政策架構，可從三方面著手（Yang et al., 2024）：一、實施前瞻性政策：制定國家願景與計畫、建立基礎設施能力、投資人力資源能力；二、建立智慧數位學習環境：無縫連接性（seamless connectivity）、學習設備與支持、技術的道德性（ethical use of technology）；三、轉型教學與學習：以學生為中心的教學法、重新構想的評估、學習者社群的構建。面對 AI 時代來臨，應建立智慧化生態的教育環境，運用 AI 來提升教師教學品質與學生學習效果，以及重視 AI 應用的學術誠信、隱私權、公平性和責任等倫理道德課題（Ateeq et al., 2024; Chan, 2023; Zhao et al., 2024）。因此，教育政策應制定適當的 AI 人才培育制度，包括學制、法規、師資、課程、教學等，培養具有批判性思維，恪遵倫理道德，善盡社會責任；運用多元與跨領域決策能力，解決複雜的問題；以及勇於冒險與挑戰，主動開創與實踐能力特質的人才。

陸、建立教育政策的專業化制度

教育政策的專業化是世界各國教育政策發展的趨勢之一，教育政策專業化的趨勢，主要在建構完整的專業體系與人才培育系統，奠定教育政策人員專業

知能的基礎,配合生涯發展提供長期培育的制度,有自律的專業組織,具備專業倫理與責任,擁有相當的專業自主權,並且有健全的專業證照制度,以促進人員之專業成長。我國教育政策制度專業化仍有待加強,因為一方面教育政策人員並未有此類證照與考試任用途徑,係屬於教育行政人員公務人員考試類別,與公務員任用資格一樣,並未受過教育政策專業課程與訓練;另一方面教育政策人員的遴選制度,與是否受過教育政策專業課程並無關聯;再者,亦尚未建立教育政策人員專業倫理準則等。因此,建立我國教育政策的專業化制度,可從下列途徑著手:如建立教育政策人員專業養成、進修及證照制度,以及加強教育政策人員專業組織的功能、訂定專業公約、從事研究與實驗工作等。

柒、提供教育政策支援與諮詢系統

面對資訊科技智慧化時代,網路通訊與視訊快速便利,各種教育資料庫的建立,以及重視分享與共享、協同合作的理念,皆有利於運用資訊科技系統來支援教育政策制定與分析。透過群體資源系統、策略資訊系統、指標管理系統與專家諮詢系統,建構出一套政策支援與諮詢系統,以群體專家來支援教育政策的制定,包括教育政策問題認定、政策規劃、政策執行及政策評估,輔助教育政策制定者並提出策略因應之道,以解決教育政策問題(葉宇棠,1997)。教育政策制定與執行評估是以一連串的複雜過程,建立政策支援與諮詢系統,獲取政策相關的充分諮詢,強化協調與溝通,以及資訊分享,共同合作,將有益於教育政策的制定與推動。

捌、訂定教育政策資訊公開和參與審議制度

建立教育資訊公開和參與審議制度,可讓民眾參與和監督教育。《政府資訊公開法》(2005)第 1 條揭示立法目的,為建立政府資訊公開制度,便利人民共享及公平利用政府資訊,保障人民知的權利,增進人民對公共事務的瞭解、信賴及監督,並促進民主參與。因此教育政策機關與學校應主動公開教育資訊,

並接受民眾申請提供政府教育資訊，以及設立教育政策網路參與平台，提供教育政策意見。另外，建立參與審議制度設計和實務運作，公共辯論審議制度設計可依據國內原有的法制架構、客觀環境或現實需求予以審慎評估，包括辯論法則的建立、各種參與方式的開發等（王必芳，2021），例如：台灣課程審議制度，訂有《高級中等以下學校課程審議會組成及運作辦法》（2023），如何建立長遠可行的課程研發及審議機制是未來必須面對的問題。

玖、發展兼具證據為本位與價值本位的教育政策

發展以證據為本位（evidence-based）的教育政策可以改善教育政策制定、執行及評估的品質。近幾年以證據為基礎的教育政策研究受到重視（王麗雲，2006；鄭國泰，2008；Bridge et al., 2013; Pawson, 2006; Slavin, 2002）。所謂以證據為本位的教育政策係指以多元的方式探究及蒐集不同資料，並以具有品質的資料為基礎，提供教育政策制定者公開、合理及可供檢證的原則與方針，從中形成與制定教育政策（張炳煌，2013；蔡進雄，2021）。但是以證據為本位的教育政策，並不能取代教育政策實踐所需要的價值本位的判斷（簡成熙，2023）。因此宜兼顧以證據本位與價值本位的理念，透過蒐集量化與質性資料的證據，考量政治、經濟、社會、文化環境，以及政策利害關係人與夥伴的需求的因素，公平性考量並回應各方與整體發展方向與需求，提出適當合理的教育政策，形塑永續共好的教育系統。

拾、邁向彈性與自主治理的教育政策制定、執行及評估

自主彈性治理是「鬆綁」的理念，實際上也賦予「分權分責、彈性與增能、自我擔負更多責任」的意涵。在政策類型上，教育部採取政策管制性政策較多，較少採取自我管制性政策。管制政策類型具有中央集權的性質，大多數是以教育法律或行政命令來鼓勵或禁止地方教育政策機關或學校的教育措施。在政策執行方式較常採取由上而下的執行方式，在政策工具常採取法令、財物、資訊

工具、組織工具，較少採取增能、自願工具。近年來，教育部對於大學、實驗教育等採取自主彈性的鬆綁政策，其政策效果仍需要長期追蹤評估。未來教育部對於地方教育局／處與各階段學校，以及地方教育局／處對於所轄高中職、國中小校務經營，宜採取自我管制性政策與增能、自願的政策工具，賦予更大的彈性與自主治理。例如實施學校本位管理、自我評估機制、校務基金、減少部訂必修課程、鬆綁人事與經費等，促進地方教育政策機關與各級學校發揮專業責任、增能專業素養及自治精神。

拾壹、培育優秀的教育政策制定與政策分析人才

教育政策運作是一種多元複雜的動態過程，涉及教育政策問題認定、政策規劃、政策合法化、政策執行及政策評估，也受到環境與利害關係人的影響。政府訂定許多教育政策來因應社會的進步發展，需要針對教育政策議題進行政策分析，提供政策建議。所以教育政策制定與執行需要培育更多的教育政策規劃與政策分析的人才，以制定能夠實現教育目標的教育政策。教育政策研究可以幫助選擇正確的教育政策價值、瞭解教育政策運作過程的影響因素影響、培養對教育政策的批判能力、提升教育政策人員教育政策的專業知能，以及解決教育問題等。因此在教育政策人才培育制度設計需考量，在職前方面：如大學學校人才培育；考用類科與儲訓課程等。在職方面：建立教育政策人員與學校行政人員的專業成長制度，增能學習有關教育政策專業知能。另外，培育管道方面：除了賦予國家教育研究院培育教育政策人才任務之外，亦可以與大學校院教育政策相關系所合作，開設課程與進修相關課程。

拾貳、強調教育行政機關與學校自我評估機制

自我評估機制具有主動積極的精神，建立自我評估機制是近年來被大家重視。自我評估機制的意義在於可以自行評估工作的績效，發現優缺點，依據改善之處提出解決策略，促進教育行政機關與學校據之不斷自我改進，以期自我

發展與完善。自我評估機制的功能可以配合國家社會的發展；提出具體改善策略；提升教育行政機關與學校教育人員的意願與知能，以及彰顯績效責任的精神。教育行政機關要求學校在進行校務評鑑外部評鑑時，常需要先進行自我評估，但並不落實。另外，教育部與地方教育局／處本身鮮少進行自我評估，導致政策制定與執行較難即時發現問題，加以改善，難以達成政策目標（鄭淑惠，2015；顏國樑，2023）。因此，應該訂定自我評估法規，以及編輯自我評估手冊，手冊內容包括自我評估的目的、成立評估小組、評估方法、評估標準、資料處理與應用、建議事項與改善等，以提供教育行政機關與學校參考。

第三節　教育政策研究的展望

教育政策學是一門新興學科，教育政策研究的發展仍不長，仍需要政府訂定激勵措施，鼓勵成立教育政策相關系所、學術社群、期刊、辦理研討會，促使更多人參與理論與實務的研究，讓教育政策學研究方法更紮實，不僅提供理論的發展，同時提供教育政策實務的參考。以下提出一些教育政策研究的展望。

壹、強調跨部門、跨學科和多元專業的科際整合的研究

隨著社會進步發展，產生的教育問題日趨複雜多元，教育問題牽涉政府各部門，而且需要跨領域學門的理論應用，例如：要解決偏鄉學校教育的問題，如師資、學生人數、學生學習等，已經不是單純是教育問題。政府部門牽涉內政部、交通部、衛福部、原住民族委員會等。另外也涉及人口學、經濟學、心理學、社會學等領域知識，如果僅從教育政策研究觀點與成果，恐難以關照全面，提出的意見有其侷限性。因此，教育政策研究宜跨部門或跨領域研究，結合各領域進行研究，包括：行政學、政治科學、經濟分析、政策哲學、倫理議題、心理學、社會學、法律學、或探討實務政策領域的重要性（吳清山、林雍智，2021；謝文全，2022；Peters & Zittoun, 2016; Terhart, 2017），所提出的教

育政策較具完整與周詳性。未來可由教育部、國科會、國家發展委員會的倡導與協助，較容易進行跨部門、跨學科和多元專業的科際整合的研究。

貳、強化教育政策與教育研究理論與實務的關聯性

教育政策的制定與執行不能僅憑個人經驗或開會，應該參考教育研究的發現，而教育研究不能僅是純粹學術性研究，需要考量教育政策在實際情境上的應用或驗證。我國設有國家教育研究院，雖然能夠發揮對教育政策制定一定程度的影響，但以智庫觀點而言，仍有進步之處，如在教育專業中建立其號召力、發展前瞻與整體及開創性的政策研究、研究結果對政策影響力有待評估、努力拓展學術研究國際化等。此外教育部常以任務型委託大學或學術單位進行研究，研究結果常因受研究品質、社會輿論與潮流、教育部本身的因素影響（王麗雲，2006；陳雅筑，2014；陳榮政、劉品萱，2016）。因此，未來應強化教育政策與教育研究的連結，其作法如下（王麗雲，2006；林明地，2023；湯堯，2022；甄曉蘭，2011；蔡進雄，2021；Kirst, 2000）：教育政策理論與實務之間宜透過論述批判來獲得啟迪與應用；教育政策制定應參考教育研究的發現；教育政策宜強調地方教育政策機關與學校的教育研究；教育政策與教育研究和大學與智庫的交流與連結；強化國家教育研究院智庫的功能；鼓勵大學增設教育政策科系或研究中心；結合更多學者與民間智庫加入教育政策研究；成立教育研究社群與政策論壇，以及成立專業性、中立性、自主性及永續性的優質智庫，以促進理論與實務的交流與對話。

參、鼓勵針對教育政策較少研究的領域進行探究

從教育政策運作過程分析，教育政策運作過程包括政策問題形成、政策規劃、政策合法化、政策執行、政策評估、政策變遷，以目前的研究數量分析，大部分集中在政策執行最多，其次是政策評估。其餘教育政策問題形成、政策規劃、政策合法化、政策變遷相對稀少，有必要鼓勵對這些政策運作過程加強

研究。另外，如果以非階段途徑來分析，有一些重要教育政策領域較少人關注研究，包括：教育政策網路、政策工具、政策行銷、政策溝通、政策學習、政策利害關係人與團體、民意調查、自主學習政策、教育政策意識型態、國際比較教育政策等。上述這些領域值得進行研究，以厚實教育政策研究的學術擴展，奠定發展教育政策學的基礎。

肆、針對教育政策新興議題進行研究

隨著科技網路的社會變遷與台灣進步發展，常伴隨教育的新議題，因此教育革新有其必要性。提出教育政策具有引領的重要性，因此需要對一些教育重要課題，提出教育政策加以因應，解決當前教育問題並引導教育創新。未來教育政策研究的重要課題如下（吳清山、林雍智，2021；陳榮政，2016；蔡進雄，2021；謝文全，2022；顏國樑，2023；Bettayeb et al., 2024），包括：AI 教育政策、AI 教育的倫理道德、數位教學與學習政策、少子女化教育、高齡與超高齡化及終身學習的教育因應、新移民及其子女教育、網路時代的教育因應、媒體視讀與素養、教育國際化、雙語教育、教育治理、教育政策評估、十二年國民基本教育、108 課綱制定、審議、執行及評估、弱勢者與地區教育與教育機會均等、教育各階段校長任用與培育、校長專業與校長領導、校園霸凌與校園安全、教育中立、實驗教育與教育創新、永續發展教育、私立高中以上學校轉型與退場、大學整併問題與成效、國中生升學高中職制度改進、原住民族與新住民教育、培育與延攬國際人才制度、中央與地方教育權力劃分等。

伍、建立教育政策本土化與國際化並重的理論與實務研究

教育政策研究尚屬新興學科，目前國內對教育政策的方面研究仍是尚待開發的領域。因此，學習國外的經驗，是有其必要性。在國外的研究經驗上，其理論可作為我們研究的參考，以收「他山之石，可以攻錯」的效果。惟在理論的推論上及借用上，仍須明瞭外國理論背後政治、經濟、社會文化的特性與脈

絡，同樣要考慮我國政治、經濟、社會文化的背景，不能完全移植歐美國家的研究經驗，應用在我國教育政策的研究上（李安明，2021；秦夢群、黃貞裕，2001；潘慧玲，2011；Adams, 2014）。因此，要強化本土教育政策理論的建構，並且從在地、區域到跨國比較，加強我國教育政策研究的國際化，除了學習先進國家教育政策理論與實務之外，也應將我國教育政策研究成果與國際交流與推展，同時重視教育政策本土化與國際化的理論與實務，也展現教育政策學的發展貢獻心力。

陸、建構整合與多元的教育政策研究方法

教育政策研究講求實用與時效性，其發展之初偏重視量化的探究，希望找尋客觀的證據，作為教育政策制定與執行及評估的參考。在優點上因為客觀數據，如人口趨勢預測，由客觀人口變化數據，可以在規劃學校數量獲得準確的依據，但要如何規劃一所好的學校，仍需要借助質性的研究方式。教育政策研究方法，不論量化、質性的研究方法，或者是實證、詮釋、批判研究途徑都各有其優缺點，沒有哪一種方法最好。至於如何建構整合的教育政策研究方法，其作法如下（林鐘沂編譯，1991；范熾文，2008；Durnova et al., 2016; Stacey & Mockler, 2024）：首先，依據教育政策研究目的與性質，如果需要客觀數據，則採量化方法；如果是想瞭解現象的原因或脈絡，則採取質性研究方法。其次，採取多元論的觀點，研究方法兼顧質與量、多元分析方式、匯合多元研究結果分析、多元利害關係人分析、多元媒體溝通方式、多學科整合。最後，可採取政策目標的技術印證、情境確認、價值取向的論述批判之系統辯證研究方法。

柒、探究教育政策與哲學、倫理及文化的關係與應用

教育政策與哲學、倫理及文化有密切的關係，以下加以說明：一、在教育政策與哲學方面：教育政策哲學借用教育哲學的概念，是對教育政策問題的哲學思考，用哲學的方法和語言來研究教育政策問題。研究的對象包括教育政策

的本質、目的、學習的歷程、知識的架構、人類的課題、權威的問題、教育和社會之間的關係、教育的方針、教育政策的批判等（李奉儒，2004；Winch & Gingell, 2004）；二、在教育政策與倫理方面：教育政策倫理主要是探討教育政策的公平問題；教育政策的利益結構與標準；教育政策的社會倫理道德問題；教育政策研究者自身的倫理道德；教育政策的內容倫理、程序倫理及主體倫理；以公共利益、公平等價值加以分析與探討（劉世清，2010；Bottery, 2000）；三、在教育政策與文化方面：兩者之間者有密切關係，教育政策的制定、執行及評估，需要考慮文化的結構、多元文化，才能掌握政教育政策目標的意義與脈絡，並與不同利害關係人進行溝通，避免文化再製。其探討的議題，如文化對教育政策的影響、文化資本與教育政策、文化再製與教育公平、多元文化教育與政策、組織文化與教育政策、資本主義與學校制度、文化資本與課程政策、全球化與地方文化等（譚光鼎，1998；Stein, 2004）。

捌、加強教育政策指標研究

教育發展良窳有賴具體數據作為衡量的基準，而衡量工具與標準則需要指標的建立與選擇。教育政策指標可以作為教育理論驗證與對教育實務評估的工具，亦可作為教育政策制定、執行及評估過程的分析工具。透過教育政策指標，可以提供學理建立、教育政策目標的依據、教育政策監控、教育資源分配的依據、教育量預估、教育品質掌握，以及作為政府與民間或學校的溝通工具（張芳全，2006b）。至於如何加強教育政策指標研究，其作法如下（李政翰，2006；孫志麟，2004；張鈿富，2003；Maheu, 1995）：加入與教育事務相關的國際性組織；廣泛蒐集國際性教育政策指標資料並和我國進行比較分析；統整教育政策指標的相關資料；持續更新及維護教育政策指標的建構，以及兼重教育政策指標建構之投入、過程及輸出層面等。

玖、長期評估實驗教育成效與公共化研究

2014年實驗三法立法通過，實為台灣教育歷史上的創舉，是讓過去體制外的另類教育走向體制內，長期來看實驗教育也將成為學制內的一軌。實驗教育型態有三種，包括學校型態、公辦民營，以及機構、團體、個人之非學校型態三種。實驗教育三法的實施有正面影響，包括鼓勵教育多元與教學創新、賦予校務經營彈性與創新、培養學生適應未來社會的新學習力等（黃志順、林雍智主編，2022；顏國樑、楊郡慈，2022）。教育部（2024）報告指出，112學年實驗教育計畫通過132校、學生近2.6萬人，比107學年度在5學年間參與學生數增加1萬人（成長6成6），參與實驗教育學生數占學生總數比率也在少子女化趨勢下呈現逆勢成長，加上因為實驗教育各項配套措施，例如：學校制度、行政運作、組織型態、教師編制等不受相關教育法規的限制，辦學較具彈性，可見未來實驗教育將影響教育的發展。因此，應該對實驗教育進行透過長期與縱貫研究，評估實驗教育成效，例如：探究實驗教育的成功因素、失敗的因素、教學模式、校務經營策略、學生學習方式、學生輔導需求、學生輔導支持系統、建立實驗教育相關理論，以及建構本土實驗教育永續發展機制等，以作為體制內與體制外教育改革的參考，促進實驗教育公共化，讓實驗教育的成果推展至體制內學校，讓更多國民接受優良品質的教育（陳榮政，2021；鄭同僚、徐永康，2021；顏國樑，2022）。

拾、加強教育政策研究以建構教育政策學

一種學門的建立，需要有明確的研究對象、系統化的研究內容、健全有效的研究方法、學門自身獨特的造型與性質、建立專業組織、較多學術社群人員等（田培林主編，1985；吳清山，2024；吳遵民，2010；祁占勇，2019；袁振國，2010；郭為藩、高強華，1988；楊深坑，1988）。國內對教育政策的研究常與教育行政放在一起探討，大部分投入教育行政研究，但對教育政策研究關

注較少，教育政策研究較偏重教育行政與學校行政人員的計畫、組織、領導、溝通、評鑑等的研究，但舉凡教育實務的政策背景常影響教育行政機關與學校校長的教育行為，所以有必要加強教育政策的研究。雖然教育政策與教育行政在人才培育、研究範圍、政策運作，有諸多重疊之處，但仍有差異之處。教育政策也是公共政策的範圍，與一般公共的特性相同。因此難免會運用公共政策研究方法進行探究，而教育政策研究在國內外尚屬於新興研究的新領域，除了運用公共政策的理論與方法驗證在教育情境的適用性外，應加強教育政策理論與實務自我建構，對於教育政策理論、對象、研究內容、研究方法、專業組織等，仍有待更多人參與及研究，以建立一門獨立的教育政策學。

第十六章　教育政策的趨勢與展望

問題討論

一、請說明教育政策發展的趨勢為何？如欲改革教育政策，請提出對我國教育政策革新的展望？

二、在科技資訊AI環境下，教育政策目的與未來教育政策發展，更需要以人文為本的教育政策創新發展。在教育政策制定與實踐過程中，請提出如何以人文為本的教育政策創新發展的作法？

三、教育政策學是一門新興學科，教育政策研究的發展仍不長，仍有待大家努力。請您提出如何建立教育政策學的策略？

四、自我評估機制的意義在於可以自行評估工作的績效，發現優缺點。過去偏向學校層級的自我評估，缺乏對教育行政機關的自我評估。請您提出如何建立教育行政機關自我評估機制的作法？

五、教育政策的制定與執行不能僅憑個人經驗或開會來進行，應該參考教育研究的發現。請您提出如何強化教育政策與教育研究理論與實務的關聯性與應用的作法？

六、教育政策決策品質關注所做的決策，具有優質的教育政策決策，是有效教育治理的關鍵條件，有助於政策推動。請您提出如何提升教育決策的品質？

七、教育政策制定、執行及評估是以一連串的複雜過程，需要建立政策支援與諮詢系統，獲取政策相關的充分諮詢。請您提出建立政策支援與諮詢系統的作法？

八、教育政策制定與執行需要教育政策規劃與政策分析的人才，以制定能夠實現教育目標的教育政策。請您提出培育優秀的教育政策制定與政策分析人才的作法？。

九、在民主開放的社會，建立教育政策公開資訊和參與審議制度，可讓民眾參與和監督教育。請您提出如何建立教育政策公開資訊和參與審議制度的作法？

十、2014年實驗三法立法通過，實為台灣教育歷史上的創舉，是讓過去體制外的另類教育走向體制內，長期來看實驗教育也將成為學制內的一軌。請您提出如何促進實驗教育公共化的策略？

十一、面對複雜急遽多變的世界，請提出教育政策設計應如何培育具有學習力的終身學習人才之實施策略，以因應社會不斷的發展？

十二、請分析為何教育政策制定、執行及評估強調需要兼顧以證據本位與價值本位的理由？

十三、面對人工智慧的時代，教師與學生需要培養哪些關鍵能力？請說明如何建構智慧化的教育政策架構與內涵？並提出避免違背倫理道德的策略？

參考文獻

壹、中文部分

丁志權（2020）。**教育行政法規分析：法規與現象之間**。師大書苑。

中央法規標準法（2004）。

內政部統計處（2022）。**109 年內政統計年報電子書**。https://www.moi.gov.tw/cl.aspx?n=4406

王子裕文（2011）。**台日社區高齡教育政策規劃之比較研究**〔未出版之博士論文〕。國立高雄師範大學。

王文科（編譯）（2000）。**質的教育研究法（二版）**。師大書苑。

王文科、王智弘（2019）。**教育研究法（18 版）**。五南。

王必芳（2021）。**建立我國公共審議機制之可行性研究**。國家發展委員會編印。

王玉麟（2009）。**邁向全球化頂尖大學政策規劃指標建構之研究**〔未出版之博士論文〕。台北市立教育大學。

王光旭（2004）。政策網絡研究在公共行政領域中的核心地位與方法錯位。**政策研究學報**，5，61-102。

王如哲（2009）。**比較教育**。五南。

王俊權（1989）。**我國壓力團體與教育行政決策之關係**〔未出版之碩士論文〕。國立台灣師範大學。

王湘栗（2010）。**教育政策行銷模式建構之研究**〔未出版之博士論文〕。國立台灣師範大學。

王瑞慶（2014）。**爭議性政策運用政策行銷之思辨：以十二年國民基本教育政策為分析個案**〔未出版之碩士論文〕。國立台灣大學。

王慧蘭（1999）。教育政策社會學初探。**教育研究資訊**，7（3），87-108。

王曉輝（主編）（2009）。**比較教育政策**。江蘇出版社。

王嬿淑（2006）。**教育政策行銷之個案研究：以台北市教育局精緻教育政策為例**〔未出版之碩士論文〕。國立台灣師範大學。

王辭維（2020）。**學校執行競爭型計畫之政策工具選擇探究：以台北市高中職課程與教學領先計畫為例**〔未出版之碩士論文〕。國立台灣師範大學。

王麗雲（2006）。**教育研究應用：教育研究、政策與實務的銜接**。心理。

丘昌泰（1995）。**公共政策：當代政策科學理論之研究**。巨流。

丘昌泰（1998）。**政策科學之理論與實際：美國與台灣經驗**。五南。

丘昌泰（2022）。**公共政策：基礎篇（六版）**。巨流。

丘昌泰、余致力、羅清俊、張四明、李允傑（1991）。**政策分析**。國立空中大學。

古登美、沈中元、周萬來（2001）。**立法理論與實務**。國立空中大學。

田孟儒（2022）。**魯凱文化回應教學對國小原住民學生族群認同與科學態度影響之研究**〔未出版之碩士論文〕。國立台中教育大學。

田培林（主編）（1985）。**教育學新論**。文景。

立法院（2021）。**國會攻略**。作者。

立法院（2022）。**高級中等教育法修正異動條文、理由及立法歷程**。立法院法律系統。

立法院（2025）。**立法程序**。https://www.ly.gov.tw/Pages/List.aspx?nodeid=151

立法院組織法（2023）。

任育騰（2015）。**十二年國民基本教育政策問題形成批判論述分析**〔未出版之博士論文〕。國立清華大學。

安曉敏（2012）。**義務教育公平指標體系研究：基於縣域內義務教育校際差距的實證分析**。教育科學出版社。

朱志宏（1995）。**立法論**。三民。

朱志宏（2019）。**公共政策（三版）**。三民。

朱亞鵬（2013）。**公共政策過程研究：理論與實踐**。中央編譯出版社。

朱麗文（2021）。**世界主要國家高等教育發展：政策脈絡、國際化、經費撥款之比較**〔未出版之博士論文〕。國立台中教育大學。

江芳盛、鍾宜興（2006）。**各國教育行政制度比較**。五南。

羊憶蓉（1994）。**教育與國家發展：台灣經驗**。桂冠。

行政院教育改革審議委員會（1996）。**教育改革總諮議報告書**。作者。

行政院處務規程（2023）。

行政程序法（2021）。

何卉芳（2015）。**十二年國民基本教育政策行銷之研究：以竹苗區為例**〔未出版之碩士論文〕。國立新竹教育大學。

何俊毅（2010）。**政策論證模式分析小型學校整併政策之研究：以南投縣為例**〔未出版之碩士論文〕。國立暨南國際大學。

吳佳欣（2018）。**偏鄉教育政策與新聞議題報導之關係：以 2008-2017 年為期**〔未出版之碩士論文〕。世新大學。

吳定（2005）。**公共政策**。國立空中大學。

吳定（2013a）。**公共政策**（第五版）。五南。

吳定（2013b）。**公共政策辭典**（第四版）。五南。

吳庚（2000）。**行政法之理論與實用**。三民。

吳明清（2006）。**教育研究：基本觀念與方法分析**。五南。

吳思華（2022）。**尋找創新典範 3.0：人文創新 H-EHA 模式**。源流。

吳政達（2002）。**教育政策分析：概念、方法與應用**。高等教育。

吳家瑩（1990）。**中華民國教育政策發展史：國民政府時期（1925-1940）**。五南。

吳康寧（1998）。**教育社會學**。復文。

吳清山（2022a）。**當代教育議題研究**。高等教育。

吳清山（2022b）。**十二年國民基本教育**。高等教育。

吳清山（2022c）。提升教育決策品質：概念分析與實踐策略。載於張慶勳（主編），**教育決策機制：檢討與改進**（頁 3-22）。五南。

吳清山（2024）。**教育政策學**。高等教育。

吳清山、王令宜（2018）。教育 4.0 世代的人才培育探析。載於中國教育學會（主編），**邁向教育 4.0：智慧學校的想像與建構**（頁 3-29）。學富文化。

吳清山、林天祐（2001）。德懷術。**教育研究月刊，92**，127。

吳清山、林雍智（2021）。教育行政學研究的趨勢與展望。載於高新建、林佳芬（主編），**台灣教育研究趨勢**（頁 278-303）。五南。

吳清基（1990）。**精緻教育的理念**。師大書苑。

吳清基（2018）。工業 4.0 對高教人才培育政策的挑戰。載於吳清基（主編），**教育政策與學校經營**（頁 4-21）。五南。

吳遵民（2010）。**教育政策學入門**。上海教育。

吳瓊恩（1995）。**行政學的範圍與方法**。五南。

呂文政（1996）。教育在國家現代化中的經濟功能。**新竹師院學報**，**9**，33-54。

呂武（2016）。我國當前學前教育政策工具選擇偏好及其影響：基於國家長中期教育改革和發展規則綱要（2010～2020）以來的主要政策文本的分析。**教育科學期刊**，**32**（1），77-81。

宋美瑤（2015）。**我國教育政策價值指標建構之研究**〔未出版之博士論文〕。國立新竹教育大學。

李允傑、丘昌泰（2009）。**政策執行與評估**。元照。

李安明（2021）。從 TIMSS 國際比較報告探尋我國校長教學領導的未來發展方向。載於顏國樑（主編），**教育行政新議題**（頁 67-89）。元照。

李協信（2021）。**一所公立實驗學校前期發展歷程個案研究**〔未出版之博士論文〕。國立台灣師範大學。

李奉儒（2004）。**教育哲學：分析的取向**。揚智。

李長晏、陳燮郁、曾淑娟（2021）。邁向後新公共管理時代之政策整合理論初探。**文官制度**，**13**（1），1-34。

李垣武（2020）。**我國高級中等學校教育利害關係人對十二年國民基本教育政策實施滿意度之研究**〔未出版之博士論文〕。國立暨南國際大學。

李建聰（2000）。**立法技術與法制作業**。三民。

李政翰（2006）。教育指標建構對教育發展重要性之探討。**教育與發展**，**23**（5），108-110。

李家宗（1997）。**英美教育改革法案中市場導向之比較研究**〔未出版之碩士論文〕。國立暨南國際大學。

李惠宗（2014）。**教育行政法要義**。元照。

李夢楚（2020）。**台灣 2022 年大學多元入學方案發展與改革之回應性評估**〔未出版之碩士論文〕。國立清華大學。

汪建南、馬雲龍（2016）。工業 4.0 的國際發展趨勢與台灣因應之道。**國際金融參考資料，69**，133-155。

沈姍姍（1998）。教育改革趨勢與影響因素分析：國際比較觀點。**教育資料集，23**，39-53。

沈姍姍（2002）。**國際比較教育學**。正中。

沈婷梅（2022）。**原住民籍師資培育公費制度之政策評估：以南投縣極度偏遠地區國民小學為例**〔未出版之碩士論文〕。國立台灣師範大學。

私立高級中等以上學校退場條例（2022）。

阮孝齊（2017）。從縣市行動者觀點探討學習共同體政策擴散之研究。**師資培育與教師專業發展期刊，10**（3），27-58。

阮孝齊、潘慧玲（2022）。新公共治理的興起與網絡治理。載於潘慧玲、王麗雲（主編），**教育治理：理論與實務**（頁 54-71）。元照。

周仁尹（2008）。**我國中小學校長培育政策工具之研究**〔未出版之博士論文〕。國立台灣師範大學。

周志宏（2012a）。**教育法與教育改革**。高等教育。

周志宏（2012b）。**教育法與教育改革 II**。高等教育。

周育仁（1997）。**認識政治**。台灣書店。

周海濤、李永賢、張衡（譯）（2023）。**個案研究：設計與方法**（第二版）（原作者：R. K. Yin）。五南。（原著出版年：2003）

周愚文（1997）。歷史研究法，輯於黃光雄、簡茂發（主編），**教育研究法**（頁 203-227）。師大書苑。

周麗華（2012）。**教師專業發展評鑑推動模式與策略之行動研究**〔未出版之博士論文〕。台北市立教育大學。

林子斌（2021）。**雙語教育：破除考科思維的 20 堂雙語課**。親子天下。

林天祐、謝惠如（2005）。國民教育向下延伸政策理念：規劃之可行性分析。**教育資料與研究雙月刊，63**，67-83。

林水波（1984）。**政策分析評論**。五南。

林水波（2005）。政策終結的探討。**國家政策季刊，4**（4），129-152。

林水波（2011）。**公共政策：本土議題與概念分析**。五南。

林水波、張世賢（2012）。**公共政策**。五南。

林火旺（1998）。**羅爾斯正義論**。台灣書店。

林志成（2021）。素養導向的特色學校與文化之發展。載於顏國樑（主編），**教育行政新議題**（頁 94-115）。元照。

林佩璇（2000）。個案研究及其在教育研究上的應用。載於國立中正大學教育學研究所（主編），**質的研究方法**（頁 239-262）。麗文。

林孟君（2011）。**閱讀教育政策與學生閱讀素養之比較研究**〔未出版之博士論文〕。國立台北教育大學。

林明地（1998）。教育政策執行時所應考慮的問題：來自於組織研究結果的啟示。**教育政策論壇**，**1**（1），24-37。

林明地（2023）。教育學研究的挑戰與可能因應。**人文與社會科學簡訊**，**24**（2），57-61。

林芳仔（2021）。台灣非學校型態實驗教育機構之辦學挑戰、因應策略與未來展望：以北部地區一所實驗教育機構為例。**清華教育學報**，**37**（2），133-166。

林雨蓁（2019）。以政策工具觀點論台中市推動十二年國民教育新課綱。**台灣教育評論月刊**，**8**（7），35-43。

林思騏（2017）。**教師專業發展評鑑之政策變遷探究**〔未出版之博士論文〕。國立台中教育大學。

林純雯（2006）。**教育政策合法化理論建構與實際運作之研究**〔未出版之博士論文〕。國立台灣師範大學。

林清江（1983）。**比較教育**。五南。

林清江（1986）。**教育社會學**。台灣書店。

林清江（1989）。教育的功能。載於田培林（主編），**教育學新論**（頁 74-100）。文景。

林清江（1990）。建立開放而有秩序的社會。載於中國教育學會（主編），**開放社會的教育政策**（頁 13-28）。台灣書店。

林逢祺、洪仁進（主編）（2014）。**教育哲學方法篇**。學富。

林鍾沂（1994）。政策評估理論之分析及方法論的重建。載於**政策分析的理論與實踐**（頁 103-173）。瑞興。

林鍾沂（1992）。**公共事務的設計與執行**。幼獅。

林鍾沂（編譯）（1991）。**公共政策與批判理論**。遠流。

武佳瀅（2019）。**新自由主義下的高等教育治理：以「我國大學評鑑制度」為例**〔未出版之博士論文〕。國立台灣師範大學。

祁占勇（2019）。**教育政策學**。陝西師範大學。

邱仕凱（2021）。**均等與適性的政策探戈：十二年國民基本教育政策的評估**〔未出版之博士論文〕。國立台灣師範大學。

姜姿安（2019）。**我國幼兒教育券政策之研究：從政策變遷觀點**〔未出版之碩士論文〕。國立台北大學。

姜添輝（1999）。轉向中央集權模式的英國教育改革：一九八〇年代至一九九〇年代初期。載於中華民國比較學會（主編），**教育研究與政策之國際比較**（頁283-330）。揚智。

政府資訊公開法（2005）。

柯三吉（1990）。**政策執行：理論與台灣經驗**。時英。

柯三吉（2019）。**政策執行與公共治理**。五南。

柯華葳（2020）。台灣閱讀策略教學政策與執行。**教育科學研究期刊，65**（1），93-114。https://doi.org/10.6209/JORIES.202003_65(1).0004

洪健哲（2008）。**設計與執行：零體罰教育政策為例**〔未出版之碩士論文〕。淡江大學。

洪雯柔（2023）。前導學校區域協作與網絡資本之發展。載於陳珮英（主編），**高優雁型 15 年：方案政策學習實錄**（頁 195-216）。教育部國民及學前教育署。

洪碧霞（主編）（2021）。**PISA 台灣學生的表現**。心理。

胡至沛（1998）。**回應性政策評估理論之研究：兼論台北縣老人年金政策**〔未出版之碩士論文〕。國立中興大學。

胡濤（1980）。**立法學**。漢苑。

施盈廷、劉忠博、張時健（譯）（2011）。**反身性方法論：質性研究的新視野**（原

作者：M. Alvesson & K. Skoldberg）。韋伯。（原著出版年：2009）

范珍輝（1987）。集體行為與社會變遷。載於朱堅章等人（主編），**社會科學概論**（頁621-637）。國立空中大學。

范國睿、杜成憲（主編）（2011）。**教育政策的理論與實踐**。上海出版社。

范紹慶（2014）。**公共政策終結：啟動、執行和關閉問題研究**。中國社會科學出版社。

范揚焄（2017）。**校長領導風格的反思：一位國小校長自傳俗民誌**〔未出版之博士論文〕。國立清華大學。

范熾文（2008）。**教育行政研究：批判取向**。五南。

韋宜青（2001）。**國民小學教育選擇權政策規劃準之研究**〔未出版之碩士論文〕。台北市立大學。

倪小敏、單中惠、勾月（2015）。**教育公平與教育效率：英美基礎教育政策演進研究**。山東教育出版社。

孫本初（2013）。**新公共管理**。一品。

孫本初、傅岳邦（2009）。行銷型政府的治理模式：政策行銷與政策網絡整合的觀點。**文官制度季刊**，1（4），25-55。

孫志麟（2004）。**教育政策與評鑑研究：追求卓越**。學富。

孫志麟（2019）。善治的追求：中小學教師評鑑政策工具分析。**教育研究月刊**，**299**，21-38。

孫綿濤（2010）。**教育政策學**。中國人民大學出版社。

涂端午（2009）。教育政策文本分析及其應用。**復旦教育論壇**，7（5），22-27。

秦夢群（2004）。**美國教育法與判例**。高等教育。

秦夢群、黃貞裕（2001）。**教育行政研究方法論**。五南。

翁福元（2007）。**教育政策社會學**。五南。

翁興利（2004）。**政策規劃與行銷**。華泰。

袁振國（2010）。**教育政策學**。高等教育。

馬湘萍（2022）。**以資訊公開作為高等教育政策工具之研究**〔未出版之博士論文〕。國立台灣師範大學。

馬榕曼（2015）。**性別主流化在中央教育行政機關的推動與實踐：政策工具觀點**〔未出版之博士論文〕。國立台灣師範大學。

高小筑（2014）。**以政策行銷模式評估新竹市推展國中小學全民國防教育之政策**〔未出版之碩士論文〕。國防大學政治作戰學院。

高級中等以下學校課程審議會組成及運作辦法（2023）。

高淑清（2008）。**質性研究的 18 堂課：首航初探之旅**。麗文。

國家文官學院（2017）。**問題分析與解決**。薦任升等簡任研習講義。

國家文官學院（2023）。**公共議題與溝通策略**。薦任升等簡任研習講義。

國家發展委員會（2024）。**強化人口及移民政策：高齡化**。https://reurl.cc/nqYx81

張子超（2012）。永續教育的理念、目的、策略及執行。載於洪仁進、陳珮英（主編），**2020 教育願景**（頁 117-136）。學富。

張世賢、陳恆鈞（1997）。**公共政策：政府與市場的觀點**。商鼎文化。

張明敏（2020）。**台灣普通型高級中等學校生涯發展教育評估指標建構之研究**〔未出版之博士論文〕。國立清華大學。

張明輝（1999）。**學校教育與行政革新研究**。師大書苑。

張芳全（1999）。**教育政策**。師大書苑。

張芳全（2000）。**教育政策立法**。五南。

張芳全（2001）。**教育政策導論**。五南。

張芳全（2006a）。**教育政策規劃**。心理。

張芳全（2006b）。**教育政策指標研究**。五南。

張建成（2002）。**批判的教育社會學**。學富。

張炳煌（2013）。證據本位教育政策的發展與論爭。**教育研究月刊，234**，5-15

張倍安、陳信亨、林建宇（2015）。從政策網絡觀點探討我國學校體適能政策之執行：以台中市國民小學為例。**運動管理，28**，73-97。

張淵菘（2005）。**國民小學教科書自由化之政策網絡研究**〔未出版之碩士論文〕。逢甲大學。

張紹勳（2012）。**模糊多準則評估法及統計**。五南。

張堯雯（2019）。**大學教師多元升等政策評估之研究**〔未出版之博士論文〕。台北

市立大學。

張煌熙（2014）。論述分析方法與傅柯的論述分析研究。載於林逢祺，洪仁進（主編），**教育哲學方法篇**（頁 247-271）。學富。

張鈿富（1995）。**教育政策分析：理論與實務**。五南。

張鈿富（2003）。**教育政策與行政：指標發展與應用**。師大書苑。

張榮華（2011）。非營利組織推動原住民學童教育網絡治理策略分析：「博幼基金會閱讀角落方案」個案研究〔未出版之碩士論文〕。國立暨南國際大學。

張德銳（主編）（2014）。**教學行動研究：實務手冊與理論介紹**。高等教育。

張德銳、丁一顧（2020）。以歷史取向論教學輔導教師制度的時代背景與發展趨勢。**課程與教學季刊**，24（1），95-114

張慶勳（2022）。教育決策議題與未來趨勢。載於張慶勳（主編），**教育決策機制：檢討與改進**（頁 337-353）。五南。

張輝山（2003）。**九年一貫課程政策網絡分析**〔未出版之碩士論文〕。國立中山大學。

張瓊文（2022）。**正向思考實驗教學對國小學生正向心理資本、幸福感與情緒管理影響之研究**〔未出版之博士論文〕。國立台南大學。

教育部（1994）。**教育百科辭典**。作者。

教育部（1998）。**邁向學習社會**。作者。

教育部（2006）。**因應人口結構變遷之教育對策**。作者。

教育部（2011）。**中華民國教育報告書：黃金十年百年樹人**。作者。

教育部（2020a）。**中小學國際教育白皮書 2.0**。作者。

教育部（2020b）。**永續發展目標教育手冊：台灣指南**。作者。

教育部（2021）。**學習社會白皮書**。作者。

教育部（2024）。**高級中等以下實驗學校概況**。https://reurl.cc/96n4Gd

教育部統計處（2022）。**109 學年各級學校新住民子女就學概況提要分析**。https://reurl.cc/1XO1Z8

教育部體育署（2024）。**教育部體育署簡史**。https://www.sa.gov.tw/PageContent?n=113

梁坤明、黃儒傑、謝傳崇、賴文堅、林曜聖、李永烈（譯）（2011）。**教育研究法：分析與應用**（原作者：L. R. Gay, G. E. Mills, & P. W. Airasian）。華騰。（原著出版年：2009）

梁信筌（2022）。**高等教育自主學習計畫方案理論之分析**〔未出版之碩士論文〕。國立暨南國際大學。

梁迦翔（2006）。**我國教育政策行銷之研究：以「九年一貫課程」為個案**〔未出版之碩士論文〕。中國文化大學。

梁福鎮（2012）。**比較教育學：起源、內涵與問題的探究**。悅翔。

莊文忠（2003）。**政策體系與政策變遷之研究：停建核四政策個案分析**〔未出版之博士論文〕。國立政治大學。

莊文忠（2013）。網絡治理的難題與前景。載於許立一（主編），**當代治理新趨勢**（頁 19-50）。國立空中大學。

許仁豪、許育萍（2024）。評介後結構政策分析：導論至實踐。**當代教育研究季刊，32**（1），157-165。

許育典（2000）。邁向二十一世紀台灣教育法制的根本問題及其檢討：一個憲法與文化的反思。**政大法學評論，63**，129-163。

許育典（2005）。**教育憲法與教育改革**。五南。

許育典（2017）。**教育行政法**。元照。

許雅惠（2017）。**台灣國民小學閱讀教育政策執行現況、影響因素及評估研究**〔未出版之博士論文〕。國立清華大學。

許筱君（2021）。**我國學校型態原住民族實驗教育評鑑指標建構之研究**〔未出版之博士論文〕。國立台灣師範大學。

許劍英（1998）。**立法審查論**。五南。

連文烽（2012）。**我國國民中小學英語教育政策之分析**〔未出版之碩士論文〕。銘傳大學。

郭昭佑（2015）。**教育評鑑研究：原罪與解放**。五南。

郭為藩（1986）。**科技時代的人文教育**。幼獅。

郭為藩、高強華（1988）。**教育學新論**。正中書局。

陳加再（2002）。**教育政策合法化過程之研究：以《教育基本法》之制定為例**〔未出版之碩士論文〕。國立台北師範學院。

陳玉娟（2017）。**高等教育機構行銷管理與實務**。國立台灣師範大學出版中心。

陳向明（2019）。**社會科學質的研究**。五南。

陳伯璋（1987）。**教育思想與教育研究**。師大書苑。

陳伯璋、王如哲、魯先華（2014）。教育公平理論架構模式與指標建構。載於陳伯璋、王如哲（主編），**教育公平**（頁 11-35）。國家教育研究院。

陳東園（2016）。新媒體環境下教育 4.0 經營策略的研究。**空大人文學報，25**，1-36。

陳泱如（2012）。**終身學習教育政策行銷策略之研究：以「99 終身學習行動年 331」教育政策為例**〔未出版之碩士論文〕。國立台灣師範大學。

陳芳玲（2003）。**教育政策行銷之研究：以台北縣國民小學九年一貫課程之推動為例**〔未出版之碩士論文〕。國立暨南國際大學。

陳映伶（2001）。**台北市國民小學資訊教育政策執行策略之研究**〔未出版之碩士論文〕。台北市立師範學院。

陳俞余（2013）。**行政的追隨者，還是教師的領頭羊：學年主任工作經驗之建制民族誌研究**〔未出版之博士論文〕。國立中正大學。

陳奎憙（1982）。**教育社會學**。三民。

陳恆鈞（2012）。**治理互賴：理論與實務**。五南。

陳恆鈞、許曼慧（2015）。台灣技職教育政策變遷因素之探討：漸進轉型之觀點。**公共行政學報，48**，1-42。

陳盈宏（2015）。**我國教育政策網絡治理之研究：以國民小學補救教學政策為例**〔未出版之博士論文〕。國立台灣師範大學。

陳盈宏（2023）。教育治理模式及實踐策略。載於吳清基（主編），**教育行政學新論**（頁 269-290）。五南。

陳美如、郭昭佑、曾莉婷（2023）。國際課程評鑑研究課題與趨勢分析：2000～2020 年。**教育研究與發展期刊，19**（1），107-140。

陳英俊（2017）。**全民國防教育政策執行與成效之研究**〔未出版之博士論文〕。國

立東華大學。

陳振明（2003）。**政策科學：公共政策分析導論**。中國人民大學出版社。

陳珮英（2023）。高優方案形構的政策網絡行動體與政策學習效應。載於陳珮英（主編），**高優雁型 15 年：方案政策學習實錄**（頁 133-163）。教育部國民及學前教育署。

陳珮英、柯喬元（2023）。教改脈絡下的學校改進與高優方案的政策學習路徑。載於陳珮英（主編），**高優雁型 15 年：方案政策學習實錄**（頁 25-51）。教育部國民及學前教育署。

陳斐卿（2021）。「生生用平板」的網絡效果：以國小數位寫作學習平台為例。**教育研究與發展期刊**，17（4），33-67。

陳無邪（2017）。地方政府教育政策的跨域治理：以北北基一綱一本為例。載於趙永茂、韓保中（主編），**台灣的民主生機：治理能力、政策網絡與社區參與**（頁 277-309）。國立台灣大學出版中心。

陳雅筑（2014）。**教育部委託研究與政策決策之關聯性研究**〔未出版之碩士論文〕。國立台灣師範大學。

陳榮政（2021）。我國實驗教育實證研究之分析與展望。**教育研究與發展期刊**，17（4），68-71。

陳榮政、劉品萱（2016）。我國教育政策智庫之定位與角色分析：以國家教育研究院為例。**教育行政與評鑑學刊**，20，1-26。

陳輝科（2009）。**地方教育行政機關教育政策規劃之研究**〔未出版之碩士論文〕。國立新竹教育大學。

陳穎琦（2010）。**台北市性別平等教育政策執行網絡之研究**〔未出版之碩士論文〕。國立台灣師範大學。

陳寶山（2001）。**國民中小學校長遴聘政策執行之研究**〔未出版之博士論文〕。國立台灣師範大學。

舒緒緯（2018）。**政策終結之研究：以高雄市試辦國中生自願就學輔導方案為例**。華騰。

傅麗英（1995）。**公民參與之理論與實踐：民間教育改革團體的個案研究**〔未出版

之碩士論文〕。國立政治大學。

彭文賢（1992）。**行政生態學**。三民。

彭安麗（2020）。我國環境教育政策之行銷分析：Snavely 的政策行銷模式。**國際與公共事務**，**13**，57-80。

彭煥勝（2024）。**客雅溪畔話竹師：台灣小學師資培育的蛻變史（1940-2020）**。作者。

彭懷恩（1996）。**政治學**。風雲論壇。

曾小軍、蘇美權（2016）。自費生出國留學仲介監管的政策工具選擇：基於政策文本的內容分析。**教育行政論壇**，**8**（1），122-145。

曾正宜（2015）。學習科學之核心議題與研究趨勢。**教育研究集刊**，**61**（3），105-121。

曾兆興（2017）。**教育政策治理術之研究：以十二年國民基本教育入學方式為例**〔未出版之博士論文〕。國立台灣師範大學。

曾冠球（1998）。**政策評估方法論之理論與實踐**〔未出版之博士論文〕。國立政治大學。

游美惠（2000）。內容分析、文本分析與論述分析在社會研究的運用。**調查研究**，**9**，5-42。

湯志民（2020）。AI智慧校園的規劃與建置。載於中華民國學校建築研究學會（主編），**建設 AI 智慧學校**（頁 3-44）。中華民國學校建築研究學會。

湯堯（2022）。教育政策機制角度論優質教育智庫的三問：what、why、how。載於張慶勳（主編），**教育決策機制：檢討與改進**（頁 144-180）。五南。

湯絢章（1993）。**公共政策**。華泰。

程介明（2010）。人種學方法與教育政策研究。輯於袁振國（主編），**教育政策學**（頁 322-400）。五南。

華樺（2010）。**教育公平新解：社會轉型時期的公平理論和實踐探究**。上海科學研究院。

黃乃熒（1999）。教育政策分析瞭解的可信度。載於中華民國比較教育學會（主編），**教育研究與政策之國際比較**（頁 23-58）。揚智。

黃乃熒（2006）。**教育政策科學與實務**。心理。

黃文定（2017）。析論影響英國「國際學校獎」實施之因素：政策執行的觀點。**教育政策論壇，21**（1），35-69。

黃光雄、李奉儒、高淑清、鄭瑞隆、林麗菊、吳芝儀、洪志成、蔡清田等人（譯）（2001）。**質性教育研究：理論與方法**（原作者：R. C. Bogdan, & S. K. Biklen）。濤石文化。（原著出版年：1998）

黃羽薇（2019）。**台灣公務員行政中立之研究：以政策學習觀點分析**〔未出版之碩士論文〕。國立政治大學。

黃志順、林雍智（主編）（2022）。**實驗教育**。五南。

黃忠敬、王湖濱（2012）。論教育政策專業人才的培養：美國著名大學為例。載於范國睿（主編），**教育政策觀察**（頁 303-344）。華東師範大學出版社。

黃冠達（2017）。**種子教師推動閱讀理解教學及其教學知識共享之研究：活動理論取徑**〔未出版之博士論文〕。台北市立大學。

黃彥融（2016）。**國民教育階段融合教育政策評估指標之建構及其應用**〔未出版之博士論文〕。國立台灣師範大學。

黃政傑（1998）。**質的教育研究：方法與實例**。漢文。

黃家凱（2019）。**台灣高等教育人才培育政策批判論述分析**〔未出版之博士論文〕。國立台灣師範大學。

黃國禎（2021）。人工智慧的發展與教育應用。**人文與社會科學簡訊，23**（1），98-104。

黃瑞琴（2021）。**質性教育研究方法**（第三版）。心理。

楊孟麗、謝水南（譯）（2013）。**教育研究法：研究設計實務**（原作者：J. R. Fraenkel, N. E. Wallen, & H. H. Hyun）。心理。（原著出版年：2012）

楊武勳（2015）。日本國立大學法人化政策形成分析：以政策倡導聯盟架構為例。**教育研究集刊，61**（1），65-37。

楊思偉（2005）。日本國立大學法人化政策之研究。**教育研究集刊，51**（2），1-30。

楊思偉（2007）。**比較教育**。心理。

楊振昇、林松柏（2020）。地方政府教育政策實施成效評估之研究。**教育政策論壇，23**（2），31-63。

楊桂杰（1999）。**我國教育立法歷程及其模式建構之研究**〔未出版之博士論文〕。國立台灣師範大學。

楊國賜、李建興、陳伯璋、溫明麗、蕭芳華（2011）。**我國教育永續之核心價值及推動方式研究期末報告**。財團法人國家政策研究基金會研究報告。

楊深坑（1988）。**理論、詮釋與實踐**。師大書苑。

楊慧（2023）。社會科學研究中的政策文本分析：方法論與方法。**社會科學，12**。https://reurl.cc/vpLoLj

楊慧琪（2019）。**國立清華大學與新竹教育大學合併歷程及效益之個案研究**〔未出版之博士論文〕。國立台灣師範大學。

楊擎（2020）。**我國中央行政機關縮短高等教育學用落差政策工具之研究**〔未出版之碩士論文〕。國立清華大學。

葉宇棠（1997）。**政策支援系統**。商鼎。

葉連祺（2000）。析論中小學學校內部規範法治化之流程與策略。**學校行政，10**，93-98。

詹妤婕（2014）。**十二年國民基本教育政策行銷成效之研究：新北市為例**〔未出版之碩士論文〕。世新大學。

詹棟樑（1993）。多元文化教育理論與實際探討。載於中國教育學會（主編），**多元文化教育**（頁 21-46）。台灣書店。

賈馥茗、楊深坑（1988）。**教育研究方法的探討與應用**。師大書苑。

廖佐富（2017）。**十二年國民基本教育入學方式政策變遷之研究**〔未出版之碩士論文〕。國立清華大學。

廖佐富、顏國樑（2016）。**十二年國民基本教育入學方式政策變遷之研究**。發表於國立清華大學主辦，2016 教育創新國際學術研討會：教育實驗、轉型與發展。新竹市，2016 年 11 月 25 日。

廖峰香（1990）。政黨與利益團體。載於**政治學入門**（頁 107-133）。國立空中大學。

甄曉蘭（2011）。教育研究發展現況的省思。**人文與社會科學簡訊，12**（4），49-55。

趙素貞（2011）。**台灣原住民族語教育政策之分析**。東華大學原住民民族學院。

趙德餘（主編）（2013）。**實施公共政策：來自跨學科的聲音**。上海人民出版社。

劉世清（2010）。**教育政策倫理**。上海教育出版社。

劉世閔（2005）。**社會變遷與教育政策**。心理。

劉名峯（2020）。**競爭型計畫與高等教育機構校務運作之研究：以獎勵教學卓越計畫為例**〔未出版之博士論文〕。國立台灣師範大學。

劉怡華（2020）。網絡式領導。載於林新發、朱子君（主編），**教育領導的新議題**（頁294-319）。元照。

劉怡華（2023）。淺談跨域：更新視角、解放框架、批判檢視。**人文與社會科學簡訊，24**（2），32-38。

劉衿華（2007）。**我國地方教育行政機關教育政策行銷之研究**〔未出版之碩士論文〕。國立台灣師範大學。

劉國兆（2013）。**我國邁向頂尖大學政策之批判論述分析**〔未出版之博士論文〕。國立台灣師範大學。

劉復興（2006）。**教育政策的價值分析**。教育科學出版社。

劉華宗、林美玲（2016）。中小學國際教育政策之回應性評估。**國際與公共事務，3**，21-48。

劉雲德（譯）（1992）。**社會學**（原作者：D. Popenoe）。五南。（原著出版年：1990）

潘淑滿（2003）。**質性研究：理論與應用**。心理。

潘慧玲（2011）。百年教育改革政策的回顧。載於中國教育學會（主編），**百年教育的回顧：傳承與創新**（頁49-96）。元照。

潘慧玲、王麗雲（主編）（2022）。**教育治理：理論與實務**。元照。

蔡沛蓉（2019）。**制度變遷與教育改革之探討：我國高中課綱個案研究**〔未出版之博士論文〕。東海大學。

蔡明學（2020）。人工智慧在教育的應用與發展。**國家教育研究院電子報，195**。

https://reurl.cc/r9nMvN

蔡清田（2000）。**教育行動研究**。五南。

蔡進雄（2021）。**教育政策研究**。五南。

蔣偉民（2011）。**我國地方政府國民績效評鑑指標建構之研究**〔未出版之博士論文〕。國立新竹教育大學。

鄭同僚、徐永康（2021）。教育行政學研究的趨勢與展望。載於黃政傑（主編），**實驗教育研究的趨勢與展望**（頁216-240）。五南。

鄭國泰（2008）。**證據為基礎的政策研究：理論與實務分析**。唐山。

鄭國泰、謝金青（2007）。教育政策的理性規劃：植基證據可信度為前提的脈絡分析。載於中華民國品質學會（主編），**中華民國品質學會第43屆年會暨第13屆全國品質管理研討會論文輯**（頁1-13）。中華民國品質學會。

鄭彩鳳（2016）。我國近期高級中等學校評鑑之規劃、實施與發展。**人文社會科學研究，10**（1），1-29。

鄭淑惠（2015）。國民中小學校務經營中的自我評鑑現況研究。**教育行政與評鑑學刊，17**，67-86。

黎瑋（2015）。Jurgen Habermas **論辯理論及其在教育政策形成之蘊義**〔未出版之碩士論文〕。國立台灣師範大學。

賴志峰（2020）。特許學校的校領導：影響因素、實踐與效果。載於**不一樣的學校領導：追尋成功典範**（頁97-132）。元照。

賴協志（2023）國民中學卓越校長教學領導、教師專業素養與適性教育成效關係之研究。**教育政策論壇，25**（3），149-192。

賴怡樺（2010）。**利害關係人觀點之政策問題建構：以低分上大學為例**〔未出版之碩士論文〕。國立台灣師範大學。

賴怡樺（2021）。**行為經濟學觀點的政策分析與工具設計：以我國文憑主義為個案之探究**〔未出版之博士論文〕。國立政治大學。

戴曉霞（1999）。市場導向對高等教育之影響。**教育研究集刊，1**（42），233-254。

戴曉霞（2005）。社會結構與教育。輯於台灣教育社會學學會（主編），**教育社會**

學（57-96）。學富。

薛仁勇（2015）。**教育公平與公共政策：促進公平的美國教育政策研究**。北京師範大學。

謝文全（2022）。**教育行政學**。高等教育。

謝百傑、史美強（2011）。都會網絡治理課責之研究。**研習論壇，123**，47-61。

謝育爭（2020）。**台灣實驗教育政策變遷之研究**〔未出版之碩士論文〕。國立清華大學。

謝佩樺（2024）。**藝術領域實施雙語教育之回應性評估：以彰化縣一所國民小學為例**〔未出版之碩士論文〕。南華大學。

謝卓君（2017）。從政策工具選擇省思台灣高等教育治理。**教育研究集刊，63**（3），41-75。

謝卓君（2021a）。後結構取向之教育政策研究方法。載於顏國樑（主編），**教育行政新議題**（頁 217-237）。元照。

謝卓君（2021b）。台灣提升大學畢業生就業之政策設計分析。**教育研究集刊，67**（2），41-79。

謝孟珈（2022）。**幼托整合政策執行評估：以公共化教保服務為例**〔未出版之碩士論文〕。國立政治大學。

謝美慧（2002）。**教育政策評估理論之研究：以北高兩市幼兒教育券政策為例**〔未出版之博士論文〕。國立台灣師範大學。

謝傳崇、李孟雪（2017）。國民小學校長翻轉、教師專業學習社群與教師教學創新關係之研究。**教育政策論壇，20**（2），151-182。

韓明媚（2010）。**學習力：沒有學習力，就沒有競爭力**。就是文化。

簡成熙（2023）。教育還應該繼續重視學習的表現產出嗎？G. J. J. Biesta 對證據本位教育、績效責任與 PISA 的批判。**當代教育研究季刊，31**（2），5-43。

簡禎富、王宏鍇、傅文翰（2018）。工業 3.5 之先進智慧製造系統架構：半導體智慧製造為例。**管理評論，37**（3），15-34。

顏珮如（2010）。全球教育核心價值之探討。載於國家教育研究院籌備處（主編），**教育核心價值實踐之研究**（頁 1-38）。國家教育研究院籌備處。

顏國樑（1997）。**教育政策執行理論與應用**。師大書苑。

顏國樑（2000）。**教育政策合法化過程及其影響因素之研究**。行政院國家科學委員會補助專題研究計畫成果報告。

顏國樑（2001）。**回應性教育政策評估理論及其在教育政策評估的啟示**。發表於第八次教育行政論壇，國立新竹師範學院。

顏國樑（2002）。我國教育政策立法的過程、影響因素及其啟示：以師資培育法為例。**新竹師院學報**，**15**，1-36。

顏國樑（2003a）。**地方教育政策立法過程及其相關因素之研究**。行政院國家科學委員會補助專題研究計畫成果報告。

顏國樑（2003b）。影響我國教育政策立法的過程及其相關問題之研究。**新竹師院學報**，**16**，1-38。

顏國樑（2013）。美國《不讓一位孩子落後法》政策執行：成效、爭議與啟示。**教育研究月刊**，**226**，130-147。

顏國樑（2014a）。**教育政策合法化理論與實務**。麗文。

顏國樑（2014b）。**十二年國民基本教育政策規劃之研究**。行政院科技部補助專題研究計畫成果期末報告。

顏國樑（2015）。**十二年國民基本教育政策執行之研究**。行政院科技部補助專題研究計畫成果期末報告。

顏國樑（2016）。**十二年國民基本教育政策評估之研究**。行政院科技部補助專題研究計畫成果期末報告。

顏國樑（2022）。**教育法規理論與實務**。元照。

顏國樑（2023）。教育行政發展的趨勢與展望。載於吳清基（主編），**教育行政學新論**（頁366-372）。五南。

顏國樑、任育騰（2014）。十二年國民基本教育問題形成分析。**教育研究月刊**，**248**，41-56。

顏國樑、宋美瑤（2013）。教育政策制定的價值分析。**教育行政研究**，**3**（2），113-143。

顏國樑、陳輝科（2009）。**地方教育行政機關教育政策規劃之研究**。發表於國立新

竹教育大學主辦，社會變遷中的教育發展學術研討會。

顏國樑、閔詩紜（2018）。**台灣十二年國民基本教育政策行銷策略之探究**。發表於中國教育科學研究院、浙江省寧波市北崙區政府主辦，第六屆海峽兩岸教育創新與教師發展論壇。

顏國樑、閔詩紜（2019）。工業 4.0 對教育政策的影響與前瞻。載於吳清基（主編），**教育政策與前瞻創新**（頁 73-93）。五南。

顏國樑、楊郡慈（2022）。實驗教育三法的正面影響、問題及解決策略。**學校行政，140**，298-322。

顏國樑、葉佐倫（2021）。從教育 4.0 觀點分析國民中小學校長專業發展的前瞻。載於吳清基（主編），**教育政策與前瞻創新**（頁 73-93）。五南。

顏國樑、葉佐倫（2022）。十二年國民基本教育政策決策過程分析與建議。載於張慶勳（主編），**教育決策機制：檢討與改進**（頁 25-50）。五南。

顏國樑、葉佐倫（2024）。再檢視十二年國民基本教育政策：基於教育政策合法化的觀點。**教育研究月刊，362**，63-78。

羅清水（2000）。**教育政策執行評估之研究：以高職實用技能班政策為例**〔未出版之博士論文〕。國立台灣師範大學。

羅清俊（2020）。**公共政策：現象觀察與實務操作**。揚智。

羅傳賢（1996）。**立法程序與技術**。五南。

羅傳賢（2004）。**立法學實用辭典**。五南。

譚光鼎（1998）。社會與文化再製理論之評析。**教育研究集刊，1**（40），23-50。

蘇永明（2015）。**當代教育思潮**。學富。

蘇偉業（2007）。政策行銷：理論重構與實踐。**中國行政評論，16**（1），1-34。

蘇黃亮（2011）。**開放陸生來台就學政策之研究：以政策論證為基礎**〔未出版之碩士論文〕。台北市立教育大學。

蘇錦麗、王麗雲、郭昭佑、王振世、張德勝、葉忠達、吳政達、劉淑瀅、施香如、陳金盛、詹惠雪、蘇永明、黃曙東、李安明、顏國樑、陳美如、林志成、王保進、游家政、曾祥榕（譯）（2005）。**評鑑模式：教育及人力服務的評鑑觀點**（原作者：D. L. Stufflebeam, G. F. Madaus, & T. Kellaghan）。高等教育。（原

著出版年：2000）

貳、英文部分

Abma, T. A. (2005). Responsive evaluation: Its meaning and special contribution to health promotion. *Evaluation and Program Planning, 28*, 279-289.

Adams, J. E. Jr. (1994). Implementing program equity: Raising the stakes for educational policy and practice. *Educational Policy, 8*(4), 518-534.

Adams, P. (2014). *Policy and education: Foundation of education studies*. Routledge.

Albers, B., & Pattuwage, L. (2017). *Implementation in education: Findings from a scoping review*. Evidence for Learning.

Almond, G. A., & Powell, B. (1978). *Comparative politics: System, process, and policy* (2nd ed.). Brown and Company.

Amiel, M., & Yemini, M. (2022). Who takes initiative? The rise of education policy networks and the shifting balance of initiative-taking amongst education stakeholders in Israe. *Journal of Education Policy*, 1-20. https://doi.org/10.1080/02680939.2022.2130996

Amiel, M., Yemini, M., & Rechavi, A. (2024). Behind the scenes: An analysis of policy networks in the contemporary Israeli education landscape. *Journal of Education Policy, 39*(3), 490-513. https://doi.org/10.1080/02680939.2024.2315147

Anderson, J. E. (2003). *Public policymaking: An introduction*. Houghton Mifflin.

Ateeq, A., Alzoraiki, M., Milhem, M., & Ateeq, R. A. (2024). Artificial intelligence in education: Implications for academic integrity and the shift toward holistic assessment. *Frontiners in Education, 9*, 1-11. https://doi.org/10.3389/feduc.2024.1470979

Bacchi, C. (2009). *Analyzing policy*. Pearson.

Bacchi, C., & Goodwin, S. (2016). *Poststructural policy analysis: A guide to practice*. Springer.

Ball, S. J. (2016). Following policy: Networks, network ethnography and education policy mobilities. *Journal of Education Policy, 31*(5), 549-566. https://doi.org/10.1080/02680939.

2015.1122232

Ball, S. J. (Ed.) (2017). *Educational policy* (Vol. 1-4). Routledge.

Ball, S. J. (Ed.) (2022). Education policy networks: Cases, methods and analysis. *International Journal of Educational Research, 114*, Special issue.

Ball, S. J., Maguire, M., & Braun, A. (2012). *How schools do policy: Policy enactments in secondary schools*. Sage.

Barret, S., & Fudge, C. (1981). *Policy and action: Essays on the implementation of public policy*. Methuen Co. Ltd.

Bell, L., & Stevenson, H. (2006). *Educational policy: Process, themes and impact.* Routledge.

Bennett, C. J., & Howlett, M. (1992). The lessons of learning: Reconciling theories of policy learning and policy change. *Policy Sciences, 25*, 275-294.

Berman, P. (1978). *Designing implementation to match policy situation: A contingency analysis of programmed and adaptive implementation*. RAND Corporation. https://www.rand.org/pubs/papers/P6211.html

Bettayeb, A. M., Abu Talib, M., Sobhe Altayasinah, A. Z., & Dakalbab, F. (2024). Exploring the impact of ChatGPT: Conversational AI in education. *Frontiners in Education, 9*, 1-16. https://doi.org/10.3389/feduc.2024.1379796

Biegel, S. (2012). *Education and the law* (3rd ed.). West Law School.

Biesta, G. (2012). Philosophy of education for the public good: Five challenges and an agenda. *Educational Philosophy and Theory, 44*(6), 581-593.

Bills, A., Howard, N., & Hattam, S. (2024). Problematising "World Class" public education policy in South Australia: Insights for education policy makers. *Journal of Educational Leadership, Policy and Practice, 38*, 22-45. https://doi.org/10.2478/jelpp-2023-0008

Birkland, T. A. (2019). *An introduction to the policy process: Theories, concepts, and models of public policy making* (5th ed.). Routledge.

Bottery, M. (2000). *Education, policy and ethics*. Cotinuum.

Bowman, K. L. (2011). *Educational policy and the law* (5th ed.). Wadsworth.

Bridge, D., Smeyers, P., & Smith, R. (Eds.) (2009). *Evidence-based education policy: What evidence? what basis? whose policy?* Wiley-Blackwell.

Burns, T., & Koster, F. (Eds.) (2016). *Governing education in a complex world.* OECD Publishing. https://doi.org/10.1787/9789264255364-en

Burr, V. (1995). *An introduction to social constructionism.* Routledge.

Campbell, R. F., Bridges, E. M., & Nystrand, R. O. (1977). *Introduction to educational administration* (5th ed.). Allyn & Bacon.

Capano, G., Pritoni, A., & Vicentini, G. (2020). Do policy instruments matter? Governments' choice of policy mix and higher education performance in Western Europe. *Journal of Public Policy, 40*(3), 375-401. http://doi.org/10.1017/S0143814X19000047

Caruso, M. G. (1992). Campus child care: A case study of higher education policymaking in New York State (Doctoral dissertation, New York University, 1991). *Dissertation Abstracts International, 52*(9), 3191.

Chan, C. K. Y. (2023). A comprehensive AI policy education framework for university teaching and learning. *International Journal of Educational Technology in Higher Education, 20*(38), 1-25. https://doi.org/10.1186/s41239-023-00408-3

Chen, H. T. (1990). *Theory-driven evaluation.* Sage.

Clarke, M. (2012). Talking about a revolution: The social, political, and fantasmatic logics of education policy. *Journal of Education Policy, 27*(2), 173-191. https://doi.org/10.1080/02680939.2011.623244

Daniels, M. R. (1997). Symposium: Public policy and organizational termination. *Journal of Public Administration, 20*(12), 2043-2066.

Delaney, J. G. (2002). *Educational policy studies: A practical approach.* Detselig Enterpries.

DeLeon, P. (1978). Public policy termination: An end and a beginning. *Policy Analysis, 4*(3), 369-392.

DeLeon, P. (1983). Policy evaluation and program termination. *Policy Studies Review, 2*

(4), 631-647.

DeLeon, P. (1987). Policy termination as a political phenomenon. In D. Palumbo (Ed.), *The politics of program evaluation* (pp. 173-199). Sage.

DeLeon, P. (1999). The missing link revisited: Contemporary implementation research. *Review of Policy Research, 16*(3/4), 311-338.

Diem, S., Young, M. D., Welton, A. D., Mansfield, K. C., & Lee, P. L. (2014). The intellectual landscape of critical policy analysis. *International Journal of Qualitative Studies in Education, 27*(9), 1068-1090. https://doi.org/10.1080/09518398.2014.916007

Dunn, W. N. (2018). *Public policy analysis: An introduction* (6th ed.). Prentice-Hall.

Durnova, A., Fischer, F., & Zittoun, P. (2016). Discursive approaches to public policy: Politics, argumentation, and deliberation. In B. G. Peters, & P. Zittoun (Eds.), *Contemporary approaches to public policy* (pp. 35-56). Palgrave Macmillan.

Dye, T. R. (2007). *Understanding public policy* (12th ed). Pearson.

Easton, D. (1965). *A framework for political analysis.* Pearson.

Education Commission. (2016). *The learning generation: Investing in education for a changing world.* The International Commission on Financing Global Education Opportunity.

Elbert, M. M. (1995). The politics of educational decision-making: A case study of the strategies used by historically black colleges and universities to obtain federal assistance in 1986 (Doctoral dissertation, Harvard University, 1994). *Dissertation Abstracts International, 55*(9), 2736.

Elmore, R. F. (1978). Organizational models of social program implementation. *Public Policy, 26*(2), 209-217.

Elmore, R. F. (1979-1980). Backward mapping: Implementation research and policy decisions. *Political Science Quarterly, 94*(4), 601-616.

Elmore, R. F. (1987). Instruments and strategy in public policy. *Review of Policy Research, 7*(1), 174-186.

Etzioni-Halevy, E. (1985). *Bureaucracy and democracy: A political dilemma.* Routledge

& Kegan Paul.

EU AI Act (2024). httpps://reurl.cc/Q54O2O

European Union. (2009). Council Conclusions of 12 May 2009 on a Strategic Framework for European Cooperation in Education and Training ('ET2020'). *Official Journal*. https://reurl.cc/ezK1Gm

Fagnenece, M. (1977). *Citizen participation in planning.* Pergamon Press.

Fairclough, N. (2003). *Analyzing discourse and text: Textual analysis for social research.* Routledge.

Fowler, F. C. (2013). *Policy studies for educational leaders: An introduction* (4th ed.). Pearson.

Fraenkel, J. R., Wallen, N. E., & Hyun, H. H. (2012). *How to design and evaluate research in education* (8th ed). McGraw-Hill.

Franklin, K. K., & Hart, J. K. (2007). Idea generation and exploration: Benefits and limitations of the policy delphi research method. *Innovative Higher Education, 31*(4). http://link.springer.com/article/10.1007%2Fs10755-06-9022-8#page-1

Fullan, M. (2001). *The new meaning of educational change.* Routledge.

Gallagher, J. J., Trohanis, P. L., & Clifford, R. M. (1988). *The implementation of society policy: A policy analysis challenge in policy implementation and PL99-457: Planning for young children with special needs.* Paul H. Brookes.

Glor, E. D. (2010). Key factors influencing innovation in government. *The Innovation Journal: The Public Sector Innovation Journal, 6*(2), 1-21.

Glor, E. G., James J., & Trohanis, P. L. et al. (1988). *The implementation of society policy: A policy analysis challenge in policy implementation and PL99-457: Planning for young children with special needs.* Paul H. Brookes.

Goggin, M. L. (1990). *Implementation theory and practice: Toward a third generation.* Brown Higher Education.

Grahaml, K. M., & Yeh, Y. F. (2022). Teachers' implementation of bilingual education in Taiwan: Challenges and arrangements. *Asia Pacific Education Review.* https://doi.

org/10.1007/s12564-022-09791-4

Gu, Y. (2021). The impact of globalization on education. *International Journal of Social Science and Education Research, 4*(3), 152-157. https://doi.org/10.6918/IJOSSER.202103_4(3).0022

Guba, E. G., & Lincolon, Y. S. (1989). *Four generation evaluation.* Sage.

Haddad, W. D., & Demsky, T. (1994). *The dynamics of education policy making.* The World Bank.

Hanne, B. M., & Catherine, A. L. (2001). Introduction: Interest groups in United States education. *Educational Policy, 15*(1), 3-11.

Hanson, E. M. (1996). *Educational administration and organizational behavior.* Allyn & Bacon.

Harkins, A. M. (2018). Leapfrog principles and practices: Core components of education 3.0 and 4.0. *Futures Research Quarterly, 8*, 1-15.

Hersey, P., & Blanchard, K. H. (1988). *Management of organizational behavior: Utilizing human resources.* Prentice-Hall.

Hirshberg, D. B. (2002). Northern exploring: A case study of non-Native Alaskan education policymakers' social construction of Alaska Natives as target populations (Doctoral dissertation, University of California, Los Angeles, 2001). *Dissertation Abstracts International, 62*(11), 3639.

Hodgkinson, C. E. (1978). *Towards a theory of administration.* St. Martin's Press.

Hogwood, B. W., & Peters, B. G. (1983). *Policy dynamics.* St. Martin's Press.

Honig, M. I. (Ed.) (2006). *New directions in education policy implementation: Confronting complexity.* SUNY Press.

Hood, C. C. (1983). *The tools of government.* Macmillan.

Howlett, M. (2009). Governance modes, policy regimes, and operational plans: A multi-level nested model of policy instrument choice and policy design. *Policy Sciences, 42*(1), 73-89. https://doi.org/10.1007/s11077-009-9079-1

Howlett, M. (2011). *Designing public policies: Principles and instruments.* Routledge.

Howlett, M. (2018). Matching policy tools and their targets: Beyond nudges and utility maximisation in policy design. *Policy & Politics, 46*(1), 101-124.

Howlett, M., & Ramesh M. (2003). *Studying public policy: Policy cycles and policy subsystems*. Oxford University Press.

Howlett, M., Ramesh, M., & Perl, A. (2020). *Studying public policy: Policy cycles and policy subsystems* (14th ed.). Oxford University Press.

Hung, N. T., & Yen, K. L. (2022). Towards sustainable internationalization of higher education: Innovative marketing strategies for international student recruitment. *Sustainability, 14*(14), 8522. https://doi.org/10.3390/su14148522

Joint Committee on Standards for Educational Evaluation. [JCSEE] (2011). *Program evaluation standards statements*. http://www.jcsee.org/program-evaluation-standards-statements

Jones, C. O. (1984). *An introduction to the study of public policy* (3rd ed.). Brooks/Cole.

Judith, C. (1990). *School-based decision-making and management*. The Falmer Press.

Kaplan, A. (1973). On the strategy of social planning. *Policy Science, 4*(1), 41-62.

Kaufman, M. J., & Kaufman, S, R. (2009). *Education law policy & practice: Cases and materials*. Aspen.

Kingdon, J. W. (1995). *Agendas, alternatives, and public policies* (2nd ed.). Longman.

Kirst, M. W. (2000). Bridging education research and policy making. *Oxford Review of Education, 26*(3), 379-395.

Kirst, M., & Jung, R. (1980). The utility of a longitudinal approach in assessing implementation: A thirteen-year view of Title I, ESEA. In A. R. Odden (Ed.), *Education policy implementation* (pp. 39-63). State University of New York.

Klijn, E. H. (1996). Analyzing and managing policy processes in complex networks: A theoretical examination of the concept policy network and its problems. *Administration & Society, 28*(1), 90-119.

Kotler, P., & Fox, K. F. A. (1995). *Strategic marketing for educational institutions* (2nd ed.). Prentice-Hall.

Linder, S. H., & Peters, B. G. (1989). Instruments of government: Perceptions and contexts. *Journal of Public Policy, 9*(1), 35-58. https://doi.org/10.1017/S0143814X00007960

Livingstone, S. M. (2009). On the mediation of everything. *Journal of Communication, 59*(1), 1-18.

Lucas, A. (1983). Public policy diffusion research: Integrating analytic paradigms. *Knowledge, 4*(3), 379-408.

MacKinnon, K. H. (2024). Equity as a leadership competency: A model for action. *Journal of School Leadership*, 1-20. https://doi.org/10.1177/10526846241271462

Maheu, R. (1995). Education indicators in Quebec. *Canadian Journal of Education Revue Canadienne De education, 20*(1), 56-64. https://journals.sfu.ca/cje/index.php/cje-rce/article/view/2704

Mark, M. M., & Shotland, R. L. (1985). Stakeholder-besed evaluation and value judgments. *Evaluation Review, 9*(5), 605-626.

Marsh, D. D., & Bowman, G. A. (1989). State initiated top-down versus bottom-up reform. *Educational Policy, 3*(3), 195-216.

Marsh, D. D., & Odden, A. R. (1991). Implementation of the California mathematics and science curriculum frameworks. In A. R. Odden (Ed.), *Education policy implementation* (pp. 219-240). State University of New York.

Mayer, R. R. (1985). *Policy and program planning: A development perspective.* Prentice-Hall.

McCarthy, J. E. (1960). *Basic marketing: A managerial approach.* Irwin.

McDonnell, L. M. (1991). Ideas and values in implementation analysis: The case of teacher policy. In A. R. Odden (Ed.), *Education policy implementation* (pp. 241-258). State University of New York.

McDonnell, L. M., & Elmore, R. F. (1987). Getting the job done: Alternative policy instruments. *Educational Evaluation and Policy Analysis, 9*(2), 133-152.

McLaughlin, M. W. (1976). Implementation of ESEA, Title I: A problem of compliance.

Teachers College Record, 77(3), 397-415.

Mills, C. W. (1997). *The racial contract*. Cornell University Press.

Moore, M. T., & Goertz, M. E. et al. (1983). Interaction of state and federal programs. In A. R. Odden (Ed.), *Education policy implementation* (pp. 81-204). State University of New York.

Murphy, J. T. (1971). Title I of ESEA: The politics of implementating federal education feform. In A. R. Odden (Ed.), *Education policy implementation* (pp. 13-38). State University of New York.

Naisbitt, J. (1980). *Megatrends*. Warner Books.

Nakamura, R. T. (1987). The textbook policy process and implementation research. *Policy Studies Review, 7*, 142-154.

Nakamura, R. T., & Smallwood, F. (1980). *The politics of policy implementation*. St. Martin's Press.

O'Riordan, T., & Jordan, A. (1996) Social institutions and climate change. In T. O'Riordan, & J. Jager (Eds.), *The politics of climate change: A European perspective* (pp. 346-360). Routledge.

Odden, A. R. (1991a). The evolution of education policy implementation. In A. R. Odden (Ed.), *Education policy implementation* (pp. 1-12). State University of New York.

Odden, A. R. (1991b). New patterns of education policy implementation and challenges for the 1990s. In A. R. Odden (Ed.), *Education policy implementation* (pp. 297-327). State University of New York.

Organisation for Economic Cooperation and Development. [OECD] (2018). *The future of education and skills: Education 2030*. Author.

Owens, R. G. (1991). *Organizational behavior in education*. Prentice-Hall.

Pawson, R. (2006). *Evidence-based policy: A realist perspective*. Sage.

Peter, G. B. (1986). *American public policy*. Chatham House.

Peters, B. G. (2000). Policy instruments and public management: Bridging the gaps. *Journal of Public Administration Research and Theory: J-PART, 10*(1), 35-47. http://www.

jstor.org/stable/3525810

Peters, B. G., & Zittoun, P. (Eds.) (2016). *Contemporary approaches to public policy* (pp. 73-93). Palgrave Macmillan.

Potter, J., & Wetherell, M. (1987). *Discourse and social psychology: Beyond attitudes and behavior.* Sage.

Quie, A. H. (1979). Educational policy legislation. *Educational Evaluation and Policy Analysis, 1*(4), 71-74.

Ratinen, M. (2019). Social embeddedness of policy actors. The failure of consumer-owned wind energy in Finland. *Energy Policy, 128*, 735-743.

Rawls, J. (1980). *A theory of justice.* Harvard University Press.

Rawolle, S. (2010). Understanding the mediatization of educational policy as practice. *Critical Studies in Education, 51*(1), 21-39.

Rhodes, R. A. W., & Marsh, D. (1992). New directions in the study of policy networks. *European Journal of Political Research, 21*(1), 181-205.

Ricoeur, P. (1981). *Hermeneutics and human science.* Cambridge University Press.

Rigby, J. G., Woulfin, S. L., & Marz, V. (2016). Understanding how structure and agency influence education policy implementation and organizational change. *American Journal of Education, 122*(3), 295-302. https://www.jstor.org/stable/26542678

Rincon-Gallardo, S., & Fullan, M. (2016). Essential features of effective networks in education. *Journal of Professional Capital and Community, 1*(1), 5-22. https://doi.org/10.1108/JPCC-09-2015-0007

Rogers, E. M. (1995). *Diffusion of innovations* (4th ed.). The Free Press.

Rose, R. (1991). What is lesson-drawing? *Journal of Public Policy, 11*(1), 3-30.

Roskin, M. G. et al. (1991). *Political science: An introduction.* Prentice-Hill.

Rossi, P. H., & Freeman, H. E. (1993). *Evaluation: A system approach.* Sage.

Rossi, P. H., Mark, W. L., & Gary, T. H. (2019). *Evaluation: A systematic approach* (8th ed.). Sage.

Rowe, E. (2022). Policy networks and venture philanthropy: A network ethnography of teach for Australia. *Journal of Education Policy, 39*(1), 1-19. https://doi.org/10.1080/02680939.2022.2158373

Sabatier, P. A. (1986). Top-down and bottom-up approaches to implementation research: A critical analysis and suggested synthesis. *Journal of Public Policy, 6*(1), 21-48.

Sabatier, P. A. (1988). An advocacy coalition framework of policy change and the role of policy-oriented learning therein. *Policy Sciences, 21*, 129-168.

Sabatier, P. A., & Mazmanian, D. (1980). The implementation of public policy: A framework of analysis. *Policy Studies Journal*, 538-559.

Sabatier, P. A., & Weible, C. M. (2007). The advocacy coalition framework: Innovations and clarifications. In P. A. Sabatier, & C. M. Weible (Eds.), *Theories of the policy process* (pp. 189-222). Westview Press.

Sabatier, P. A., & Weible, C. M. (Eds.) (2007). *Theories of the policy process.* Westview Press.

Salamon, L. M. (2002). *Tools of government: A guide to the new governance.* Oxford University Press.

Sanders, J. R. (1994). *The program evaluation standards: How to assess evaluations of educational programs.* Sage.

Satren, H., & Hupe, P. L. (2018). Policy Implementation in an age of governance. In E. Ongaro, & S. van Thiel (Eds.), *The Palgrave handbook of public administration and management in Europe* (pp. 553-575). Palgrave Macmillan.

Schneider, A. L., & Ingram, H. (1990). Behavioral assumptions of policy tools. *Journal of Politics, 52*(2), 513-522.

Schon, D. (1983). *The reflective practitioner.* Basic Books.

Sendler, U. (2016). *Industries 4.0 generations.* Springer-Verlag Berlin Heidelberg.

Shiroma, E. O. (2014). Networks in action: New actors and practices in education policy in Brazil. *Journal of Education Policy, 29*(3), 323-348.

Simon, F., Malgorzata, K., & Beatriz, P. (2007). *No more failures: Ten steps to equity in education.* OECD.

Slavin, R. E. (2002). Evidence-based education Policies: Transforming educational practice and research. *Educational Researcher, 31*(7),15-21.

Smith, C. F. (2010). *Writing public policy*. Oxford University Press.

Snavely, K. (1991). Marketing in the government sector: A public model. *American Review of Public Administration, 21*(4), 311-326.

Sorensen, E., & Torfing, J. (2009). Making governance networks effective and democratic through metagovernance. *Public Administration, 87*(2), 234-258.

Sotarauta, M. (2014). Territorial knowledge leadership in policy networks: A peripheral region of South Ostrobothnia, Finland as a case in point. In R. Rutten, P. Benneworth, D. Irawati, & F. Boekema (Eds.), *The social dynamics of innovation networks* (pp. 68-85). Routledge.

Spicker, P. (2006). *Policy analysis for practice*. The Policy Press.

Stacey, M., & Mockler, N. (Eds.) (2024). *Analysing education policy: Theory and method*. Routledge.

Stein, S. J. (2004). *The culture of education policy*. Teachers College Press.

Stone, D. (1999). Learning lessons and transferring policy across time, space and disciplines. *Politics, 19*(1), 51-59.

Stufflebeam, L., Madaus, G. F., & Kellaghan, T. (Eds.) (2000). *Evaluation models: Viewpoints on educational and human services evaluation* (2nd ed.). Kluwer Academic.

Terhart, E. (2017). Interdisciplinary research on education and its disciplines: Processes of change and lines of conflict in unstable academic expert cultures: Germany as an example. *European Educational Research Journal, 16*(6), 921-936.

Thomas, M. A. M., & Xu, R. H. (2022). The emergence and policy (mis)alignment of teach for Taiwan. *Journal of Education Policy, 38*(4), 686-709. https://doi.org/10.1080/02680939.2022.2095036

Toffler, A. (1981). *The third wave*. Bantam Books.

Trowler, P. (2003). *Educational policy* (2nd ed.). Routledge.

Uhl, N. P. (1990). Educational model and approaches: Delphi technique. In H. J. Walberg,

& G. D. Haertal (Eds.), *The international encyclopedia of educational evaluation* (pp. 81-82). Pergamon Press.

United Nations Education Scientific and Cultural Organization. [UNESCO]. (2018). *Activating policy levers for Education 2030: The untapped potential of governance, school leadership, and monitoring and evaluation policies*. Author.

United Nations Education Scientific and Cultural Organization. [UNESCO] (2024a). *AI competency framework for terchers*. https://reurl.cc/04Eylb

United Nations Education Scientific and Cultural Organization. [UNESCO] (2024b). *AI competency framework for students*. https://reurl.cc/M6RGgk

Van Meter, D. S., & Van Horn, C. E. (1975). The policy implementation process: A conceptional framework. *Administration and Society, 6*(4), 445-488.

Vedung, E. (1998). Policy instruments: Typologies and theories. In M. L. Bemelmans-Videc, R. C. Rist, & E. Vedung (Eds.), *Carrots, sticks & sermons: Policy instruments and their evaluation* (pp. 21-58). Transaction Publishers.

Viennet, R., & Pont, B. (2017). *Education policy implementation: A literature review and proposed framework*. OECD Education Working Papers No. 162. https://doi.org/10.1787/fc467a64-en

Villalobos, C., Quiero-Bastias, M., Pereira, S., & Peralta, J. (2024). Disentangling the binomial change/inertia to the Chilean educational policy in the post-dictatorship era (1990-2022). A normative policy instrument perspective. *Journal of Education Policy*, 1-27. https://doi.org/10.1080/02680939.2024.2397784

Volante, L. (Ed.) (2017). *The PISA effect on global educational governance*. Routledge.

Weaver, R. K. (2015). Getting people to behave: Research lessons for policy makers. *Public Administration Review, 75*(6), 806-816.

Weible, C. M., & Sabatier, P. (2005). Comparing policy networks: Marine protected areas in California. *Policy Studies Journal, 33*, 181-201.

Weimer, D. L., & Vining, A. R. (2014). *Policy analysis: Concepts and practice*. Pearson.

Wildavsky, A., & Pressman, J. L. (1973). *Implementation*. University of California Press.

Wilkins, A. W., & Mifsud, D. (2024). What is governance? Projects, objects and analytics in education. *Journal of Education Policy, 39*(3), 349-365. https://doi.org/10.1080/02680939.2024.2320874

Wilks, S., & Wright, M. (1987). *Comparative government-industry relations*. Carendon Press.

Williams, G. (1982). Educational economics. *British Journal of Educational Studies, 30*(1), 28-33.

Wilson, J. Q. (2016). *Bureaucracy: What agencies do and why they do it*. Basics.

Winch, C., & Gingell, J. (2004). *Philosophy and educational policy: A critical introduction*. Routledge.

Winzenried, A. (1997). *Delphi studies: The value of expert opinion bridging the gap-data to knowledge*. Retrieved from ERIC database (ED412971).

Wirt, F. M., & Kirst, M. W. (2001). *The political dynamic of American education* (2nd ed.). McCutchan.

Wohlstetter, P. (1991). Legislative oversight of education. In A. R. Odden (Ed.), *Education policy implementation* (pp. 279-296). State University of New York.

Wolcott, H. F. (1997). Ethnographic research in education. In R. M. Jaeger (Ed.), *Contemporary methods for educational research in education* (pp. 327-364). American Educational Research Association.

Xu, R. H. (2024). Declined quality? A poststructural policy analysis of the 'quality problem' in Taiwanese higher education. *Journal of Education Policy*, 1-20. https://doi.org/10.1080/02680939.2024.2355939

Yang, J., Sun, Y., Lin, R., & Zhu, H. (2024). Strategic framework and global trends of national smart education policies. *Humanities and Social Sciences Communications, 11*, 1183. https://doi.org/10.1057/s41599-024-03668-0

Young, M. D., Diem, S., & Sampson, C. (2024). The vital necessity of critical education policy research. *Educational Evaluation and Policy Analysis, 46*(2), 397- 405. https://doi.org/10.3102/01623737241239985

Young, M. R., Rapp, E., & Murphy, J. W. (2010). Action research: Enhancing classroom practice and fulfilling educational responsibilities. *Journal of Instructional Pedagogies, 3*, 1-10.

Zhao, H. G., Li, X. Z., & Kang, X. (2024). Development of an artificial intelligence curriculum design for children in Taiwan and its impact on learning outcomes. *Humanities Social Science Communication, 11*, 1139. https://doi.org/10.1057/s41599-024-03839-z

NOTE

NOTE

NOTE

國家圖書館出版品預行編目（CIP）資料

教育政策學／顏國樑著. -- 初版. -- 新北市：心理出版社股份有限公司, 2025.03
面；　公分. --（教育行政系列；41440）
ISBN 978-626-7447-77-2（平裝）

1. CST: 教育政策

526.11　　　　　　　　　　　　　　114001696

教育行政系列 41440

教育政策學

作　　者：顏國樑
總 編 輯：林敬堯
發 行 人：洪有義
出 版 者：心理出版社股份有限公司
地　　址：231026 新北市新店區光明街 288 號 7 樓
電　　話：(02) 29150566
傳　　真：(02) 29152928
郵撥帳號：19293172　心理出版社股份有限公司
網　　址：https://www.psy.com.tw
電子信箱：psychoco@ms15.hinet.net
排 版 者：辰皓國際出版製作有限公司
印 刷 者：辰皓國際出版製作有限公司
初版一刷：2025 年 3 月
I S B N：978-626-7447-77-2
定　　價：新台幣 500 元

■有著作權・侵害必究■

〔本書由國家科學及技術委員會人文社會科學研究中心補助出版〕